21世纪日语系列教材

初级日语

第二册

第2版

（二外　高自考　成人教育用书）

总 主 编：赵华敏

本册主编：马俊荣　崔迎春　李　燕

编者（以姓氏汉语拼音为序）：

　　　　　崔迎春　杜　洋　李　燕　马俊荣
　　　　　普书贞　杨　凡　赵华敏

主　　审：〔日〕大野纯子

北京大学出版社
PEKING UNIVERSITY PRESS

图书在版编目(CIP)数据

初级日语.第2册/赵华敏总主编；马俊荣,崔迎春,李燕主编.—2版.—北京：北京大学出版社，2015.9
（21世纪日语系列教材）
ISBN 978-7-301-26260-3

Ⅰ.①初…　Ⅱ.①赵…②马…③崔…④李…　Ⅲ.①日语—高等学校—教材　Ⅳ.①H36

中国版本图书馆CIP数据核字(2015)第205352号

书　　名	初级日语　第二册（第2版）
著作责任者	赵华敏　总主编　马俊荣　崔迎春　李　燕　主编
责任编辑	兰　婷
标准书号	ISBN 978-7-301-26260-3
出版发行	北京大学出版社
地　　址	北京市海淀区成府路205号　100871
网　　址	http://www.pup.cn　新浪微博:@北京大学出版社
电子信箱	zpup@pup.pku.edu.cn
电　　话	邮购部 62752015　发行部 62750672　编辑部 62759634
印 刷 者	天津中印联印务有限公司
经 销 者	新华书店
	787毫米×1092毫米　16开本　21.25印张　420千字
	2007年3月第1版
	2015年9月第2版　2021年7月第3次印刷（总第11次印刷）
定　　价	66.00元

未经许可，不得以任何方式复制或抄袭本书之部分或全部内容。
版权所有，侵权必究
举报电话: 010-62752024　电子信箱: fd@pup.pku.edu.cn
图书如有印装质量问题，请与出版部联系，电话:010-62756370

第1版编者

总 主 编：赵华敏（北京大学日语系 教授）
本册主编：马俊荣（中国农业大学外语系 教授）
　　　　　陈俊英（湛江师范学院日语系 教授）
　　　　　章　莉（天津商学院日语系 副教授）
主　　审：大野　纯子（日本大正大学文学部 专任讲师）

编　　者（以姓氏汉语拼音为序）：
　　　　　陈俊英　崔迎春　杜　洋　何彩莲
　　　　　黄　敏　荆红艳　李　燕　吕可红
　　　　　马俊荣　武慧敏　王家民　王珏钰
　　　　　杨　凡　袁哲敏　章　莉　赵华敏

插　　图：何　弦

录　　音：米村　美树子
　　　　　茇川　幸司
　　　　　中岛　裕子

第2版前言

《初级日语》（第二册）自2007年3月第1版出版至今已经历了8年。在这8年的使用过程中，深受广大使用者的喜爱，并被评为北京高等教育精品教材。

为了把这套教材打造得更加完美，应北京大学出版社的要求，受原编著者的委托，本着精益求精的精神，我们对全书做了修订和补充。具体情况如下：

1. 更正了第1版中的错误和不妥之处。
2. 对于已经不合时宜的内容作了修改。
3. 把《初级日语教与学》中的"単元の練習（4）（5）（6）"移至主教材。
4. 增加了练习答案（部分）。
5. 制作了与本教材配套的课件。

虽然我们尽了最大努力，力求使教材更加完善，但由于时间和水平有限，仍有很多不尽如人意的地方。望使用者见谅，并给予批评指正。

编者
2015年8月

第1版前言

近年来，我国的日语教育事业有了长足的发展，教学理念发生了新的变化。开扩学习者的国际视野，提高其综合运用外语的能力，是当前外语教学的一大趋势。为了促进这一局面的进一步展开，我们参照《大学日语第二外语课程教学要求》（高等学校大学外语教学指导委员会日语组编，高等教育出版社，2005年7月，第一版）和《日本语能力测试出题标准（修订版）》（国际交流基金、财团法人 日本国际教育协会，2002年2月25日）编写了这套《初级日语》教材。

《初级日语》共两册，配有参考书《教与学》和多媒体光盘。编者多是中日两国长期从事日语教学的教师。使用对象为高等院校零起点的以日语作为第二外语学习的非日语专业的本科生、研究生、高等教育自学考试的学生、各类成人教育机构的日语学习者以及所有自学日语者。完成《初级日语》第1、2册的学习者基本可以达到日本国际交流基金和日本国际教育协会举办的"日语能力测试"的3级水平。

《初级日语》的主要特点如下：

1. 内容上力求具有思想性、科学性和趣味性。注意融入时代气息和信息量。使学习者在学习日语的同时了解日本社会、文化和日本人，不断扩展学习者的国际视野。

2. 以培养学习者综合运用日语的能力为目标，通过贴近学习者实际生活的、力求自然的会话和文章学习语言知识和得体的表达形式。第1册以会话的形式，旨在强化学习者实际运用日语的能力；第2册以文章和会话的形式力求使学习者体会日语口语和书面语的差异，了解不同文体的语感和作用。

3. 采用近些年来日本对外日语教学中常见的语法体系的同时，部分融入传统日语教学语法体系中的习惯术语，力求做到学者好学，教者好教。

4. 充分利用多媒体光盘的优势，通过生动的图像和声音效果提高学习者的兴趣及实际运用语言的能力。同时调动学习者的自主性，便于学习者课后复习和自学。

如果本教材的出版能够对我国日语教育事业的发展起到促进和推动作用，作为编写者将感到无比欣慰。

由于时间仓促，水平有限，教材中有诸多不尽如人意的地方。希望各位同仁和学习者批评指正。

编　者
2006年9月

本册说明

　　《初级日语》（第2册）共15课。每课包括：本课重点、本文、新しい言葉Ⅰ、会話、新しい言葉Ⅱ、説明、練習、補足単語、ことわざ（谚语）、コラム。每课的"本课重点"是为了方便学习者提纲挈领地了解本课将要学习的内容。

　　为了使学习者在学习日语知识的同时，全方位地了解日本社会和文化，我们在"本文"中力求涉及现代日本社会的方方面面。为了使这种了解更加具体、深入，我们为"会話"设定了这样的大背景：中国女留学生王玲和普通日本人同吃同住，围绕发生在日常生活、学习中的事情展开话题，使学习者有身临其境的感觉。"新しい言葉Ⅰ、Ⅱ"是"本文"和"会話"中出现的新单词，注有读音、汉字、声调、词性、中文释义，外来语标有来源语的拼写方法。"説明"包括"コミュニケーション表現""文法""文型""解釈"。其中，"コミュニケーション表現"以日常会话中的交际用语为主，注重解释使用场景和对象，力求做到使用得当；"文法"主要解释词法和句法；"文型"主要从意义、接续方法等方面做了说明；"解釈"用来解释含有在该课暂时不宜展开讲解的语法现象的句子。"練習"是根据课文中出现的生词、语法、交际用语等编写的，旨在举一反三，让学习者掌握并活用该课学习的内容。"補足単語"是"説明"和"練習"中出现的新单词，设置该项，是为了给学习者提供自主、弹性学习的空间，可根据自己的实际情况决定是否记忆、掌握。在"ことわざ"栏目，我们尽量选取了有代表性、思想性的谚语，使学习者既拓宽日语知识，又能得到精神的陶冶和升华。"コラム"主要介绍与课文相关的知识，力求通过此栏目让学习者更多地了解日本社会、文化和日本人。

　　多媒体光盘主要包括"本文""会話""新しい言葉""練習"以及"説明"和练习的参考答案。日语专家准确、优美的发音将为语音和听力练习提供帮助。另外，多媒体光盘配有图像，以利于学习者在轻松愉快的环境中加深对课文的理解，提高学习兴趣，反复进行操练。

　　本册教材共有新单词602个（不包括"補足単語"中的单词）；交际用语68句；语法83项；句型75个。可供60-64学时使用，各校也可以根据具体情况进行适当调整。

本册教材（第1版）的具体分工如下：

赵华敏教授为总主编，负责总体设计、全书统稿、定稿；主审大野纯子先生编写课文和会话，并对说明和练习中的日语进行订正；马俊荣教授负责语法项目的排列、"ことわざ"和"コラム"的编写、"新しい言葉"的注释以及全书统稿；陈俊英教授负责编写"説明"部分以及注释其中的"補充単語"；章莉副教授负责编写"練習"以及查找练习中的"補充単語"。另外，各位主编所在大学的部分日语教师也参加了执笔（详见编者处）。中国农业大学杨凡副教授除参加编写外，还参与了课文、练习中插图的设计。

日本大学文理学部田中ゆかり教授对"本文"和"会話"提出了宝贵的修改意见。天津商学院外籍专家久下顺司先生、日本爱媛县日中农林水产交流协会会长吉本正先生、协会秘书长井伊缀先生都对本册教材的编写给予了大力的支持。在此一并表示感谢。

主要出场人物

王玲
おうれい

はじめまして。王玲と申します。２２歳です。私は北京の大学生で，今年１年間，日本に留学中です。中村さんのお家にお世話になっています。家族の皆さんを紹介します。

中村俊一
なかむらしゅんいち

ホームステイ先のお父さんです。会社員で，５４歳です。東京の郊外に住んでいます。仕事で中国に行くこともあります。

中村敬子
なかむらけいこ

お母さんです。専業主婦で，５２歳です。お母さんは伝統的な日本女性です。私に日本文化についてよく教えてくれます。

中村 隆太
<small>なかむらりゅうた</small>

お兄さんです。大学院の博士課程の学生で，２７歳です。社会心理学が専門です。

中村亜美
<small>なかむら あみ</small>

私と同じ大学で経営学を勉強しています。２２歳です。明るくて友達がたくさんいます。

缩略语、符号一览表

（名）——名词　　　　　　（代）——代名词
（数）——数词　　　　　　（量）——量词
（形名）——形式名词　　　（动Ⅰ）——动词Ⅰ
（动2）——动词2　　　　　（动3）——动词3
（自）——自动词　　　　　（他）——他动词
（形Ⅰ）——形容词Ⅰ　　　（形2）——形容词2
（副）——副词　　　　　　（连体）——连体词
（感）——感叹词　　　　　（接）——接续词
（接助）——接续助词
⓪①②③……——声调符号（有两个声调者，常用者在前）

目 次

第2版前言 i
第1版前言 ii
本册说明 iii
主要出场人物 v
缩略语、符号一览表 vii

第16課　自転車通学 1
　　　　本文　自転車通学を始めました/1
　　　　会話　傘を忘れました/4

第17課　自然の恵み 17
　　　　本文　伊豆には温泉がたくさんあります/18
　　　　会話　ミカンの皮/20

第18課　海外旅行 35
　　　　本文　日本人と海外旅行/36
　　　　会話　万里の長城/38

第19課　料理の話 51
　　　　本文　日本食ダイエット/52
　　　　会話　本場の中国料理/54

第20課　環境問題 68
　　　　本文　節水を考えた生活/69
　　　　会話　燃えるゴミ，燃えないゴミ/71

第21課　日本の華道 …………………………………………………… 86
　　　　本文　華道の精神/87
　　　　会話　初めての生け花/89

第22課　パソコン ……………………………………………………… 102
　　　　本文　パソコンと目の疲れ/103
　　　　会話　コーヒーとパソコン/105

第23課　盲導犬 ………………………………………………………… 119
　　　　本文　盲導犬と私の生活/119
　　　　会話　盲導犬はエリートなんだよ/122

第24課　カード時代 …………………………………………………… 136
　　　　本文　クレジットカード/136
　　　　会話　亜美ちゃんはお金持ちだね/139

第25課　コンビニエンス・ストア …………………………………… 153
　　　　本文　コンビニ症候群/153
　　　　会話　2日に1回はいろいろチェックしておくんだ/156

第26課　携帯電話 ……………………………………………………… 169
　　　　本文　鉄面皮の人もいます/170
　　　　会話　すぐお礼を言いたかったんです/172

第27課　外来語 ………………………………………………………… 187
　　　　本文　王玲の日記/188
　　　　会話　これが英語のはずがない/190

目　次

第28課　就職事情 ……………………………………………………… 206
　　　　本文　3年生のための就職講座/207
　　　　会話　リクルート・スーツ/209

第29課　敬語 …………………………………………………………… 223
　　　　本文　敬語に対する意識/224
　　　　会話　タクシーをお呼びしましょうか/225

第30課　感謝の気持ち ………………………………………………… 240
　　　　本文　1年間，本当にありがとうございました/241
　　　　会話　思い出すたびに会いたくなるでしょう/243

付録1　単元の練習（4）……………………………………………… 260
　　　　　単元の練習（5）……………………………………………… 266
　　　　　単元の練習（6）……………………………………………… 272
付録2　コミュニケーション表現の索引 …………………………… 278
付録3　文法の索引 …………………………………………………… 281
付録4　文型の索引 …………………………………………………… 285
付録5　新しい言葉の索引 …………………………………………… 288
付録6　補足単語の索引 ……………………………………………… 299
付録7　ことわざの索引 ……………………………………………… 305
付録8　練習答案（部分）…………………………………………… 307

主な参考書 …………………………………………………………… 321

第16課

自転車通学

本课重点

- 一、コミュニケーション表現
  1. そうだね。
  2. 玲ちゃんは夜帰ることが多いから気をつけて。
  3. へえ，大変だったね。
- 二、文法
  1. 敬体与简体①
  2. 形式名词：こと
  3. 后缀：（1）用
         （2）ちゃん
- 三、文型
  1. 〜ことにします
  2. 〜なければなりません
  3. 〜てはいけません
  4. 〜なくてはいけません
  5. 〜る（た）時，〜

本文　　自転車通学を始めました

自転車通学を始めてから，2週間経ちました。家から大学までだいたい30分です。私がホームステイをしている中村さんの家では，み

んな自転車をよく使います。車はあまり使いません。それは環境問題を考えているからです。だから私も自転車を使うことにしました。中国は右側通行ですが、日本は左側通行です。私はまず、家の近くで少し練習をしました。すぐ上手になりました。今は毎日、さわやかな天気ですから、自転車通学は楽しいです。

　今週の土曜日に自転車用のレインコートを買いたいです。雨の日は運転に気をつけなければなりません。傘を持って運転してはいけません。とても危険です。

　それから、鍵も買いたいです。大学の駐輪場に自転車を止める時、鍵は2つ必要です。自分の自転車は自分で守らなくてはいけません。

新しい言葉 I

1. つうがく⓪ ［通学］　〈名、自動3〉　上学；走读
2. はじめる⓪ ［始める］　〈他動2〉　开始，开办
3. たつ① ［経つ］　〈自動1〉　（时间）经过
4. だいたい⓪ ［大体］　〈副、名〉　大致，大约，大体上，概要
5. ホームステイ⑤ [homestay]　〈名〉　（外国人为学习语言、体验生活）住在当地人家里
6. なかむら⓪ ［中村］　〈名〉　（姓）中村

第 16 課

7.	くるま⓪ [車]	〈名〉	轿车，小汽车；车的总称
8.	かんきょう⓪ [環境]	〈名〉	环境
9.	もんだい⓪ [問題]	〈名〉	（须解决的）问题；（测试）题
10.	かんがえる④③ [考える]	〈他动2〉	思考，考虑；认为
11.	みぎがわ⓪ [右側]	〈名〉	右侧，右边
12.	つうこう⓪ [通行]	〈名、自动3〉	通行
13.	ひだりがわ⓪ [左側]	〈名〉	左侧，左边
14.	まいにち① [毎日]	〈名〉	每日，每天
15.	こんしゅう⓪ [今週]	〈名〉	本周，这个星期
16.	～よう⓪ [～用]	〈后缀〉	供～使用，用途
17.	レインコート④ [raincoat]	〈名〉	雨衣
18.	ひ① [日]	〈名〉	日，日子；白天
19.	うんてん⓪ [運転]	〈名、他动3〉	驾驶（车）；开动（机器）
20.	き⓪ [気]	〈名〉	精神，意识；心情
	気をつける	〈词组〉	注意，当心
21.	かさ① [傘]	〈名〉	伞
22.	もつ① [持つ]	〈他动1〉	持，拿
23.	きけん⓪ [危険]	〈形2、名〉	危险
24.	かぎ② [鍵]	〈名〉	锁；钥匙
25.	ちゅうりんじょう⓪ [駐輪場]	〈名〉	（自行车）停放场地
26.	とめる⓪ [止める・留める・停める]	〈他动2〉	停下，停止
27.	ふたつ③ [2つ・二つ]	〈数〉	两个；两岁
28.	じぶん⓪ [自分]	〈名〉	自己，自身
29.	まもる② [守る]	〈他动1〉	保护，守卫；遵守

会話　傘を忘れました

中村家客厅。王玲和隆太正在聊天儿。

隆太：玲ちゃん，自転車通学はどう？

王玲：いい運動ですよ。帰りに本屋やスーパーに行く時も便利です。重い荷物を持たなくてもいいです。

隆太：そうだね。玲ちゃんは，夜，帰ることが多いから気をつけて。夜は必ずライトをつけなくてはいけないよ。

王玲：ええ，だいじょうぶです。先週，雨が降った時，ちょっと失敗しました。

隆太：どんな？

王玲：自転車用の新しいレインコートを買ったから，自転車で大学に行きました。でも傘を忘れました。

隆太：ああ，そうか。自転車通学でも，大学の中では傘が必要だね。

王玲：ええ，他の建物に行く時，急いで走りました。

隆太：へえ，大変だったね。

新しい言葉 II

30. わすれる⓪　[忘れる]　〈他动2〉　　忘记，遗忘

31.	りゅうた① [隆太]	〈名〉	（人名）隆太
32.	～ちゃん	〈后缀〉	对同辈或晚辈人的亲昵称呼
33.	おうれい① [王玲]	〈名〉	（人名）王玲
34.	うんどう⓪ [運動]	〈名、自动3〉	运动，活动
35.	かえり③ [帰り]	〈名〉	归途；回来；回去
36.	ほんや① [本屋]	〈名〉	书店
37.	おもい⓪ [重い]	〈形1〉	重，沉重
38.	にもつ① [荷物]	〈名〉	行李，货物
39.	かえる① [帰る]	〈自动1〉	回来，回去
40.	ライト① [light]	〈名〉	灯，灯光
	ライトをつける	〈词组〉	开灯
41.	しっぱい⓪ [失敗]	〈名、自动3〉	失策，失败
42.	ほか⓪ [他]	〈名〉	其他，别的
43.	はしる② [走る]	〈自动1〉	跑；（车船等）行驶
44.	へえ⓪	〈感〉	（吃惊时发出的声音）欸，啊
45.	たいへん⓪ [大変]	〈形2、副〉	严重，费劲，不得了，不容易；非常，很

説明

一、コミュニケーション表現

1. そうだね。

意为"是啊"。是"そうですね"的简体说法。用于应答，表示同意对方的意见。例如：

A：自転車通学はいいね。
B：そうだね。いい運動になると思う。

A：夜は暗いから，ライトをつけなくてはいけないね。
B：そうだね。

2． 玲ちゃんは，夜，帰ることが多いから気をつけて。

　　意为"玲玲常常晚上回来，要当心"。"玲ちゃんは，夜，帰ることが多いから"中的"から"表示原因，"気をつけて"是"気をつけてください"的简略说法。用于提醒对方多加小心。送客或嘱咐要外出的人时经常使用这种说法。可以译为"慢走""走好"。例如：

　　A：もう遅いから，帰ります。
　　B：じゃ，気をつけて。

　　A：昨日は失敗しましたから，今日は気をつけてね。
　　B：はい。気をつけます。

3． へえ，大変だったね。

　　意为"是吧，那可够受的！""大変だったね"是"大変でしたね"的简体说法，得知对方受到伤害或负面影响后，用来表示同情、安慰。例如：

　　A：母は病気でずっと入院していました。
　　B：へえ，それは大変だったね。

二、文法

1．敬体与简体 ①

　　日语有敬体与简体之分。以"です""ます"等形式结句的文体为敬体，敬体是表示敬意、客气的说法；以用言的词典形或助动词"だ""た形"结句的文体为简体，简体是不表示敬意的说法。使用敬体还是简体，应该根据说话人与听话人之间的关系而定。一般对长辈、上级和客人多使用敬体，而对晚辈、下级、年幼者和关系密切的人多使用简体。（详见"敬体与简体对照表"。）

2．形式名词　こと

　　属于体言，接在用言连体形后面，起语法作用，使用言具有名词性质，在句中可以做主语、宾语等，但没有具体含义。形式名词不能单独使用。一般可以译为"～之事"，或不译出。例如：

　　日本に留学する**こと**は，その後どうなりましたか。
　　北京に何回も来ましたが，まだ万里の長城へ行った**こと**がありません。

第 16 課

昨日の講義を忘れた**こと**を誰にも言わないでください。

敬体与简体对照表

私は学生**です**。	私は学生**だ**。
私は学生**ではありません**。	私は学生**ではない**。
彼は記者**でした**。	彼は記者**だった**。
彼は記者**ではありませんでした**。	彼は記者**ではなかった**。
冬は**寒いです**。	冬は**寒い**。
今日は**寒くないです**。／**寒くありません**。	今日は**寒くない**。
昨日は**寒くなかったです**。／**寒くありませんでした**。	昨日は**寒くなかった**。
ここは交通が便利**です**。	ここは交通が便利**だ**。
ここは交通が便利**でした**。	ここは交通が便利**だった**。
ここは交通が便利**ではありません**。	ここは交通が便利**ではない**。
ここは交通が便利**ではありませんでした**。／便利**ではなかったです**。	ここは交通が便利**ではなかった**。
この辺は静か**です**。	この辺は静か**だ**。
この辺は静か**でした**。	この辺は静か**だった**。
この辺は静か**ではありません**。	この辺は静か**ではない**。
この辺は静か**ではありませんでした**。／静か**ではなかったです**。	この辺は静か**ではなかった**。
日本語を**勉強します**。	日本語を**勉強する**。
北京へ**行きません**。	北京へ**行かない**。
刺身を**食べました**。	刺身を**食べた**。
昨日彼は**来ませんでした**。／昨日彼は**来なかったです**。	昨日彼は**来なかった**。

3．后缀

（1）用

接在名词后面，表示"用于什么"的意思。一般可以译为"～用"。
例如：

これは中学生**用**の本です。
女性**用**の自転車はありますか。
それは自転車**用**のレインコートです。

（2）ちゃん

多接在称呼或名字后面，表示亲昵。多用于家庭成员之间、小孩或关系要好的同龄人等。例如：

おばあちゃん　恵美(えみ)ちゃん　誠(まこと)ちゃん

三、文型

1．～ことにします

简体形式是"～ことにする"。接在动词连体形后面，表示行为主体的主观性选择、决定或习惯。"こと"只起语法作用。一般可以译为"要～""决定～""有～的习惯"。例如：

大学祭の時，水ギョーザを作る**ことにします**。
夏休みに鎌倉へ旅行する**ことにしました**。
自転車で通学する**ことにしている**。

2．～なければなりません

简体形式是"～なければならない"。接在动词后面，接续方法与接"ない"相同。用于表示义务。一般可以译为"必须～""应该～"。例如：

今日は10時に駅へ行か**なければなりません**。
日本留学は，まず日本語を勉強し**なければなりません**。
雨なので，運転に気をつけ**なければならない**。

3．～てはいけません

简体形式是"～てはいけない"。接在动词后面，接续方法与接"て"相同。表示阻止、禁止对方做某事。一般用于上司对部下、长辈对晚辈。可以译为"不许～""不要～""不准～"等。例如：

熱のある人はお風呂に入っ**てはいけません**。
この魚は生のままで食べ**てはいけません**。
お客さんにあんな失礼なことを言っ**てはいけない**。

4．～なくてはいけません

简体形式是"～なくてはいけない"。接在动词后面，接续方法与接"ない"相同。表示主观认为应该做某事。一般可以译为"得～"

"要～""应该～"。例如：

　　雨だから，傘を持た**なくてはいけません**。
　　母が病気なので，急いで故郷へ戻ら**なくてはいけません**。
　　そのことを彼女に話さ**なくてはいけない**。

5．～る（た）時，～

　　"～る"代表动词词典形，"～た"代表"た形"，后续"時"表示某种行为、动作进行的时点、场合。接词典形时表示后一个分句的行为、动作进行的时点、场合，一般可以译为"要～之际"；接"た形"时，表示前一个分句的行为、动作完成之后的时点、场合，一般可以译为"～了的时候"。例如：

　　みんなで水ギョーザを作る**時**，私にも教えてください。
　　北京に来る**時**，電話をください。
　　初めて大学に自転車で行った**時**，友達が「すごいね」と言いました。
　　仕事が終わった**時**，彼女が来ました。

練習

一、用正确的语音语调大声朗读下列句子。
　　1．だから私も自転車を使うことにしました。
　　2．雨の日は運転に気をつけなければなりません。
　　3．傘を持って運転してはいけません。
　　4．自分の自転車は自分で守らなくてはいけません。
　　5．大学の駐輪場に自転車を止める時，鍵は2つ必要です。

二、从a．b．c．d中选择一个正确的读音。
　　1．通学
　　　　a．つうがく　　　　　　　b．つがく
　　　　c．つうかく　　　　　　　d．つうがつ

2．問題
    a. もだい　　　　　　　　b. もんたい
    c. もんだい　　　　　　　d. もうだい
3．失敗
    a. しつはい　　　　　　　b. しっぱい
    c. しいばい　　　　　　　d. しつばい
4．荷物
    a. にもの　　　　　　　　b. かもの
    c. にもづ　　　　　　　　d. にもつ
5．運転
    a. うんでん　　　　　　　b. うんてん
    c. うんてい　　　　　　　d. うんでい

三、从a．b．c．d中选择对应的日文汉字。

1．曇っていますから，傘を<u>もった</u>ほうがいいです。
    a. 拿った　　　　　　　　b. 有った
    c. 持った　　　　　　　　d. 用った
2．<u>きけん</u>です。気をつけて。
    a. 危険　　　　　　　　　b. 経験
    c. 意見　　　　　　　　　d. 期限
3．自分のものは自分で<u>まも</u>らなければなりません。
    a. 守　　　　　　　　　　b. 遵
    c. 従　　　　　　　　　　d. 照
4．日本では左側通行なので，初めて運転する時，練習する<u>ひつよう</u>があります。
    a. 重要　　　　　　　　　b. 需要
    c. 必要　　　　　　　　　d. 務要
5．<u>うんどう</u>は体にいいです。
    a. 運転　　　　　　　　　b. 運動
    c. 運用　　　　　　　　　d. 運行

四、助詞填空。

1. 留学生活（　）始めました。忙しい毎日になるでしょう。
    a．が　　　　　b．を　　　　　　c．に
2. ライト（　）つけて運転してください。
    a．が　　　　　b．を　　　　　　c．に
3. 昨日の午後，大学の講堂（　）環境問題の講演がありました。
    a．で　　　　　b．に　　　　　　c．の
4. 自転車の時，傘よりレインコート（　）ほう（　）便利です。
    a．の　で　　　b．は　が　　　　c．の　が
5. 「1人だから帰り（　）気（　）つけてね」と母が毎日言っています。
    a．に　に　　　b．で　が　　　　c．に　を

五、仿照例句，替换下列画线部分。

例1：今日は晴れだ・傘を持たない
　　→今日晴れだから，傘を持たなくてもいいです。

1. 風邪が治った・薬を飲まない
    →
2. 兄が自転車をくれた・買わない
    →
3. 明るくなった・ライトをつけない
    →

例2：急いで仕事をします。
　　→急いで仕事をしなければなりません。

1. 不愉快なことを忘れます。
    →
2. 約束の時間を守ります。
    →
3. 試験の10分前に教室に入ります。
    →

例3：自転車を止めます。鍵は2つ必要です。
　　→自転車を止める時，鍵は2つ必要です。

1．水ギョーザを作ります。いつも2時間ぐらいかかります。
   →
2．映画を見ています。静かにしていてください。
   →
3．日本に留学します。中国の薬を持っていったほうがいいです。
   →

六、看图，仿照例句，完成下列的句子。

例：テレビを見る・宿題をする
　→テレビを見ながら宿題をしてはいけません。

1．お酒を飲む・風呂に入る
   →
2．みんなが勉強する・電話を使う
   →
3．授業の時・物を食べる
   →

第 16 課

七、从方框中选择合适的词，并以其合适的形式填在横线上。

| 忘れる | 選ぶ | 始まる | 気をつける |
| 持つ | 始める | 経つ | |

例：この中から<u>選ん</u>でもいいですか。

1．日本に来てもう何年＿＿＿＿ますか。

2．馬さんはいつでも日本語の辞書を＿＿＿＿ています。

3．暗いですから，＿＿＿＿ください。

4．レポートの発表はいつ＿＿＿＿ますか。

5．まだ早いから，急いで＿＿＿＿なくてもいいですよ。

6．誰にあげたか，もう＿＿＿＿ました。

八、选择填空。

1．日本人は食事が（　）時，「ごちそうさま」と言います。
    a. 終わって　　　　　　　b. 終わらない
    c. 終わった　　　　　　　d. 終わらなかった

2．風邪を引いたので，学校を（　）ことにしました。
    a. 休んでいる　　　　　　b. 休む
    c. 休みます　　　　　　　d. 休んだ

3．環境問題（　）よく考えてください。
    a. にとって　　　　　　　b. について
    c. に対して　　　　　　　d. によって

4．学校では廊下を（　）。
    a. 走ってもいいです　　　b. 走らなければなりません
    c. 走ってはいけません　　d. 走らなくてもいいです

5．映画がもうすぐ始まりますので，（　）なければません。
    a. 急ぐ　　　　　　　　　b. 急が
    c. 急いで　　　　　　　　d. 急ぎ

13

6．運転をする時，（　）をつけなければなりません。
   a．頭　　　　　　　　　　b．気
   c．心　　　　　　　　　　d．足
7．この傘は王さんから（　）。
   a．あげました　　　　　　b．くれました
   c．もらいました　　　　　d．やりました
8．重要な会議なので，（　）。
   a．出てもいいです　　　　b．出なくてもいいです
   c．出なくてはいけません　d．出てはいけません

九、根据课文回答下列问题。

1．王玲さんはどこでホームステイをしていますか。
2．王玲さんはなぜ自転車を利用することにしたのですか。
3．王玲さんは自転車で通学することを何と言いましたか。

十、听录音，从（1）（2）（3）中选择一个最合适的答案。

1．答え：
   （1）学生は日本語を使ってはいけない仕事を探しています。
   （2）学生は日本語を使わなければならない仕事を探しています。
   （3）学生は日本語を使わなくてもいい仕事を探しています。

2．答え：
   （1）日曜日は夜遅くてもいいです。
   （2）日曜日は夜遅くないほうがいいです。
   （3）日曜日は夜遅いほうがいいです

十一、把下列句子翻译成日语。

1．小李决定明年去日本留学。
2．员工不准在午饭时喝酒。
3．这个问题必须要对学生进行说明。
4．开车时要小心呀。

5．今天学校有事，可以不马上回家吗？

補足単語

にゅういん⓪［入院］	〈自動3、名〉	住（医）院
きしゃ①［記者］	〈名〉	记者
このへん⓪［この辺］	〈名〉	这一带，附近
りゅうがく⓪［留学］	〈名、自動3〉	留学
ちゅうがくせい③④［中学生］	〈名〉	中学生
じょせい⓪［女性］	〈名〉	女性，女的
えみ①［恵美］	〈名〉	（人名）惠美
まこと⓪［誠］	〈名〉	（人名）诚
ねつ②［熱］	〈名〉	（发）烧；热度；热情
しつれい②［失礼］	〈形2、名、自動3〉	失礼，不礼貌；对不起，抱歉；告辞，再见
あんな⓪	〈連体〉	那样的，那种
くもる②［曇る］	〈自動1〉	阴天；模糊不清
かぜ⓪［風邪］	〈名〉	感冒，伤风
なおる②［治る］	〈自動1〉	治好，痊愈
ふゆかい②［不愉快］	〈形2〉	不愉快，不快活
ひく⓪［引く］	〈他動1〉	引，拉；患，得
かぜをひく［風邪を引く］	〈詞組〉	感冒，患感冒
じゅうよう⓪［重要］	〈名、形2〉	重要
さらあらい③［皿洗い］	〈名〉	洗碟子，刷盘子
はたらく⓪［働く］	〈自動1〉	劳动，工作；起作用；（脑筋等）活动

ことわざ

知識は力なり／知识就是力量
時は金なり／时间就是金钱

重回"自行车时代"

随着环境污染、能源紧张等问题的日益突出，日本政府和民间团体都期待不排尾气、不耗能源的自行车做出更大贡献。他们呼吁人们积极使用的同时，也致力于创造各种条件保障其使用的安全、规范、便利，乃至愉悦。

日本政府1981年颁布自行车基本法，1994年进行修订。规定了"自行车要在车道左侧行驶""夜间行走必须开车灯""禁止酒后骑车"等多项条款。2015年6月1日实施的新道路交通法，又明确指定"无视信号、用无闸自行车、骑车打电话、酒后骑车"等为危险行为，3年内如果发生两次，必须参加"安全行车讲习班"。

而民间团体1971年就成立了自行车普及协会。该协会致力于宣传自行车使用规则、讲解行车礼仪、拟定停车场增设建议、呼吁改善行车环境等等。近年，伴随自行车使用人数的增加，因自行车导致的死伤者人数剧增（2014年超过10万人），而大小事故、赔偿纠纷更是频频发生。为此，自行车普及协会又成立了"自行车ADR（Alternative Dispute Resolution）（裁判外紛争解决）中心"，对于自行车和步行者、自行车之间以及自行车对物品损坏等引起的纠纷予以仲裁和调解。他们的做法是，对于申请仲裁或调解的事故纠纷等，组成有律师参与的调解委员会，组织当事人协商，力促双方和解。

为了推进自行车的安全使用，日本自行车普及协会及相关团体还把每年5月定为"自行车月（自転車月間）"，把每年5月5日定为自行车日（自転車の日）。

バイコロジー：Bikecology 意为"为自行车的使用创造安全、舒适的环境"。

日本的自行车基本法规定自行车必须在道路的左侧行使。你知道违法时的最高罚款金额是多少吗？（答案请在本课找）

第 17 課

自然の恵み

本课重点

一、コミュニケーション表現
　1．楽しみですね。
　2．私の趣味はいろいろな温泉へ行くことです。
　3．では，日本の温泉を楽しんでください。
　4．またメールをくださいね。
　5．みんな，このミカン，遠慮しないでたくさん食べていいよ。
　　――ありがとうございます。
　6．このミカンの値段はいくらぐらいですか。
　7．おじさん，すみませんが，ここにある皮を全部もらってもいいですか。

二、文法
　1．动词意向形：う、よう
　2．提示助词：も②
　3．终助词的重叠形式：からね
　4．传闻助动词：そうだ
　5．こそあど系列词汇⑥
　　こんな　そんな　あんな　どんな

三、文型
　1．～そうです　　　　　　　2．～も～も～
　3．～たことがあります　　　4．～かもしれません
　5．一～も～ません　　　　　6．たぶん～でしょう
　7．～う／ようと思います　　8．～ないで～

四、解釈
　このミカンはね，皮を食べてもだいじょうぶだよ。

伊豆には温泉がたくさんあります

　　王玲在中国跟桥本久美老师学过日语。现在两人都在日本，时常互发邮件。下面是桥本老师给王玲的回信。

王玲さん

10月に大学の旅行で伊豆に行くそうですね。楽しみですね。伊豆は山も海もあって、とてもいい所です。暖かいので果物もたくさんできます。特にミカンが有名です。

王玲さんは温泉に入ったことがありますか。伊豆には温泉がたくさんあります。日本の温泉はお湯が熱いので、王さんは驚くかもしれません。こんなに熱いお風呂にはたぶん、一度も入ったことがないでしょう。日本人は、だいたい熱いお湯が好きです。

実は、私の趣味はいろいろな温泉に行くことです。来月21日から長野県の温泉に行きます。仕事を忘れて、のんびりしようと思います。その温泉には、人間の風呂の他に、サルの風呂もあります。山は雪が降って寒いです。サルも温泉に入って温まりたいのです。

では、日本の温泉を楽しんでください。またメールをくださいね。

橋本久美

第 17 課

新しい言葉 I

1. しぜん⓪ ［自然］　〈名、形2〉　大自然；自然，自然而然
2. めぐみ⓪ ［恵み］　〈名〉　恩惠，施舍
3. いず⓪ ［伊豆］　〈名〉　（地名）伊豆（位于静冈县）
4. おんせん⓪ ［温泉］　〈名〉　温泉
5. りょこう⓪ ［旅行］　〈名、自动3〉　旅行，旅游
6. うみ① ［海］　〈名〉　海，海洋
7. あたたかい④ ［暖かい］　〈形1〉　温暖，暖和
8. くだもの② ［果物］　〈名〉　水果
9. とくに① ［特に］　〈副〉　特别，格外
10. ミカン① ［蜜柑］　〈名〉　橘子，柑橘
11. あつい② ［熱い］　〈形1〉　热，烫
12. おどろく③ ［驚く］　〈自动1〉　吃惊，惊讶
13. たぶん①　〈副〉　大概，或许
14. いちど⓪ ［一度］　〈名〉　一次
15. じつは② ［実は］　〈副、接〉　事实上，其实
16. らいげつ① ［来月］　〈名〉　下个月，下月
17. ながのけん③ ［長野県］　〈名〉　（地名）长野县
18. しごと⓪ ［仕事］　〈名〉　工作；职业
19. のんびり③　〈自动3、副〉　悠闲，舒舒服服
20. にんげん⓪ ［人間］　〈名〉　人；人品，为人
21. サル① ［猿］　〈名〉　猴子
22. ゆき② ［雪］　〈名〉　雪；雪白
23. あたたまる④ ［温まる］　〈自动1〉　暖，暖和
24. たのしむ③ ［楽しむ］　〈他动1〉　享受；欣赏；期待
25. メール①⓪ ［mail］　〈名〉　电子邮件；信

26. くださる③　[下さる]〈他动1〉　　　　　（敬语）给（我）
27. はしもとくみ⑤
　　　[橋本久美]　　　　〈名〉　　　　　（人名）桥本久美

会話　ミカンの皮

　　王玲因大学旅行住在伊豆。第二天她和同学们一起去种植柑桔的农户家里，那家主人用柑桔招待了他们。

おじさん：みんな，このミカン，遠慮しないでたくさん食べていいよ。

学生A：ありがとうございます。じゃあ，いただきます。

王　　玲：わあ，おいしい。とても甘いですね。

学生B：こんなに甘いミカンは食べたことがありません。

おじさん：うん。このミカンはね，皮を食べてもだいじょうぶだよ。ちょっと苦いかもしれないけれど，無農薬だからね。

王　　玲：このミカンの値段はいくらぐらいですか。

おじさん：このミカンはスーパーでは売っていないんだ。東京のデパートで1個400円ぐらいだよ。

王　　玲：うわあ，400円！おじさん，すみませんが，ここにある皮を全部もらってもいいですか。うちに帰って陳皮を作ろうと思います。

新しい言葉 II

28.	おじさん⓪	〈名〉	（对中年男子亲切的称呼）叔叔；舅舅；姑父；姨父等
29.	えんりょ⓪［遠慮］	〈名、自他动3〉	客气；谢绝
30.	いただく⓪［頂く］	〈他动1〉	（饮食）吃；喝；领受
31.	あまい⓪［甘い］	〈形1〉	甜
32.	うん①	〈感〉	（用于肯定、答应）是，嗯，对
33.	にがい②［苦い］	〈形1〉	（味）苦；不愉快；痛苦
34.	むのうやく②［無農薬］	〈名、形2〉	无农药，没有农药
35.	ねだん⓪［値段］	〈名〉	价格，价钱
36.	いくら①	〈名〉	多少，多少钱
37.	うる⓪［売る］	〈他动1〉	卖，销售
38.	デパート②	〈名〉	"デパートメント・ストア（department store）"的简称。百货商店，百货公司
39.	〜こ①［個］	〈量〉	〜个
40.	うわあ⓪	〈感〉	哎呀，唉呀
41.	ぜんぶ①［全部］	〈副、名〉	全，都；全部
42.	うち⓪［家］	〈名〉	家
43.	チンピ①⓪［陳皮］	〈名〉	（药）陈皮

説明

一、コミュニケーション表現

1. 楽しみですね。

　　意为"很期待吧！""那会很开心的！"。用于寒暄，表示期待

的心情。既可以用于他人，也可以用于表示自己对所期盼的好事将要得以实现的心情。例如：

　　A：明日温泉へ行きます。
　　B：それは楽しみですね。

　　A：今週の土曜日，日本に留学している兄が帰るんです。
　　B：そうですか。それは楽しみですね。

2．**私の趣味はいろいろな温泉へ行くことです。**

　　意为"我的爱好是去各种各样的温泉"。这是介绍自己的兴趣、爱好时常用的说法之一。例如：

　　私の趣味は山登りをすることです。
　　私の趣味は博物館を回ることです。

3．**では，日本の温泉を楽しんでください。**

　　意为"那么，就好好享受一下日本的温泉吧"。"～を楽しんでください"是一种寒暄的形式。一般用于请他人体验即将到来的愉悦、开心的事情。例如：

　　先生，温泉旅行を楽しんでください。
　　4年間の大学生活を楽しんでください。

4．**またメールをくださいね。**

　　意为"请再发邮件给我"。一般用于邮件、书信的末尾。表示希望能再得到对方的联系。

5．**みんな，このミカン，遠慮しないでたくさん食べていいよ。**
　　——ありがとうございます。

　　意为"各位，吃这种橘子，请多吃，不要客气"。这是招待他人时说的话。"遠慮しないで"意为"不要客气"。"たくさん食べていいよ"用来劝说别人多吃些，也可以说成"たくさん食べてください"。"ありがとうございます"表示应答，对关系密切的人也常用"ありがとう"。例如：

　　A：このぶどう，たくさん食べていいよ。
　　B：ありがとうございます。

Ａ：私が得意のギョーザ、たくさん食べてください。
　　　Ｂ：ありがとう。

６．このミカンの値段はいくらぐらいですか。

　　意为"这种橘子，大约多少钱一个？"。"いくらぐらいですか"译为"大约多少钱？"，是询问物品的大概价格时常用的说法。而打听物品的准确价格时用"いくらですか"，译为"多少钱？"。

７．おじさん，すみませんが，ここにある皮を全部もらってもいいですか。

　　意为"叔叔，对不起，请问这些橘子皮可以都带走吗？"。"すみませんが"用于引出话题。"もらってもいいですか"是在向别人索要什么东西时用来征求对方的同意或许可时的说法。表示同意或许可时一般用"いいですよ""どうぞ"等。例如：
　　　Ａ：先生，すみませんが，ここに残っているコピー，全部もらってもいいですか。
　　　Ｂ：いいですよ。

二、文法

1. 动词意向形　う、よう

　　意向形，也称意志形，是动词活用变化的一种形式，由词典形变化而来。各类动词的变化规则如下：

　　动词1是把词尾"う段"假名改为该行"お段"假名，然后加上动词意向形"う"；

　　动词2是把词尾"る"去掉；然后加上动词意向形"よう"；

　　动词3中サ变动词是把"する"改为"し"；

　　カ变动词是把"来(く)る"改为"来(こ)"，然后加上动词意向形"よう"。（具体变化方法见意向活用变化表。）

　　意向形表示说话人的意志或劝诱他人一起做某事。一般译为"要～""～吧"等。例如：
　　来月，私の調査結果を発表し**よう**。（意志）
　　佐藤さんも一緒に行こ**う**よ。（劝诱）

意向形也表示对事情的推测，但在日常会话中一般不用这种形式，而是在句子的简体形式后面加"でしょう（だろう）"。例如：
午後から雨が降ろう。（推测）→午後から雨が降るだろう。

意向形活用变化表

动词类别	词典形	词干	意向形
动词1	買う 書く 話す	買 書 話	買おう 書こう 話そう
动词2	食べる 起きる	食べ 起き	食べよう 起きよう
动词3	する 来る	— —	しよう 来よう

2．提示助词　も②

"も"接在数量词之后，表示数量之多。含强调或夸张的语气。一般译为"达～""～之多"等。例如：
講演を聞きに来た学生が200人**も**いましたよ。
このミカンは1個，400円**も**します。

3．终助词的重叠形式　からね

是终助词"から"和"ね"的重叠，"から"用来表示说明事物的原因，"ね"既用于请求对方的同意，也用于说话人的判断。这里更倾向于表示说话人的判断。"からね"的重叠使用，起加强语气的作用，多用于同辈人之间。一般可以译为"（因为）～啊"。例如：
このミカンはおいしい**からね**，みんなたくさん買うんだよ。
私はよく温泉へ行くんだよ。体にいい**からね**。
無農薬だ**からね**，皮を食べてもいいよ。

4．传闻助动词　そうだ

接在用言终止形后面，表示前述内容是从外界得知的消息、信息。其敬体形式是"そうです"，一般只用"そうで"和"そうだ（そうです）"两种形式，后者用得更普遍，接续"ので"时用"そうなので"。可以译为"听说～""据说～"等。（详见"文型"）

5. こそあど系列词汇⑥　こんなに　そんなに　あんなに　どんなに

近称	中称	远称	疑问称
こんなに	そんなに	あんなに	どんなに
这样地，如此	那样地，那么	那样地，那么	怎样，如何

这是一组副词，在句中做连用修饰语，用于修饰用言。例如：
こんなにたくさん買う人は一人もいませんね。
中村さんのうちは**そんなに**遠くはありません。
去年は**あんなに**暑かったが，今年はあまり暑くありません。
どんなに頑張ったかがよくわかりました。

三、文型

1．〜そうです

简体形式是"〜そうだ"。接在用言终止形后面，表示前述内容是从外界得知的消息、信息。后续"ので"时，要变成"〜そうなので，〜"的形式。一般可以译为"听说〜""据说〜"等。例如：
この本はとてもおもしろい**そうです**。
馬さんは10月に帰国する**そうだ**。
明日雨が降る**そうなので**，傘を持って行ってください。
彼は料理が上手だ**そうで**，家族は幸せだ。

2．〜も〜も〜

"も"分别接在一句话中的前后两个名词后面，表示两者的并列关系。一般可以译为"〜和〜"、"又〜又〜"。例如：
そこは山**も**海**も**あるそうです。
音楽を聞くこと**も**本を読むこと**も**好きです。
彼は英語**も**日本語**も**上手です。

3．〜たことがあります

简体形式是"〜たことがある"。接在动词的"た形"后面，表示曾经有过某种经历。一般可以译为"曾经〜过〜"。"〜たことがありません"是它的否定形式，一般可以译为"未曾〜过〜"。例如：
私は伊豆へ行った**ことがあります**。

わたしは中国と日本の物価について調べた**ことがある**。
わたしはまだ日本のお酒を飲んだ**ことがありません**。
私はこんなにおいしいミカンを食べた**ことがない**。

4．～かもしれません

简体形式是"～かもしれない"。接在动词和形1终止形、形2词干、体言后面，表示对事物的估计或不确切的判断。一般可以译为"也许～""可能～"等。例如：

明日は雪が降る**かもしれません**。
あの店のほうがもっと安い**かもしれません**。
この本はあまりおもしろくない**かもしれない**。

5．一～も～ません

简体形式是"一～も～ない"。"も"接在数词为"一"的量词后面，与动词否定形式搭配使用。表示对人或事物的全面否定。一般可以译为"一～也没～""全都～"等。例如：

海に一度**も**行ったことが**ありません**。
生協には今，お客さんが**1人も**いません。
こんなに熱いお風呂に一度も入ったことが**ない**。

6．たぶん～でしょう

简体形式是"たぶん～だろう"。"でしょう"接在动词和形1终止形、形2词干、体言后面，与副词"たぶん"搭配使用，表示对人或事物的估计、推测。一般可以译为"大概～吧""恐怕～吧"等。例如：

明日は**たぶん**馬さんの誕生日**でしょう**。
彼は**たぶん**鎌倉へ行ったことがない**でしょう**。
このミカンは無農薬だから，**たぶん**高い**だろう**。

7．～う／ようと思います

简体形式是"～う／ようと思う"。动词意向形后接"と思う"，表示说话人的打算、愿望和意志。一般可以译为"我要～""我想～"等。例如：

夏休みに海へ行こ**うと思います**。
これからもっと日本語を勉強し**ようと思っています**。
自転車用のレインコートを買お**うと思う**。

8．～ないで～

接在动词后面，与接"ない"的方法相同。在句中做连用修饰语，表示状态。一般可以译为"没～就～""不～就～"。例如：

毎日朝ご飯を食べ**ないで**学校へ行きます。

父は傘を持た**ないで**出かけました。

1か月，車を使わ**ないで**生活しました。

四、解釈

このミカンはね，皮を食べてもだいじょうぶだよ。

意为"这种橘子吧，吃它的皮也没有关系"。句中的"ね"一般用于句尾，做终助词用。但在日常会话中也常听到用于句子中的某个词或加了助词的某个词后的说法，起提示、强调的作用。

練習

一、用正确的语音语调大声朗读下列句子。

1．10月に大学の旅行で伊豆に行くそうですね。
2．王玲さんは温泉に入ったことがありますか。
3．日本の温泉はお湯が熱いので，王さんは驚くかもしれません。
4．仕事を忘れて，のんびりしようと思います。
5．おじさん，すみませんが，ここにある皮を全部もらってもいいですか。

二、从a.b.c.d中选择一个正确的读音。

1．温泉
  a.おんせん   b.おうせん
  c.おんせい   d.おうせい
2．果物
  a.くだぶつ   b.くだもの
  c.かもの   d.かぶつ

3．仕事
　　a．しごど　　　　　　　　b．しこど
　　c．しごと　　　　　　　　d．しこと
4．旅行
　　a．りょうこ　　　　　　　b．りょうこう
　　c．りょこ　　　　　　　　d．りょこう
5．無農薬
　　a．ぶのうやく　　　　　　b．むのうやく
　　c．むのやく　　　　　　　d．ぶのやあく

三、从a．b．c．d中选择对应的日文汉字。

1．日本の温泉はお湯が<u>あつい</u>です。
　　a．篤い　　　　　　　　　b．厚い
　　c．熱い　　　　　　　　　d．暑い
2．その言葉に<u>おどろ</u>いて，どうしたらいいか分かりません。
　　a．驚　　　　　　　　　　b．恐
　　c．惊　　　　　　　　　　d．怕
3．部屋に入って<u>あたた</u>まりましょう。
　　a．暖　　　　　　　　　　b．温
　　c．熱　　　　　　　　　　d．焼
4．何か問題があったら，<u>えんりょ</u>しないで言ってください。
　　a．遠慮　　　　　　　　　b．考慮
　　c．思慮　　　　　　　　　d．意慮
5．<u>にんげん</u>関係はとても大事です。
　　a．人員　　　　　　　　　b．人際
　　c．人件　　　　　　　　　d．人間

四、助词填空。

1．来月本を買い（　　）北京（　　）行きます。
　　a．に　を　　　　　　　　b．で　へ
　　c．に　に　　　　　　　　d．へ　へ

2．桂林は山（　　）川（　　）美しいです。
　　a．が　が　　　　　　　　b．も　も
　　c．は　は　　　　　　　　d．が　も
3．李さんは日本に行ったこと（　　）ありますか。
　　a．が　　　　　　　　　　b．に
　　c．と　　　　　　　　　　d．で
4．明日から日本語を勉強しよう（　　）思います。
　　a．に　　　　　　　　　　b．を
　　c．と　　　　　　　　　　d．で
5．予習もしない（　　）授業に出てはいけません。
　　a．に　　　　　　　　　　b．が
　　c．で　　　　　　　　　　d．て

五、仿照例句，替换下列画线部分。

例1：明日は雨が降ります。
　　　→明日は雨が降るそうです。
1．彼は日本語が上手です。
　　→
2．昨日の夜パーティーがありました。
　　→
3．伊豆は温泉が有名です。
　　→

例2：王さんは日本に行きました。
　　　→王さんは日本に行ったことがあります。
1．わたしは刺身を食べました。
　　→
2．妹は桜を見ました。
　　→
3．母もピアノを習いました。
　　→

例3：明日授業がありません。
　　　→明日授業がないかもしれません。

1．田中さんはうちにいます。
　→
2．明日は寒くなります。
　→
3．日曜日は友達と映画を見に行きます。
　→

例4：昼食をとりませんでした。大学に行きました。
　→昼食をとらないで大学に行きました。

1．弟は遊びませんでした。1日中本を読みました。
　→
2．お金を持ちませんでした。家を出ました。
　→
3．試験の時は本を見ません。書かなければなりません。
　→

六、看图，仿照例句，完成下列的句子。

例：日曜日に洗濯する
　→日曜日に洗濯しようと思います。

1．歌のCDを買う
　　→

2．日本語の入力を練習する
　　→

3．嵐山でたくさん写真を撮る
　　→

七、从方框中选择合适的词填在横线上。

| 一度 | たぶん | 特に |
| だいたい | ちょっと | とても |

例：北京には＿＿一度＿＿も行ったことがありません。

1．日曜日なので，デパートは＿＿＿＿＿＿＿人でいっぱいでしょう。

2．この日本語の文章は難しくないから，＿＿＿＿＿＿＿分かります。

3．まだ用事があるから，＿＿＿＿＿＿＿待ってください。

4．＿＿＿＿＿＿＿おもしろい本なので，たくさんの人が読みました。

5．自転車通学の人は，＿＿＿＿＿＿＿雨の日，気をつけてください。

八、选择填空。

1．昨日田中さんは病気で入院（　　）そうです。
　　a. した　　　　　　　　b. する
　　c. し　　　　　　　　　d. します

2．彼は一度もスキーを（　　）ことがありません。
　　a. します　　　　　　　b. する
　　c. しました　　　　　　d. した

3．あの方は（　　）かもしれません。
　　a. 先生だ　　　　　　　b. 先生
　　c. 先生です　　　　　　d. 先生の

4．一番好きな仕事は料理を作る（　　）。
　　a. ことだ　　　　　　　b. ものだ
　　c. のだ　　　　　　　　d. です

5．今日は寝ないで小説を（　　）うと思います。
　　a．読む　　　　　　　　　b．読み
　　c．読も　　　　　　　　　d．読ま
6．私も温泉に（　　）たいと思います。
　　a．入ら　　　　　　　　　b．入る
　　c．入ろう　　　　　　　　d．入り
7．お金を計算（　　）使うのはよくありません。
　　a．しなくて　　　　　　　b．しないで
　　c．しない　　　　　　　　d．しません
8．明日は6時に（　　）うと思います。
　　a．起きる　　　　　　　　b．起きろ
　　c．起きよ　　　　　　　　d．起き

九、根据课文回答下列问题。
1．誰が大学の旅行で伊豆に行くのですか。
2．橋本久美先生の趣味は何ですか。それはなぜですか。
3．長野県の温泉には，人間の風呂の他にどんな風呂がありますか。
4．おじさんが作ったミカンの味はどうですか。

十、听录音，从（1）（2）（3）中选择一个最合适的答案。
答え：
（1）Bさんは本屋に行きたくないです。
（2）Bさんは本屋に行く時間があるかもしれません。
（3）Bさんは本屋に行く時間がないかもしれません。

十一、把下列句子翻译成日语。
1．听说岚山上有很多可爱的猴子。
2．我曾经在日本人家体验过生活。
3．明天可能骑自行车去。

第 17 課

補足単語

はくぶつかん④③ [博物館]	〈名〉	博物馆
ぶどう⓪ [葡萄]	〈名〉	葡萄
のこる② [残る]	〈自动1〉	剩余，留下
コピー① [copy]	〈名、他动3〉	复印件，复制品
ちょうさ① [調査]	〈名、他动3〉	调查
きこく⓪ [帰国]	〈名、自动3〉	回国
しあわせ⓪ [幸せ]	〈名、形2〉	幸福
えいご⓪ [英語]	〈名〉	英语
もっと①	〈副〉	更，更加，进一步
けいりん① [桂林]	〈名〉	（地名）桂林
よしゅう⓪ [予習]	〈名、他动3〉	预习
かれ① [彼]	〈代〉	他
パーティー① [party]	〈名〉	（交际性）聚会
いちにちじゅう⓪ [1日中]	〈名〉	一整天
しけん② [試験]	〈名、他动3〉	考试；检验
けいさん⓪ [計算]	〈他动3、名〉	计算

ことわざ

急がば回れ／欲速則不达
石の上にも三年／功到自然成（功夫不负有心人）

本课专有名词：
JASは日本農林規格（日本農林規格）的簡称，"Japan Agricultural Standard"的略语

无农药栽培与有机农产品

近年来，食品安全问题、环境保护问题已成为全世界关注的焦点之一。

早在70年代初，伴随日本经济的快速发展，农产品因过量使用农药、化肥而带来的弊端也开始凸现。由生产者、消费者和研究人员共同携手创立的有机农业研究会开始宣传农业生产的新理念。

无农药栽培（無農薬）是指在农作物生长的过程中不使用农药。而有机农产品（有機農産物）定义更为严格，指连续3年在生产和消费的所有环节不使用农药和化肥，并经日本农林水产省指定的权威机关认证了的农产品。1998年又新增了"不使用转基因种苗"等条件。接受认证要具备充足的条件，准备繁杂的资料，还要交付一定的费用，因此得到这一认证的农产品不足1%。

通过认证的农产品允许使用"有机JAS标志"（有機 JAS マーク）。

在有机农产品的生产过程中，因为不使用农药和除草剂，农作物可能受到虫害、病害以及杂草的不良影响，产量往往降低。另外，制造有机堆肥、人工清除杂草费时费力，生产成本增高，这些原因导致的结果是有机农产品比普通农产品的价格一般高出20%—30%，甚至更多。因为价格增高等原因，消费者虽然喜爱，却未必人人购买。

总之，目前在日本实施有机栽培经济上并不一定划算，但为了人类的健康，为了维护和改善人类生存发展的大环境，为了坚持可持续发展战略，日本有机农业普及协会及仁人志士们仍在做着不懈的努力。

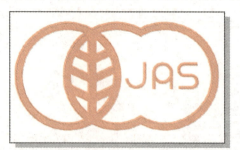

该标志左边象征太阳，右边形似云朵，二者交叉处构成植物叶片的形状，表现与自然的相互和谐。

你知道"有机JAS标志符号"中"JAS"的意思吗？（答案请在本课找）

第 18 課

海外旅行

本课重点

一、コミュニケーション表現
1. 本当に雄大ね。
2. お母さん，違います。
3. お父さんは登った後，とてもいい顔です。
——玲ちゃん，ありがとう。
4. あら，失礼しました。

二、文法
1. 判断助动词"だ"的活用变化
2. 补助动词：みる
3. 终助词：わ
4. 格助词：の②
5. 感叹词：（1）あら
　　　　　（2）うん

三、文型
1. ～のは～からです
2. ～ため（に）～
3. ～ことができます
4. ～を～にします

四、解釈
長城に登らなければ，いい男ではない。

日本人と海外旅行

どこの国の人も旅行が好きです。日本人も同じです。２０年ぐらい前は，若い女性が海外旅行をよくしていました。今は少し違います。現在は１０～２０代の海外旅行はあまり増えていません。若者の海外旅行が減ったのは，仕事の収入が減ったからでしょう。若者はお金がかからない日帰りの旅行やスポーツ，パソコンなどを楽しんでいます。

一方，３０～５０代の人たちは，仕事のために中国，韓国などに行く人が増えています。彼らは若い時から海外旅行に慣れています。ですから，プライベートの時も気軽に海外に出かけることができます。３０代の人は小さい子どもと一緒に家族旅行で行くことも多いです。

最近，増えているのは高齢者の海外旅行です。彼らは人生の思い出を作るために，海外に行くのを楽しみにしています。毎年，海外に出かけてみたいと考えている人もたくさんいます。

新しい言葉Ⅰ

1. かいがい① ［海外］　　　〈名〉　　　海外，国外
2. くに⓪ ［国］　　　〈名〉　　　国家；家乡

第 18 課

3.	おなじ⓪ [同じ]	〈形2、連体、副〉	相同，一样
4.	わかい② [若い]	〈形1〉	年轻
5.	じょせい⓪ [女性]	〈名〉	女性
6.	ちがう⓪ [違う]	〈自動1〉	不同，不一样
7.	げんざい① [現在]	〈名〉	现在
8.	～だい [代]	〈后缀〉	年龄的范围；时代，辈，世代
9.	ふえる② [増える]	〈自動2〉	增加，增多
10.	わかもの⓪ [若者]	〈名〉	年轻人
11.	へる⓪ [減る]	〈自動1〉	减，减少
12.	しゅうにゅう⓪ [収入]	〈名〉	收入
13.	かね⓪ [金]	〈名〉	钱
14.	かかる②	〈自動1〉	花费
15.	ひがえり⓪④ [日帰り]	〈名、自動3〉	当天返回
16.	いっぽう③ [一方]	〈接〉	另一方面
17.	ため②	〈名〉	因为，由于；为了（目的）
18.	かんこく① [韓国]	〈名〉	（国名）韩国
19.	かれ① [彼]	〈代〉	他
20.	～ら	〈后缀〉	（表示复数）们
21.	なれる② [慣れる]	〈自動2〉	习惯；熟悉
22.	プライベート④② [private]	〈名、形2〉	个人，私人
23.	きがる⓪ [気軽]	〈形2〉	轻松愉快，爽快
24.	できる② [出来る]	〈自動2〉	能，能办到，会
25.	さいきん⓪ [最近]	〈副、名〉	最近，不久前
26.	こうれいしゃ③ [高齢者]	〈名〉	老年人
27.	じんせい① [人生]	〈名〉	人生
28.	おもいで⓪ [思い出]	〈名〉	回忆，回想
29.	まいとし⓪ [毎年]	〈名〉	每年，年年

会話　万里の長城

中村家客厅。王玲、俊一和敬子在聊天儿。俊一到北京出差，工作之余登上了长城。3人在电脑前观看当时的照片。

俊一：時間があったので万里の長城に行くことにしたんだ。

（展示八达岭的照片）これは万里の長城の一番有名な所だよ。

敬子：本当に雄大ね。私も行ってみたいわ。

王玲：お父さんはそこで、毛沢東主席の書いた字を見ることができましたか。

俊一：うん、見たよ。

（指着自己的两张照片）これが登る前。右が登った後。登った後のぼくの顔は、全然違うだろう？

敬子：そうね、お父さん、登った後はとても疲れた顔ね。

王玲：（大笑）お母さん、違います。お父さんは登った後、とてもいい顔です。

俊一：玲ちゃん、ありがとう。ぼくはいい男になるために万里の長城に行ったんだ。

王玲：（対敬子）毛主席は「長城に登らなければ、いい男ではない」と言っているんですよ。

敬子：あら、失礼しました。お父さんはとても疲れたいい男ですよ。

新しい言葉 II

30.	じかん⓪ [時間]	〈名〉	时间，工夫
31.	ばんりのちょうじょう ①+③ [万里の長城]	〈名〉	万里长城
32.	しゅんいち⓪ [俊一]	〈名〉	（人名）俊一
33.	けいこ [敬子] ①	〈名〉	（人名）敬子
34.	ゆうだい⓪ [雄大]	〈名、形2〉	雄伟，宏伟
35.	もうたくとう③ [毛沢東]	〈名〉	（人名）毛泽东
36.	しゅせき⓪ [主席]	〈名〉	主席
37.	じ① [字]	〈名〉	字，笔迹
38.	のぼる⓪ [登る]	〈自動1〉	登，攀登
39.	かお⓪ [顔]	〈名〉	脸，神情，神色
40.	ぜんぜん⓪ [全然]	〈副〉	（后接否定）完全（不），全部（不）
41.	おとこ③ [男]	〈名〉	男的，男人，汉子
42.	つかれる③ [疲れる]	〈自動2〉	累，疲劳
43.	しつれい② [失礼]	〈名、自動3、形2〉	失礼，失敬，不礼貌

説明

一、コミュニケーション表現

1. 本当に雄大ね。

　　意为"真是雄伟壮观呀"。用于对雄伟壮观的建筑等表示赞誉。

2. お母さん，違います。

　　意为"伯母，不是的"。"違います"用来反驳、否定他人的意见、见解。

3．お父さんは登った後，とてもいい顔です。
　　——玲ちゃん，ありがとう。

意为"伯父登上长城后，显得精神十足"。用于评价、赞扬"お父さん"登上长城后的精神状态。"お父さん"回应："玲玲，谢谢！"。受到称赞、表扬等时，除了表示谦虚外，还经常以感谢来表示回应。例如：
　　A：王さんが作った陳皮はとてもきれいですね。
　　B：ありがとう。

4．あら，失礼しました。

意为"哎呀，那太对不起了"。"あら"是女性用语，是遇到突发情况时不禁发出的声音。"失礼しました"用来表示歉意。本课的这句话有半开玩笑的意思。

二、文法

1. 判断助动词"だ"的活用变化

"だ"是"です"的简体形式，接在体言后面，表示对事物的断定。一般可以译为"是～"。它的活用变化如下表：

词典形	连用形	终止形	连体形	假定形	意向形
だ	だっ① で②	だ	な	なら	だろ
后续词或主要用法	①接た ②表示中顿	结句	接ので	接ば	接う

例如：
　　これは鉛筆**で**，あれはペン**だ**。（中顿、终止）
　　昨日は26日**だった**。（过去）
　　今日は日曜日**なので**，観光客が多い。（连体）
　　あの人**ならば**だいじょうぶ**だ**。（假定、终止）
　　あれは病院**だろう**。（推测）

2. 助动词　みる

接在动词第二连用形＋"て"（て形）后面，构成"～てみる"的形式，表示怀着尝试的心情去做某件事情。一般可以译为"～看看""～试试看"等。例如：

日本語で手紙を書い**てみました**。
自分でやっ**てみてください**。
日本料理を作っ**てみましょう**。

3．终助词　わ

"わ"是女性用语，接在用言终止形后面，表示轻微的意志、主张、感叹等。一般可以译为"呀""哟"等。例如：
それは知らない**わ**。
紅葉がきれいだ**わ**。
私も万里の長城に登りたい**わ**。

4．格助词　の②

"の"接在体言的后面。当主谓关系句节在句中做连体修饰语时，其主语可以用"の"表示。例如：
あの背**の**高い人が田中さんです。
毛沢東主席**の**書いた字を見ることができましたか。
私達の大学では日本語**の**できる学生が少なくないです。

5．感叹词

（1）あら

"あら"为女性用语，是出乎意料或表示惊讶时发出的声音。一般可以译为"哎呀""呀"。例如：
あら，大変だ。
あら，そうですか。
あら，それは失礼しました。

（2）うん

"うん"是"はい"的比较随便的说法，用于表示肯定。一般可以译为"嗯""是的"。例如：
A：この字の意味，わかった？
B：**うん**，わかった。

三、文型

1．～のは～からです

简体形式是"～のは～からだ"。"のは"接在用言连体形后面，

使其名词化，用于提示主题，"からです"接在句子后面，表示原因。此句型用于先叙述结果，后说明原因。一般可以译为"之所以～是由于～""～是由于～的缘故"。例如：

　　田中さん が元気がない**のは**，風邪を引いた**からです**。
　　うれしかった**のは**お土産をもらった**からです**。
　　買わない**のは**お金がない**からだ**。

2．～ため（に）～

接在动词连体形或"名词＋の"后面，表示前者是后者的目的、目标。一般可以译为"为了～"。例如：

　　日本語を勉強する**ため（に）**日本へ行きます。
　　料理を作る**ため（に）**フライパンを買いました。
　　子供の**ため（に）**絵本を用意しました。

3．～ことができます

简体形式是"～ことができる"，其否定形式是"～ことができません（できない）"。接在动词词典形后面，表示有可能或有能力做某事。一般可以译为"能～""会～""能够～"。例如：

　　私は日本語を話す**ことができます**。
　　家に近いので，歩いて帰る**ことができます**。
　　私は料理を作る**ことができない**。

4．～を～にします

简体形式是"～を～にする"。"を""に"前面为体言，表示说话人的主观决定，一般多以"～を～にしています"的形式出现。可以译为"把～作为～"。例如：

　　私は来週，彼女と卓球をするの**を**楽しみ**にしています**。
　　１週間に１回，テニスをするの**を**決まり**にしています**。
　　私は写真を撮ること**を**趣味**にしている**。

四、解釈

　　長城に登らなければ，いい男ではない。

这是毛泽东主席的一句名言："不到长城非好汉"。"長城に登らなければ"中的"ば"是表示假定的形式。

第 18 課

一、用正确的语音语调大声朗读下列句子。

1．若者の海外旅行が減ったのは，仕事の収入が減ったからでしょう。
2．仕事のために中国，韓国などに行く人が増えています。
3．プライベートの時も気軽に海外に出かけることができます。
4．毎年，海外に出かけてみたいと考えている人もたくさんいます。
5．ぼくはいい男になるために万里の長城に行ったんだ。

二、从a.b.c.d中选择一个正确的读音。

1．海外
　　a. かいがい　　　　　　b. がいかい
　　c. うみそと　　　　　　d. うみぞと
2．女性
　　a. じょうせい　　　　　b. じょせ
　　c. じょせい　　　　　　d. じょうせ
3．現在
　　a. げんさい　　　　　　b. げんざい
　　c. けんざい　　　　　　d. けんさい
4．収入
　　a. しゅうにゅう　　　　b. しゅにゅ
　　c. じゅにゅう　　　　　d. しゅにゅう
5．気軽
　　a. きかる　　　　　　　b. けがる
　　c. きがる　　　　　　　d. けかる

三、从a.b.c.d中选择对应的日文汉字。

1．今の時代は昔と<u>ちがい</u>ますね。
　　a. 近い　　　　　　　　b. 違い

　　　　c. 同い　　　　　　　　　d. 等い
2. このドラマはわかい人に人気があります。
　　　　a. 老い　　　　　　　　　b. 可愛い
　　　　c. 若い　　　　　　　　　d. 軽い
3. 収入がふえたので、いい車を買いたいです。
　　　　a. 減え　　　　　　　　　b. 増え
　　　　c. 加え　　　　　　　　　d. 多え
4. もう日本の生活になれました。
　　　　a. 慣れ　　　　　　　　　b. 成れ
　　　　c. 生れ　　　　　　　　　d. 為れ
5. 私の趣味は山にのぼることです。
　　　　a. 上　　　　　　　　　　b. 昇
　　　　c. 這　　　　　　　　　　d. 登

四、助詞填空。

1. どこの国の若者（　）音楽（　）好きです。
　　　　a. に　を　　　　　　　　b. が　も
　　　　c. も　が　　　　　　　　d. は　が
2. 伊豆のミカンが有名な（　）は、甘い（　）でしょう。
　　　　a. こと　ため　　　　　　b. の　から
　　　　c. の　ので　　　　　　　d. こと　ので
3. 私はもうここの天気（　）慣れました。
　　　　a. に　　　　　　　　　　b. で
　　　　c. が　　　　　　　　　　d. を
4. 日本人（　）よく子ども（　）一緒にお風呂に入るそうです。
　　　　a. は　と　　　　　　　　b. と　は
　　　　c. は　が　　　　　　　　d. も　も
5. 陳皮（　）ミカンの皮を材料（　）しています。
　　　　a. は　で　　　　　　　　b. が　を
　　　　c. が　で　　　　　　　　d. は　に

五、仿照例句，替换下列画线部分。

例1：疲れました・昨夜は遅くまで仕事をしました
　　　→疲れたのは，昨夜は遅くまで仕事をしたからです。

1．その本を買いました・友だちがおもしろいと言いました
　→

2．日帰り旅行をしました・あまりお金がありませんでした
　→

3．王さんを知っています・先週，私の友だちの家で会いました
　→

例2：仕事をします。北京に行きます。
　　　→仕事をするために北京に行きます。

1．日本語を勉強します。ここに来ました。
　→

2．嵐山の紅葉を見ます。京都に行きます。
　→

3．自転車用のレインコートを買います。土曜日にスーパーに行きました。
　→

例3：ここで映画を見ます。
　　　→ここで映画を見ることができます。

1．日本語も英語も話します。
　→

2．4時に先生に会います。
　→

3．家ではいつも母の手作りの料理を食べました。
　→

六、看图，仿照例句，完成下列的句子。

例：自家製のミカンジュースを飲む
　　→私は自家製のミカンジュースを飲んでみたいと思います。

1．ヨーグルトケーキを作る
　　→
2．ピアノを習う
　　→
3．日本語でレポートを書く
　　→

七、从方框中选择合适的词，并以其合适的形式填在横线上。

| 慣れる | 増える | 減る |
| 楽しむ | 作る | 違う |

例：もう大学の生活に慣れたでしょう。

1．今の若い人はよくインターネットを_____います。

2．その考え方は私のと少し_____ます。

3．思い出を_____ために，桂林を旅行しました。

4．ノート・パソコンを持っている人が_____ています。

5．不景気の時は，仕事が_____ます。

八、选择填空。

1．自分が着る服は自分で（　）と思います。
   a. 選び   b. 選んで
   c. 選ぼう   d. 選びます

2．日本語で手紙を（　）てみたいです。
   a. 書つ   b. 書い
   c. 書き   d. 書こ

3．お客さんを（　）ためにいろいろな食べ物を買いました。
   a. 招待する   b. 招待
   c. 招待の   d. 招待し

4．遅れた（　）バスに間に合わなかったからです。
   a. は   b. のが
   c. のは   d. ことは

5．今年の秋，私も香山へ紅葉を（　）と思います。
   a. 見に行つた   b. 見て行こう
   c. 見に行きます   d. 見に行こう

6．王さんは日本語も英語も話す（　）ができます。
   a. の   b. こと
   c. ため   d. もの

7．刺身を食べられない人がいる（　），中国料理で招待すること（　）しました。
   a. たら　を   b. けれど　が
   c. が　を   d. ので　に

8．明日の授業の（　），いろいろな準備をしています。
   a. は   b. ために
   c. ためで   d. に

九、根据课文回答下列问题。

1．若者の海外旅行はなぜ減ったのですか。

2．30～50代の人たちは中国，韓国などに行く人が増えています。それは何のためですか。

3．高齢者はなぜ海外旅行に行くのですか。
4．敬子さんは俊一さんの万里の長城に登った後の様子をどう言いましたか。

十、听录音，从（1）（2）（3）中选择一个最合适的答案。
   答え：
   （1）木村さんは紅葉を見るために北京に行きました。
   （2）木村さんは友達に会うために北京に行きました。
   （3）木村さんは仕事のために北京に行きました。

十一、把下列句子翻译成日语。
1．学日语是因为想看日语的漫画。
2．我和弟弟都会打棒球。
3．为了妈妈，他想回故乡工作。
4．为了吃到无农药的蔬菜，他经常开车到郊外农家买菜。

補足単語

えんぴつ⓪ ［鉛筆］	〈名〉	铅笔
せ① ［背］	〈名〉	身高，个子
げんき① ［元気］	〈名、形2〉	精神，精力；健康
おみやげ⓪ ［お土産］	〈名〉	礼物，土特产
フライパン⓪ ［frying-pan］	〈名〉	长柄平锅，平底炒菜锅，煎锅
えほん② ［絵本］	〈名〉	连环画，小人书
あるく② ［歩く］	〈自動1〉	走，步行
きまり⓪ ［決まり］	〈名〉	规定；惯例
むかし⓪ ［昔］	〈名〉	以前，往昔
ドラマ① ［drama］	〈名〉	剧，戏剧
かんがえかた⑤ ［考え方］	〈名〉	想法，观点
インターネット⑤ ［internet］	〈名〉	英特网，国际互联网

第 18 課

ノート・パソコン⑥	〈名〉	"ノートブック・パーソナルコンピューター (notebook personal computer)"的简称。笔记本电脑
ふけいき② [不景気]	〈名、形2〉	不景气，萧条
きる⓪ [着る]	〈他动2〉	穿（上衣类）
ふく② [服]	〈名〉	衣服，服装
たべもの③② [食べ物]	〈名〉	食物，食品
こうざん① [香山]	〈名〉	（地名）香山
ようす⓪ [様子]	〈名〉	样子，情形，状态

ことわざ

<ruby>学問<rt>がくもん</rt></ruby>に<ruby>王道<rt>おうどう</rt></ruby>なし／求学无捷径
<ruby>猿<rt>さる</rt></ruby>も<ruby>木<rt>き</rt></ruby>から<ruby>落<rt>お</rt></ruby>ちる／猴子也有从树上掉下来的时候
　　　　　　（智者千虑，必有一失）

<ruby>本課<rt>ほんか</rt></ruby>の<ruby>新出語彙<rt>しんしゅつごい</rt></ruby>：
<ruby>正目体言<rt>しょうもくたいげん</rt></ruby>、<ruby>着用<rt>ちゃくよう</rt></ruby>、ノートパソコン

日本人的休闲生活

近年来，为了缓解现代社会沉重的工作和生活压力，越来越多的日本人开始重视自己的休闲生活。日本生命保险文化中心2015年的调查结果显示：与经济收入、饮食、储蓄、自我能力开发、居住条件等相比，日本人更重视休闲生活的质量。

因年龄、性别、职业等的不同，日本人的休闲方式也各有特色。一般说来，年轻人比较喜欢各种健身和体育活动，而中老年人则偏爱打高尔夫球、海外旅游等。公司职员通常习惯于下班后与同事相约去小酒馆喝酒娱乐，妇女们则大多热衷于参加插花、美容以及烹饪等的学习。此外，打弹子机(パチンコ)、买彩票、押注赛马等具有赌博色彩的活动，在日本也有广泛的群众基础。

但总的来说，由于长期的经济低迷，日本人用于休闲的时间和金钱相对减少，一些价位便宜、便于参与的休闲活动逐渐受到人们的青睐。2013年，参与人数最多的前三位依次是国内观光旅行、开车兜风、外出用餐。

值得一提的是，卡拉OK既不需要高额消费，又能为大家提供交流感情和缓解压力的场所，早已成为人们喜闻乐见的休闲方式。虽然经济不景气在某种程度上影响了卡拉OK业的发展，但作为日本创造的一种文化现象，卡拉OK仍然很受日本人的欢迎。2013年日本的卡拉OK人口仍高达近4710万人。

如今，休闲生活似乎已不仅仅是为了休闲，很多人正试图从中发掘人生的价值。如何有意义地度过有限的业余时间，也已成为更多的人认真面对和思考的问题。

你知道日本一年中有哪几次大型连休吗？请用日语回答。（答案请在本课找）

第19課

料理の話

本课重点

- 一、コミュニケーション表現
    1. うまかったな。
    2. うわあ，本場の中国料理を食べられて嬉しいな。
    3. 大変。責任重大だ！
- 二、文法
    1. 可能态和可能助动词：れる　られる
    2. 终助词：（1）の
              （2）な
    3. 终助词的重叠形式：わよ
    4. こそあど系列词汇⑦
       こういう　そういう　ああいう　どういう
- 三、文型
    1. どうしても～ません
    2. ～のかわりに～
    3. ～とは言えません
    4. ～つもりです
    5. ～ようになります
- 四、解釈
    明日は「王玲飯店」で夕食だ。

本文　　日本食ダイエット

　今，日本に住んでいる外国人は，日本の食事に慣れている人が多いです。以前から，天ぷらはどの国の人も好きでした。最近は「さしみが好き」「納豆が好き」「おでんが好き」という人も多いです。自分の国でも日本料理のレストランでそういうものを食べられるので，好きになったそうです。もちろん，「生の魚はどうしても食べられない」「納豆はいやだ」という人もいます。でも，「栄養があって，体によくて，そして安い」と言って，納豆を必ず毎日食べている人もいます。

　アメリカでは最近，「日本食ダイエット」が流行しています。「チーズケーキの代わりに，豆腐にジャムをかけて食べてやせました」と言って喜んでいる人がいました。これは本当の日本食とは言えませんが，たくさんの人が「日本食を食べてからやせました。そして，昔の洋服が着られるようになりました」と言っています。日本食はあっさりしているので，自然にやせることができるのです。

新しい言葉 I

1. はなし ③ ［話］　　　　　〈名〉　　　話題；话语；故事
2. にほんしょく ⓪ ［日本食］　〈名〉　　　日本饭菜

3.	ダイエット① [diet]	〈名、自动3〉	减肥，节食
4.	がいこくじん④ [外国人]	〈名〉	外国人
5.	てんぷら⓪ [天ぷら]	〈名〉	油炸（裹面油炸的鱼、虾、蔬菜等）食品，天麸罗
6.	なっとう③ [納豆]	〈名〉	纳豆
7.	おでん②	〈名〉	关东煮
8.	レストラン① [restaurant]	〈名〉	西式餐厅，西餐馆
9.	そういう⓪	〈连体〉	那样的
10.	どうしても①④	〈副〉	无论如何也；怎么也
11.	いや②	〈形2〉	讨厌，不喜欢
12.	えいよう⓪ [栄養]	〈名〉	营养，养分
13.	そして⓪	〈接〉	然后，于是
14.	アメリカ⓪ [America]	〈名〉	（国名）美国；美洲
15.	りゅうこう⓪ [流行]	〈名、自动3〉	流行，时兴
16.	チーズケーキ④ [cheese cake]	〈名〉	奶酪蛋糕
17.	かわり⓪ [代わり]	〈名〉	代，替，代替
18.	とうふ③⓪ [豆腐]	〈名〉	豆腐
19.	ジャム① [jam]	〈名〉	果酱
	ジャムをかける	〈词组〉	浇上果酱
20.	やせる⓪ [やせる]	〈自动2〉	瘦
21.	よろこぶ③ [喜ぶ]	〈自动1〉	高兴，欢喜，喜悦
22.	ほんとう⓪ [本当]	〈名、形2〉	真，真的
23.	むかし⓪ [昔]	〈名〉	以前，往昔
24.	ようふく⓪ [洋服]	〈名〉	西装
25.	きる⓪ [着る]	〈他动2〉	穿，着
26.	あっさり③	〈副、自动3〉	（口味）清淡；素净

会話　本場の中国料理

中村家客庁。晩飯后，王玲、敬子、隆太、亜美一边喝茶一边闲聊。

王玲：お母さん，明日，日曜日だから，私が夕食を作りましょうか。

敬子：あら，そう？玲ちゃんは料理ができるの？

王玲：簡単な料理しかできませんが，最近，いくつか作れるようになりました。みんな肉料理が好きですから，排骨を作りましょうか。

隆太：排骨！北京で食べたけれど，うまかったな。

王玲：お母さん，お酢はありますか。私はジャガイモの酢炒めが食べたいです。

敬子：ええ，あるわよ。

王玲：それから……焼茄子と青椒肉絲を作るつもりですが，どうですか。

隆太：すごい。明日は「王玲飯店」で夕食だ。

亜美：うわあ，本場の中国料理を食べられて嬉しいな。

敬子：私は人の作った料理は何でもおいしいの。楽しみだわ。

王玲：大変。責任重大だ！

第19課

新しい言葉Ⅱ

27.	ほんば⓪ ［本場］	〈名〉	发源地，本地
28.	ゆうしょく⓪ ［夕食］	〈名〉	晚饭，晚餐
29.	かんたん⓪ ［簡単］	〈形2〉	简单，容易
30.	にく② ［肉］	〈名〉	肉
31.	パイグー③ ［排骨］	〈名〉	排骨
32.	うまい②	〈形1〉	好吃，可口；高明，棒
33.	ジャガイモ⓪	〈名〉	马铃薯，土豆
34.	す① ［酢］	〈名〉	醋
35.	いためる③ ［炒める］	〈他动2〉	炒，煎
36.	すいため② ［酢炒め］	〈名〉	醋熘
37.	シャオチエズ⓪＋② ［焼茄子］	〈名〉	烧茄子
38.	チンジャオロース⑤ ［青椒肉絲］	〈名〉	青椒肉丝
39.	つもり⓪	〈名〉	打算，意图
40.	はんてん① ［飯店］	〈名〉	饭店
41.	あみ① ［亜美］	〈名〉	（人名）亚美
42.	なんでも① ［何でも］	〈副〉	不管什么，什么都
43.	せきにん⓪ ［責任］	〈名〉	责任
44.	じゅうだい⓪ ［重大］	〈名、形2〉	重大，重要

説明

一、コミュニケーション表現

1. うまかったな。

　　意为"真好吃啊！"。"うまい"多用于男性赞扬某种食物好吃。"な"用来表示感叹。

2．うわあ，本場の中国料理を食べられて嬉しいな。

意为"好呀，能吃到正宗的中国料理真高兴啊"。"うわあ"一般是女性感动、感叹时发出的声音。"～て嬉しい"多作为一种形式，表示因为什么事情而高兴。例如：
自分で料理を作ることができて嬉しい。
日本語でメールを書くことができて嬉しい。

3．大変。責任重大だ！

意为"不得了了，我的责任太重大了！"这里是以半开玩笑的形式表达自己的心情。

二、文法

1．可能助动词和可能态　れる　られる

表示可能的助动词"れる""られる"接在动词后面，称可能态。它按动词2的活用变化规律进行活用变化，所涉及的对象后面一般用"が"，最近也常见"を"的用法。

可能态表示主体具备某种能力或在某种条件、状态下具有该行为和动作的可能性。一般可以译为"能～""可以～""会～"等。

可能助动词"れる""られる"与"ない"接续动词的方法相同。"れる"接在动词1后面，由于约音（如：書くkaku→kaka+reru）现象，它的最终呈现方式是把动词1的词尾变成相应的下一段的假名，然后加"る"，即：書く→書け＋る；"られる"接在动词2后面；动词3中サ变动词的可能态是"できる"或"词干できる"，カ变动词为"来られる"。（具体变化形式见活用变化表。）
例如：
昔の洋服**が**着**られる**ようになりました。
玲ちゃんは料理**が**作**れます**か。
辞書を調べながら，日本語の文章**を**読**める**ようになりました。
佐藤さんはスキーが**できます**か。
最近，日本語で発表**できる**ようになりました。
トムさんは明日**来られます**か。

此外，近来还经常听到把"起きられる""来られる"说成"起き

第 19 課

れる""来れる",而且用得相当普遍。这是语言在不断变化的一个印证,不过,这种现象还只限于个别词汇。

活用变化表

动词类型	词典形	可能态
动词1	買う 書く 話す 作る	買われる→買える 書かれる→書ける 話される→話せる 作られる→作れる
动词2	見る 起きる 教える	見られる 起きられる 教えられる
动词3	する 勉強する 来る	できる 勉強できる 来られる

2．终助词

（1）の

接在用言终止形后面（形2接在"な"的后面）。主要有两种用法：一是用升调表示疑问；二是用降调表示说明原因和理由。例如：

玲ちゃんは料理ができる**の**？（疑问）

昨日の映画はおもしろかった**の**？（疑问）

7時の電車に間に合わなかったので，授業に遅れた**の**。（说明）

私は人の作った料理は何でもおいしい**の**。（说明）

（2）な

"な"接在用言终止形后,男性用语,表示感动、感叹。

このミカンはうまかった**な**。

よくできた**な**。

ほんとにきれいだ**な**。

3．终助词的重叠形式　わよ

"わよ"是由"わ"和"よ"组成,女性用语。接在用言终止形后面,表示强调自己的想法、主张。

私も行く**わよ**。

玲ちゃんは料理ができる**わよ**。

私，焼茄子と青椒肉絲くらいは作れる**わよ**。

4．こそあど系列词汇⑦　こういう　そういう　ああいう　どういう

近称	中称	远称	疑问称
こういう	そういう	ああいう	どういう
这样的	那样的	那样的	怎样的

这是一组指示连体词，在句中做连体修饰语，用于修饰体言。例如：
こういう事情ですから、ちょっと問題があります。
日本料理のレストランで**そういう**ものを食べられます。
わたしは**ああいう**ことを聞いたことがありません。
それは**どういう**理由ですか。

三、文型

1．どうしても～ません

简体形式是"どうしても～ない"。副词"どうしても"与动词否定形式搭配使用，表示无论怎样做都达不到期待的效果、目标。一般可以译为"怎么也不～""无论如何也不～"。例如：
この問題は**どうしても**分かり**ません**。
私には**どうしても**書け**ません**。
この発音は**どうしても**できない。

2．～の代わりに～

接在体言后面，表示一种事物取代另一种事物，或作为其他事物或人的代理。一般可以译为"取代～""代替～"。例如：
田中さん**の代わりに**私がやります。
チーズケーキ**の代わりに**豆腐を食べて、ダイエットしました。
A：紅茶をどうぞ。あっ、砂糖がない。
B：だいじょうぶ。砂糖**の代わりに**ジャムを入れましょう。

3．～とは言えません

简体形式是"～とは言えない"。接在用言终止形、"体言+だ"后面，表示对某种事物的否定。一般可以译为"不能说～""不可以说～"。例如：
今年は暖冬だ**とは言えません**。

第 19 課

このぐらいのものは，おもしろい**とは言えません**。

この文章はインターネットで見て書いただけで，自分が書いた**とは言えない**。

4．〜つもりです

简体形式是"〜つもりだ"。接在动词连体形后面，表示说话人的打算、意图等。多用于第一人称。一般可以译为"打算〜""想〜""要〜"。例如：

来週旅行する**つもりです**。

夏休みに日本へ行く**つもりです**。

もっと日本語を勉強する**つもりだ**。

5．〜ようになります

简体形式是"〜ようになる"。接在动词终止形的后面，表示事物的发展趋势或变化的结果。一般多用过去时，可以译为"变成〜""变得〜"。例如：

大学生になってからは，自分のことは自分でする**ようになりました**。

以前，先生の前で日本語で話さなかったのですが，最近，先生の前でも日本語で話せる**ようになりました**。

私の故郷は交通が便利になってから，たくさんの観光客が行く**ようになった**。

四、解釈

明日は「王玲飯店」で夕食だ。

意思是："明天在'王玲饭店'吃晚饭"。这是一种幽默的表达方式。"夕食だ"中的"だ"起到的是动词的作用，如："食べる"等。

一、用正确的语音语调大声朗读下列句子。

1．今，日本に住んでいる外国人は，日本の食事に慣れている人が多いです。

2．自分の国でも日本料理のレストランでそういうものを食べられるので，好きになったそうです。
3．日本食はあっさりしているので，自然にやせることができるのです。
4．焼茄子と青椒肉絲を作るつもりですが，どうですか。
5．本場の中国料理を食べられて嬉しいな。

二、从a.b.c.d中选择一个正确的读音。

1．栄養
   a. えよう　　　　　　　b. えいよう
   c. えいゆう　　　　　　d. えいゆ
2．喜ぶ
   a. たのしぶ　　　　　　b. うれしぶ
   c. よのこぶ　　　　　　d. よろこぶ
3．夕食
   a. ゆしょく　　　　　　b. よしょく
   c. ゆうしょく　　　　　d. ようしょく
4．本場
   a. ほんじょう　　　　　b. もとじょう
   c. ほんば　　　　　　　d. もとば
5．重大
   a. じゅうだい　　　　　b. じゅうたい
   c. じょうだい　　　　　d. じょうたい

三、从a.b.c.d中选择对应的日文汉字。

1．<u>がいこくじん</u>でも，中国人でも緑の多い所に住みたいです。
   a. 韓国人　　　　　　　b. 外国人
   c. 日本人　　　　　　　d. 欧米人
2．今度の事件で彼には<u>じゅうだい</u>な責任があります。
   a. 重要　　　　　　　　b. 主要
   c. 重大　　　　　　　　d. 巨大
3．ケーキの<u>かわり</u>に，豆腐がいいです。
   a. 変わり　　　　　　　b. 取わり
   c. 代わり　　　　　　　d. 換わり

4．この<u>ようふく</u>はものがよい。
　　a．和服　　　　　　b．西服
　　c．着物　　　　　　d．洋服
5．小さい頃，食べすぎの時はよく<u>おす</u>を飲みました。
　　a．塩水　　　　　　b．醤油
　　c．お酢　　　　　　d．砂糖水

四、助词填空。

1．日本人（　　）魚料理の好きな人（　　）多いです。
　　a．が　は　　　　　b．は　が
　　c．の　に　　　　　d．は　は
2．ちょっと待ってください。後10分（　　）終わる（　　）。
　　a．で　から　　　　b．が　まで
　　c．から　まで　　　d．まで　から
3．本場の中華料理（　　）食べるために，中国（　　）来る人もいますよ。
　　a．を　に　　　　　b．が　へ
　　c．へ　に　　　　　d．と　へ
4．私は人の作った料理は何（　　）おいしいです。
　　a．まで　　　　　　b．しか
　　c．でも　　　　　　d．も
5．これは本当の日本食と（　　）言えません。
　　a．に　　　　　　　b．が
　　c．を　　　　　　　d．は

五、仿照例句，替换下列画线部分。

例1：馬さんは日本料理<u>を作ります</u>。
　　→a．馬さんは日本料理が/を作れます。
　　→b．馬さんは日本料理が/を作れるようになりました。

1．玲ちゃんは日本の新聞<u>を読みます</u>。
　　→a．
　　→b．

2．兄は以前納豆を食べられなかったですが，今は食べます。
　　→ a．
　　→ b．
3．田中さんは中国語で話します。
　　→ a．
　　→ b．

例2：さしみを食べることができません。
　　→ a．さしみは食べられません。
　　→ b．さしみはどうしても食べられません。

1．彼のことを忘れることができません。
　　→ a．
　　→ b．
2．人の前で自分の考えを発表することができません。
　　→ a．
　　→ b．
3．論文を書くことができません。
　　→ a．
　　→ b．

🔊 六、看图，仿照例句，完成下列的句子。

例：大学院に行って勉強する。
　　→大学院に行って勉強するつもりです。

 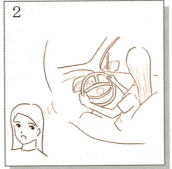 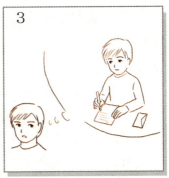

1．医者になる。
　　→
2．運転を習う。
　　→
3．電話の代わりに両親に手紙を書く。
　　→

七、从方框中选择合适的词，并以其合适的形式填在横线上。

| 何でも | どうしても | つもり |
| たい | さわやか | あっさり |

例：秋は**さわやか**で，気持ちがいいです。

1．大学を卒業してからも，もう少し勉強する＿＿＿＿です。

2．何でもやってみ＿＿＿＿というのはいいですね。

3．外来語が難しくて＿＿＿＿覚えられません。

4．彼女は料理が上手で，＿＿＿＿作れます。

5．中国料理より日本料理のほうが＿＿＿＿しています。

八、选择填空。

1．日本に来て，納豆が（　　）ようになりましたか。
　　a. 食べたい　　　　　　b. 食べる
　　c. 食べられる　　　　　d. 食べても

2．彼女は生のものは（　）食べられません。
   a. そして　　　　　　　　b. どうしても
   c. たいへん　　　　　　　d. かなり
3．佐藤さんの誕生日にこの財布をあげる（　）です。
   a. こと　　　　　　　　　b. つもり
   c. もの　　　　　　　　　d. ように
4．アイスクリームがないので，その（　）にチーズケーキにしよう。
   a. よう　　　　　　　　　b. ほかに
   c. ために　　　　　　　　d. かわり
5．国へ帰って会社を作る（　）はまだないです。
   a. ほう　　　　　　　　　b. だろう
   c. ほしい　　　　　　　　d. つもり
6．高い熱は（　）も出したことはありません。
   a. 1回　　　　　　　　　b. 何回
   c. すこし　　　　　　　　d. ぜんぜん
7．彼は，前はお酒を飲めなかったですが，今はたくさん（　）ようになりました。
   a. 飲んだ　　　　　　　　b. 飲める
   c. 飲み　　　　　　　　　d. 飲んで
8．中国では今，外国旅行が盛んだそうですね。
   ——そうですか。（　）話は初めて聞きました。
   a. こういう　　　　　　　b. そういう
   c. ああいう　　　　　　　d. どういう

九、根据课文回答下列问题。

1．納豆を必ず毎日食べている人がいるのはどうしてですか。
2．やせた人は何と言って喜んでいますか。
3．日本食を食べる人はなぜ自然にやせるのですか。
4．筆者はダイエットにいい日本食は何だと思っていますか。

第 19 課

十、听录音，从（1）（2）（3）中选择一个最合适的答案。

1．答え：
(1) Bさんは日本語の本があまり読めません。
(2) Bさんは日本語の本が読めます。
(3) Bさんは日本語を聞くことができますが，読むことはできません。

2．答え：
(1) Bさんは料理が上手です。
(2) Bさんは料理が上手なほうではありません。
(3) Bさんはどんな料理でも作れます。

十一、把下面的句子翻译成日语。

1．纳豆我是怎么也吃不下去的。
2．你现在变得真能喝酒啊。
3．网球打是打过，但谈不上擅长。
4．我替小马做吧。
5．明年我打算学开车。

補足単語

スキー② ［ski］	〈名〉	滑雪
じじょう⓪ ［事情］	〈名〉	情形，状况；理由
りゆう⓪ ［理由］	〈名〉	理由；借口
さとう② ［砂糖］	〈名〉	糖，砂糖
おうべいじん③ ［欧米人］	〈名〉	欧美人
みどり① ［緑］	〈名〉	绿色；（树木等）嫩芽，新芽
ずいぶん① ［随分］	〈副〉	很，非常
だいがくいん④ ［大学院］	〈名〉	研究生院
りょうしん① ［両親］	〈名〉	父母，双亲
がいらいご⓪ ［外来語］	〈名〉	外来语
おぼえる③ ［覚える］	〈他动2〉	记住；学会

かんがえ③　[考え]	〈名〉	思想，想法
さいふ⓪　[財布]	〈名〉	钱包
アイスクリーム⑤　[ice cream]	〈名〉	冰激凌
かいしゃ⓪　[会社]	〈名〉	公司
さかん⓪　[盛ん]	〈形2〉	盛行，兴盛，繁荣
はんとし⓪　[半年]	〈名〉	半年

ことわざ

歳月人を待たず／岁月不等人
今日なすべきことを明日に延ばすな／今日事今日毕

第 19 課

长寿与日本饮食

根据世界卫生组织（WHO）"世界保健报告2014年版"的报告，人的平均寿龄日本女性87岁，男性80岁，分别位居世界第一和第八。

研究者们发现，日本人长寿与它传统的饮食文化有密切关系。日本人以大米为主食，偏爱荞麦面条（そば）。拥有悠久历史的副食有纳豆（納豆）、豆酱（味噌）、豆腐（豆腐）、海带（昆布）、腌梅干（梅干）等，都是营养高、便于人体吸收的健康食品。其中值得一提的是纳豆和腌梅干。纳豆是经过发酵的大豆食品。大豆蛋白有降低胆固醇的作用，它富含氨基酸、乳酸菌以及备受妇女欢迎的异黄酮素；纳豆发酵黏丝据说还有防血栓的功效。腌梅干，是将青杏经过特殊工序加工腌制成的一种色红体软，酸、咸、甜味兼具的食品。它富含的柠檬酸有促进身体代谢、净化血液的作用，被日本人称为可预防万病的食品。

此外，日本人摄取的动物性蛋白质40%是鱼类。鱼肉以高蛋白、低热量而著称，它富含DNA，能提高记忆力和学习能力。

日本料理烹调理念也比较独特。它主张食品尽量在接近自然的状态下食用，烹调应限制在最小程度。日本人做菜不大用调味料，特别是很少用花椒、大料等气味浓重的东西。最能体现这一理念的菜肴就是生鱼片。

近年来日本饮食受欧美饮食文化的影响，肉类消费比例大幅增长。医疗费的高增长速度让一些专家开始担忧，肉食比重的增加使日本人饮食结构正朝着不符合日本人体质的方向转变。

近年威胁日本人生命的三大疾病是什么？（答案请在本课找）

第 20 課

環境問題

本课重点

- 一、コミュニケーション表現
    1．まだだめね。
    2．ごめんなさい。
    3．いいよ，いいよ。誰でも間違うことはあるから。
    4．ううん，違う。
    5．しかたがないよね。
- 二、文法
    1．补助动词：いく　くる
    2．接续词：ところが
    3．って①
    4．比况助动词：ようだ
    5．终助词的重叠形式：よね
- 三、文型
    1．～も～し，～も～
    2．～間，～
    3．ほとんど～ません
    4．～じゃなくて，～
    5．～ことになります
    6．～ような気がします
- 四、解釈
    1．湯水のように使う
    2．お金を湯水のように使う

節水を考えた生活

　日本人は、水はただで、いつもたくさんあるものだと考えてきました。日本には川や湖もありますし、温泉もたくさんあります。だから、節水するという気持ちがあまりなかったのです。それで「湯水のように使う」という言葉ができました。これは、何かを使う時に節約を考えないでどんどん使うことです。この言葉を砂漠に住む人が聞いたらどう思うでしょうか。「お金を湯水のように使う」と言ったら、お金を節約して大事に使うことだと思うかもしれません。

　ところが、現代の日本人は水の使い方を考えなくてはいけなくなりました。水が無限のものではないとわかってきたからです。昔は歯磨きの間、水道の水をずっと出している人がよくいました。今はほとんどいないでしょう。ある調査では、７０パーセントの人が「いつも節水を考えて生活している。これからも節水していきたい」と答えています。水道代が高いことも関係がありますが、日本人の考え方が変わったのです。

新しい言葉 I

1.	せっすい⓪ ［節水］	〈名、自动3〉	节水，节约用水
2.	せいかつ⓪ ［生活］	〈名、自动3〉	生活
3.	みず⓪ ［水］	〈名〉	水，生水，冷水
4.	ただ①	〈名、副〉	无偿，免费；光，净；只是
5.	みずうみ③ ［湖］	〈名〉	湖
6.	それで⓪	〈接〉	因此，所以；那么
7.	ゆみず① ［湯水］	〈名〉	开水和水；处处皆有（的东西），多得很（的东西）
8.	ことば③ ［言葉］	〈名〉	话，语言；说法，措辞
9.	せつやく⓪ ［節約］	〈名、他动3〉	节约，节省
10.	どんどん①	〈副〉	持续不断，接连不断
11.	さばく⓪ ［砂漠］	〈名〉	沙漠
12.	ところが③	〈接〉	可是，不过
13.	げんだい① ［現代］	〈名〉	现代
14.	むげん⓪ ［無限］	〈名、形2〉	无限，无穷，永远
15.	はみがき② ［歯磨き］	〈名〉	刷牙
16.	あいだ⓪ ［間］	〈名〉	期间，时候
17.	すいどう⓪ ［水道］	〈名〉	自来水（管）；航道
18.	だす① ［出す］	〈他动1〉	放出，拿出，取出；发表，发出
19.	ほとんど②	〈副〉	大体上，大概；几乎，差不多
20.	ちょうさ① ［調査］	〈名、他动3〉	调查
21.	パーセント③ [percent]	〈名〉	百分数，百分率
22.	こたえる③② ［答える］	〈自动2〉	回答，答复
23.	～だい ［代］	〈后缀〉	费，费用

| 24. | かんけい⓪ ［関係］ | 〈名、自动3〉 | 关系，关联 |
| 25. | かわる⓪ ［変わる］ | 〈自动1〉 | 变，变化 |

会話　燃えるゴミ，燃えないゴミ

　　在日本扔垃圾的时候必须进行各种分类。亚美和王玲正在她们家的垃圾箱前交谈。

亜美：玲ちゃん，ペットボトルは燃えないゴミの袋じゃなくて，こっちの袋に入れてね。

王玲：あっ，そうか。だんだんわかってきたと思っていたけれど，まだだめね。ごめんなさい。

亜美：いいよ，いいよ。誰でも間違うことはあるから。

王玲：乾電池は「燃えないゴミ」？

亜美：ううん，違う。乾電池はここの市では「有害ゴミ」っていうんだ。回収する日は1か月に1回だけだよ。

王玲：ボタン電池も同じね。

亜美：ううん。ボタン電池は回収しないから，電器屋に持って行くことになっているんだ。

王玲：ああ，難しい。これからも覚えられないような気がする。

亜美：うん。でも，環境を守るためだから，しかたがないよね。

新しい言葉 II

26.	もえる⓪ [燃える]	〈自动2〉	燃烧，着火
27.	ゴミ②	〈名〉	垃圾
28.	ペットボトル④ [PET bottle]	〈名〉	塑料瓶
29.	ふくろ③ [袋]	〈名〉	袋，袋子
30.	こっち③	〈代〉	这里；这个
31.	だんだん⓪	〈副〉	逐渐，渐渐
32.	まちがう③ [間違う]	〈自、他动1〉	错；搞错
33.	かんでんち③ [乾電池]	〈名〉	干电池
34.	し① [市]	〈名〉	市，城市
35.	ゆうがい⓪ [有害]	〈名、形2〉	有害
36.	かいしゅう⓪ [回収]	〈名、他动3〉	回收，收回
37.	ボタンでんち④ [ボタン電池][button～]	〈名〉	纽扣（式）电池
38.	ううん①	〈感〉	（表示否定）不
39.	でんきや⓪ [電器屋]	〈名〉	电器商店；卖电器的人
40.	～や [屋]	〈后缀〉	商店；（某种职业的）人
41.	おぼえる③ [覚える]	〈他动2〉	记，记住；学会
42.	しかた⓪ [仕方]	〈名〉	做法，办法，手段
	しかたがない	〈词组〉	没办法，不得已

説明

一、コミュニケーション表現

1. まだだめね。

意为"还是不行啊"。用于同辈或比较亲近的人。"まだ"是副词，是"还没～""尚未～"之意，常和后面的否定形式或有否定意义的词搭配使用。"だめ"是"不行"的意思。"まだだめ"用于对已经

做过努力的事情觉得仍不满意时。例如：

　　もう６か月も日本語を勉強していますが，まだだめです。

　　A：玲ちゃん，ゴミの捨て方はもう大丈夫でしょう。
　　B：ううん，まだだめ。

2．ごめんなさい。

　　意为"对不起""请不要见怪"。用于道歉。当做了自认为对不起对方的事情时，常以此表示道歉并含有请求对方原谅的意思。例如：
　　おそくなりました。ごめんなさい。
　　ごめんなさい。電話するのを忘れました。

3．いいよ，いいよ。誰でも間違うことはあるから。

　　意为"没关系、没关系，谁都有搞错的时候"。当对方做错事情时，用来表示谅解和安慰。重复使用"いいよ"可以加强语气。

4．ううん，違う。

　　意为"不，不对"。"ううん"是叹词，习惯以"高—低—高"的声调发音，是比较简慢的说法。表示"否定""不同意"等意思。"違う"是"不对""错了"的意思。例如：
　　A：今日は燃えるゴミを捨てる日でしょう。
　　B：ううん，違う。明日だよ。
　　A：これは無農薬のミカンでしょう。
　　B：ううん，違う。無農薬のミカンはもっと高いよ。

5．しかたがないよね。

　　意为"没有办法""只好这样"。在无法改变的现实面前，用来表示不得已而为之的心情。例如：
　　A：日本語はまだ下手だから，中国語で発表します。
　　B：しかたがないよね。

二、文法

1．补助动词　いく　くる

　　"いく"和"くる"分别接在动词第二连用形（"て形"）后面，

构成"～ていく""～てくる"的形式。"～ていく"接在有意识的动词后面时表示行为、动作将要持续下去或由近及远；接在无意识的动词后表示状态和趋势自某个时点起发生变化。一般可以译为"～而去"。"～てくる"接在有意识的动词后面时表示行为、动作持续到说话时的时点或由远及近；接在无意识的动词后表示状态和趋势到说话时点为止发生的变化。一般可以译为"～起来"。例如：

　　これからも節水して**いきたい**のです。（有意识动词、动作的持续）
　　今後も自然を大切にして**いきたい**です。（有意识动词、动作的持续）
　　ボタン電池は電器屋に持って**いかなければなりません**。（有意识动词、动作由近及远）
　　子供たちは走って**いきました**。（有意识动词、动作由近及远）
　　何も食べないので，彼女はどんどんやせて**いきました**。（无意识动词、状态和趋势开始发生变化）
　　彼がここに来てから，みんなの考えが変わって**いきました**。（无意识动词、状态和趋势开始发生变化）
　　日本語の勉強を始めてから，ずっと日本文化について考え**てきました**。（有意识动词、动作的持续）
　　子供たちが走って**きました**。（有意识动词、动作由远及近）
　　亜美さんを呼ん**できてください**。（有意识动词、动作由远及近）
　　５月に入ってから暑くなって**きました**。（无意识动词、状态和趋势发生的变化）
　　助詞の使い方がだんだんわかって**きました**。（无意识动词、状态和趋势发生的变化）

2．接续词　ところが

　　接在词组或两个句子之间，表示与预想的结果相反的意思。一般可以译为"然而""可是""不过"等。例如：

　　ゴミの分け方がわかったと思った。**ところが**，失敗した。
　　もう日本での生活は大丈夫だと思いました。**ところが**，やはり言葉の問題がありました。
　　日本語には漢字があるから，やさしいと思いました。**ところが**，漢字の読み方が難しくて，困りました。

3．って①

　　接在词、词组或句子后面，表示思考、说话的内容。与助词"と"意义想同，一般用于口语。例如：

　　乾電池はここの市では「有害ゴミ」**って**いうんだ。
　　私はよく「知己」**って**いうインターネット・カフェへ行きます。
　　彼は「そのことは，僕知らなかった」**って**言ったよ。
　　彼女はごめんなさい**って**言いながら，部屋から出てきた。

4．比况助动词　ようだ

　　"ようだ"接在"体言＋の"、用言连体形后面，表示比喻、例示、推测。它的活用变化规则与形2相同。一般可以译为"好像～""宛如～""似乎～"。例如：

　　昔の生活では，節水する意志はなかったので，「湯水の**ように**使う」という言葉ができました。（比喻）
　　あの2人の会話はけんかをしている**ようです**。（比喻）
　　これからも覚えられない**ような**気がします。（例示）
　　マリーさんの**ように**毎日日本語を勉強したいです。（例示）
　　この間のクラブ活動には全員参加した**ようです**。（推測）
　　彼は最近ずいぶん忙しい**ようです**。（推測）

5．终助词的重叠形式　よね

　　"よね"是"よ"和"ね"的重叠形式。接在句子后面，用于说话人在强调自己情感的同时征得他人的同感和认同。例如：

　　今日は暑くなる**よね**。
　　環境を守るためだから，しかたがない**よね**。
　　本場の中国料理を食べたい**よね**。

三、文型

1．～も～し，～も～

　　两个"も"分别接在体言后面，并列前后两个分句的主题；"し"为接续助词，接在用言终止形后，使前后两个分句构成并列的关系。一般可以译为"既～又～""又～又～"。例如：

　　日本には川や湖**も**あります**し**，温泉**も**たくさんあります。

朝から雪も降るし，風も吹いています。
講演を聞きに来た人には学生もいるし，主婦もいます。

2．～間，～

接在体言加"の"或动词连体形后，表示后项动作进行的时段。"～間"分句的小主语一般用"が"来表示。可以译为"～时""在～期间"。例如：

彼は3日の**間**，高い熱があった。
彼が勉強している**間**，私はずっと遊んでいました。
母が出かけている**間**，私は晩ご飯の用意をした。

3．ほとんど～ません

简体形式是"ほとんど～ない"。"ほとんど"是副词，和动词的否定形式搭配使用，表示对事物的否定。一般可以译为"几乎不～""几乎没～"。例如：

今年の冬は**ほとんど**雪が降り**ませんでした**。
私は**ほとんど**カラオケへ行き**ません**。
父は忙しくて，このごろ**ほとんど**家で食事をし**ない**。

4．～じゃなくて，～

是"ではなくて"的口语形式，与后半句的肯定形式呼应使用。一般可以译为"不是～，而是～"。例如：

私が好きな季節は春**じゃなくて**，秋です。
弟が勉強したいのは英語**じゃなくて**，日本語です。
私の本はこれ**じゃなくて**，それです。

5．～ことになります

简体形式是"～ことになる"。接在用言连体形后，表示客观形成的结果。一般使用"ことになっています"的形式，可以译为"决定～""规定～"。例如：

ボタン電池を捨てる時，電器屋へ持っていく**ことになっています**。
今度の旅行はアメリカへ行く**ことになっています**。
日本語の授業では，日本語しか使えない**ことになっている**。

6．～ような気がします

简体形式是"～ような気がする"。接在用言连体形后面，表示心理上的某种感觉。一般可以译为"觉得～""感到～"。例如：

ゴミの分け方が難しくて，これからも覚えられない**ような気がします**。

どこかであの人に会った**ような気がします**。

誰かが呼んでいる**ような気がする**。

四、解釈

1．湯水のように使う

可以译为"挥金如土""像水一样使用"。"湯水"是开水、水的意思，日语中常常用它来比喻不值钱、不值得珍惜的东西。由于日本水源丰富，过去曾把水当做取之不尽的东西，不知道珍惜。所以，当比喻任意挥霍时，常使用"湯水のように使う"。

2．お金を湯水のように使う

可以译为"把钱当水一样用"，本意是比喻"挥金如土"。但这对于住在沙漠里的人来说情况就不一样了，"湯水"对他们来说是"贵如油"的。所以，如果不加解释地去用，会误认为住在沙漠里的人"节约用钱"的意思。

練習

一、用正确的语音语调大声朗读下列句子。

1．日本には川や湖もありますし，温泉もたくさんあります。
2．この言葉を砂漠に住む人が聞いたらどう思うでしょうか。
3．水が無限のものではないとわかってきたからです。
4．ボタン電池は回収しないから，電器屋に持っていくことになっているんだ。
5．これからも覚えられないような気がする。

二、从a.b.c.d中选择一个正确的读音。
1．生活
   a.せかつ　　　　　　　　b.せいかつ
   c.せいがつ　　　　　　　d.せがつ
2．湯水
   a.ゆうみず　　　　　　　b.ゆうすい
   c.ゆすい　　　　　　　　d.ゆみず
3．無限
   a.むげい　　　　　　　　b.ぶけい
   c.ぶげん　　　　　　　　d.むげん
4．関係
   a.かんけい　　　　　　　b.かんげい
   c.がんけい　　　　　　　d.かんげん
5．有害
   a.ゆうかい　　　　　　　b.ゆうがい
   c.ゆがい　　　　　　　　d.ゆかい

三、从a.b.c.d中选择对应的日文汉字。
1．以前，水の多いところでは，あまりせっすいしようという気持ちはなかった。
   a.節水　　　　　　　　　b.節約
   c.接水　　　　　　　　　d.摂水
2．昔は歯磨きの間，すいどうの水をずっと出している人がよくいました。
   a.水堂　　　　　　　　　b.水道
   c.水筒　　　　　　　　　d.水頭
3．あのみずうみはきれいですね。
   a.海　　　　　　　　　　b.川
   c.湖　　　　　　　　　　d.河
4．この問題にこたえてください。
   a.堪え　　　　　　　　　b.応え
   c.答え　　　　　　　　　d.言え

第 20 課

5．そのゴミは<u>もえ</u>ますか。
a. 萌え　　　　　　　　　b. 燃え
c. 焼え　　　　　　　　　d. 耗え

四、助词填空。

1．教室には中国の学生（　）います（　），留学生（　）います。
a. も　し　も　　　　　　b. は　が　は
c. は　し　も　　　　　　d. が　が　が

2．この問題（　）学生（　）聞いたらどうでしょうか。
a. が　に　　　　　　　　b. は　に
c. は　を　　　　　　　　d. を　を

3．ある調査（　）は，70パーセントの人が「いつも節水を考えて生活している。」（　）答えています。
a. に　を　　　　　　　　b. に　と
c. で　を　　　　　　　　d. で　と

4．学校は週に2日間休むこと（　）なっています。
a. に　　　　　　　　　　b. を
c. は　　　　　　　　　　d. が

5．大学生になってから，前よりずっと忙しくなっているような気（　）します。
a. に　　　　　　　　　　b. を
c. が　　　　　　　　　　d. は

五、仿照例句，替换下列画线部分。

例1：天気がいいです。景色が美しいです。
　　→天気<u>も</u>いい<u>し</u>，景色<u>も</u>美しいです。

1．日本には知っている先生<u>が</u>います。友達<u>が</u>います。
　　→

2．王さんは日本語<u>が</u>上手です。英語<u>が</u>上手です。
　　→

3．デパートには安いもの<u>が</u>あります。高いもの<u>が</u>あります。
　　→

例2：肉を食べます。
　　　→ほとんど肉を食べません。
1．映画館へ行きます。
　　→
2．テレビを見ます。
　　→
3．散歩をします。
　　→

例3：この授業は3回休むと試験を受けられません。
　　　→この授業は3回休むと試験を受けられないことになっています。
1．授業の時，日本語で話します。
　　→
2．日本では車は左側を走ります。
　　→
3．このパソコンはみんなで使います。
　　→

例4：彼女は豆腐にジャムをかけて食べる・おいしいチーズケーキだと思っている
　　　→彼女は豆腐にジャムをかけて食べて，おいしいチーズケーキだと思っているようです。
1．彼はたいへんよく世話をしてくれる・自分と兄弟だ
　　→
2．王玲さんは亜美さんに毎日中国語を教えてあげる・先生だ
　　→
3．田中さんは焼きギョーザより水ギョーザが好きだ・中国人だ
　　→

例5：トムさんは勉強が忙しいです・映画を見る時間がありません
　　　→トムさんは勉強が忙しいので，映画を見る時間がないようです。
1．姉はやせたいのです・毎日夕食の前に豆腐を食べています
　　→
2．暑いのに彼は寒いと言っています・風邪を引きました
　　→

3．彼女は誕生パーティーでたくさん歌いました・楽しかったです
   →

六、看图，仿照例句，完成下列的句子。

例：風邪を引きました。
　　→風邪を引いたような気がします。

1．寒くなりました。
   →

2．弟さんのほうが背が高いです。
   →

3．彼女はやせました。
   →

七、从方框中选择合适的词，并以其合适的形式填在横线上。

| ただ | どんどん | ほとんど |
| いつも | だんだん | だけ |

例：彼はほとんどお酒を飲みません。

1．これを_____で送ります。

2．最近は_____暖かくなりました。

3．雪が_____降っています。

4．_____朝6時に起きます。

5．あなた_____に会いたいです。

八、选择填空。

1．パソコンができて，日本語の勉強が便利になって（　　）。
　　a.きました　　　　　　　　b.いった
　　c.いた　　　　　　　　　　d.いました

2．新学期が始まったから，勉強が忙しくなって（　　）でしょう。
　　a.いった　　　　　　　　　b.いた
　　c.いく　　　　　　　　　　d.いました

3．難しい問題もある（　　），易しい問題もあります。
　　a.なら　　　　　　　　　　b.と
　　c.し　　　　　　　　　　　d.が

4．今回のオリンピックは中国ですることに（　　）。
　　a.した　　　　　　　　　　b.しています
　　c.しました　　　　　　　　d.なっています

5．ちょっと疲れたような（　　）。
　　a.気がします　　　　　　　b.気をつけます
　　c.気になります　　　　　　d.気にします

6．手紙を出しました。（　　），返事はありません。
　　a.ところが　　　　　　　　b.ところ
　　c.ところで　　　　　　　　d.どころか

7．以前はほとんど野菜を食べ（　　）。
　　a.ました　　　　　　　　　b.ませんでした
　　c.ます　　　　　　　　　　d.ません

8．彼は勉強が好きだから，休み（　　）もいろいろな本を読んでいます。
　　a.間　　　　　　　　　　　b.の間
　　c.した　　　　　　　　　　d.する間

9. 試合は北京（　　），上海だそうです。
   a. のじゃなくて　　　　　　　　b. じゃない
   c. じゃなくて　　　　　　　　　d. じゃないでは

九、根据课文回答下列问题。

1．なぜ日本人は以前は節水するという気持ちがあまりなかったのですか。
2．なぜ現代の日本人は，水の使い方を考えなくてはいけなくなったのですか。
3．乾電池はどんなゴミですか。
4．ボタン電池は使ったあと，どうしますか。

十、听录音，从（1）（2）（3）中选择一个最合适的答案。

1．答え：
（1）日曜日に2人で行くレストランはおいしいけれど，高いです。
（2）日曜日に2人で行くレストランは高くないし，おいしいです。
（3）日曜日に2人で行くレストランは安いけれど，おいしくないです。

十一、把下列句子翻译成日语。

1．下课以后，一起去看电影吧。
2．我几乎不看电视。
3．暑假既想学日语，又想学英语。

補足単語

〜かげつ［か月・ヵ月・箇月］	〈量〉	〜个月
すてかた⓪［捨て方］	〈名〉	丢弃方法
すてる⓪［捨てる］	〈他动2〉	扔掉，抛弃

へた② ［下手］	〈形2〉	不擅长，不好，笨拙
たいせつ⓪ ［大切］	〈形2〉	重要，要紧
ぶんか① ［文化］	〈名〉	文化
はいる① ［入る］	〈自動1〉	进，入，进入
わけかた④ ［分け方］	〈名〉	分法，划分方法
かんじ⓪ ［漢字］	〈名〉	汉字
よみかた④③ ［読み方］	〈名〉	读法，念法
こまる② ［困る］	〈自動1〉	难办，为难
インターネット・カフェ⑧ [Internet cafe]	〈名〉	网吧
さんか⓪ ［参加］	〈名、自動3〉	参加
けんか⓪ ［喧嘩］	〈名〉	吵嘴，吵架
ふく①② ［吹く］	〈自他動1〉	刮（风）；吹
ばんごはん③ ［晩御飯］	〈名〉	晚饭
きょうだい① ［兄弟］	〈名〉	兄弟姐妹
しんがっき③ ［新学期］	〈名〉	新学期
オリンピック④ [olympic]	〈名〉	奥林匹克运动会
へんじ③ ［返事］	〈名、自動3〉	回信，回复；回答
しあい⓪ ［試合］	〈名〉	比赛

ことわざ

正直は一生の宝物／诚实是人生之宝
聞くは一時の恥，聞かぬは一生の恥／不耻下问

创建资源循环型社会

　　根据日本环境省公布的数据,最近10年,日本垃圾总排放量略有降低,2013年为4487万吨。但作为资源相对匮乏的岛国,如何变废为宝,创建资源循环型社会(リサイクル社会),仍然是整个社会必须面对的重要课题。

　　在日本,垃圾是分类收集、分类处理的。但各地回收垃圾的具体办法不完全相同。一般将生活垃圾分为可燃垃圾(燃えるゴミ)、不可燃垃圾(燃えないゴミ)及资源垃圾(資源ゴミ)三大类。其中,资源垃圾的循环再利用问题尤其受到关注。经过多方坚持不懈的努力,日本已有多种废弃物(廃棄物)体现出价值:每天从家里清理出来的果皮、菜叶等厨房垃圾,发酵处理后变为肥料或饲料;不可燃垃圾经压缩和无毒化处理可作为填海造田的原料;地铁公司的纸制车票,回收后生产成了卫生纸等等。

　　另外,随着《家电循环法》(1998年)、《汽车循环法案》(2002年)等法案的陆续出台,许多企业加大了产品研发过程中垃圾回收技术所占的比重。像家电、汽车在使用寿命完结之后,如何循环利用废弃零部件等问题,都将在产品研发过程中作为重要的环节之一给予充分的考虑。

　　当然,要掌握并适应种类繁多的垃圾分类方法并非易事。但在日本,能否正确地对垃圾进行分类和再利用,已经成为衡量市民或企业能否承担其相应社会责任的一个标准。

《家电循环法》规定的由厂家负责回收、用户交付再循环所需费用的废弃家电有哪4类?(答案请在本课找)

第 21 課

日本の華道

本课重点

- 一、コミュニケーション表現
  1. 玲ちゃん，上手にできたわね。
     ——いいえ，やはり難しいです。
  2. 2本のほうがずっといいですね。
- 二、文法
  1. 接续助词：と①
  2. 接续词：（1）それで
            （2）そのために
  3. 形容词名词化：さ
  4. 终助词的重叠形式：のよ
  5. って②
- 三、文型
  1. ～ほうがいいです
  2. ～なければいけません
  3. ～う／ようとします
  4. ～といいです
  5. ～と～とでは，～
  6. ～だけではだめです

華道の精神

　現在の華道は３００年ぐらい前に生まれました。その頃はお金がある特別な人のものでした。それから２００年ぐらい後には、ふつうの人も花を生けるようになりました。その頃、上流の家では奥さんは必ず、茶道と華道ができました。それで、若い女性はいい結婚をするためには、その２つができたほうがいいと思い、皆が習っていました。

　花を生ける時、人間は山や庭にきれいに咲いている花をハサミで切ります。つまり、人間は花の命をもらったことになります。ですから人間は、その花の美しさを最大限に出して生けなければいけません。

　そのために、華道にはいろいろな方法や形があります。華道で一番大事なことは「調和」です。その場所にその花が合っているか、その季節にその花が合っているかということです。生けた作品を正式に見る時には、まず花におじぎをします。それから花を見ます。人間は花が言いたいことを、知ろうとしなくてはいけません。このような心で花を見ると、自然に花の声が聞こえてきます。

新しい言葉 I

1.	かどう①	[華道]	〈名〉	花道，插花（术）
2.	せいしん①	[精神]	〈名〉	精神
3.	うまれる⓪	[生まれる]	〈自动2〉	产生，出现；生，产
4.	ころ①	[頃]	〈名〉	时候，时期
5.	とくべつ⓪	[特別]	〈名、形2〉	特别，特殊
6.	はな②	[花]	〈名〉	花
7.	いける②	[生ける]	〈他动2〉	（鲜花、树枝等）插，栽
8.	じょうりゅう⓪	[上流]	〈名〉	（社会的）上流，上层
9.	おくさん①	[奥さん]	〈名〉	夫人，太太
10.	さどう①	[茶道]	〈名〉	茶道
11.	けっこん⓪	[結婚]	〈名、自动3〉	结婚
12.	みな②	[皆]	〈代、副〉	大家，全体；全，都
13.	にわ⓪	[庭]	〈名〉	庭院，院子，庭园
14.	さく⓪	[咲く]	〈自动1〉	（花）开
15.	ハサミ③②	[鋏]	〈名〉	剪刀，剪子
16.	きる①	[切る]	〈他动1〉	剪，切，割，砍
17.	いのち①	[命]	〈名〉	命，生命
18.	うつくしい④	[美しい]	〈形1〉	美丽，优美，漂亮
19.	～さ		〈后缀〉	（构成名词）表示程度、状态等
20.	さいだいげん③	[最大限]	〈名〉	最大限度
21.	ほうほう⓪	[方法]	〈名〉	方法，办法，手段
22.	かたち⓪	[形]	〈名〉	形式；形状
23.	ちょうわ⓪	[調和]	〈名、自动3〉	协调，调和，配合
24.	ばしょ⓪	[場所]	〈名〉	场所，地方，地点
25.	あう①	[合う]	〈自动1〉	和谐，均衡；符合，一致
26.	せいしき⓪	[正式]	〈名、形2〉	正式，正规
27.	さくひん⓪	[作品]	〈名〉	作品（特指文学、美术、音乐等作品）

28.	おじぎ ⓪	〈名、自動3〉	鞠躬，行礼
29.	こころ ②③ ［心］	〈名〉	心，心思，情绪，心情
30.	こえ ① ［声］	〈名〉	声，声音；声响；意见
31.	きこえる ⓪ ［聞こえる］	〈自動2〉	听得到，(传来)声音；听起来觉得

会話　初めての生け花

中村家。王玲在敬子指导下练习插花。

敬子：玲ちゃん，上手にできたわね。

王玲：いいえ，やはり難しいです。ここの枝は長いほうがいいですか。

敬子：そうね。わからない時は，ちょっと遠くから花を見るといいのよ。左側が少しさびしい

でしょう。だからこの長い枝を切って2本にしたほうがいいわね。

王玲：ああ，少し離れて見ると，よくわかります。1本と2本とでは，全然違います。2本のほうがずっといいですね。

敬子：人生も同じよ。何かに夢中になっている時，ちょっと離れて見ると，見えなかったものが見えるわよ。

王玲：「生け花」って，ただの花じゃないんですね。

敬子：そうね，茶道も華道も，ただ楽しむだけではだめなの。自分の精神を高めるためにするものなのよ。

王玲：（佩服地）はあーっ。

敬子：そういう気持ちで花を生けると，花の声が聞こえてきて，自然に美しく生けられるのよ。

新しい言葉 Ⅱ

32.	いけばな② [生け花]	〈名〉	插花，花道
33.	えだ⓪ [枝]	〈名〉	枝，枝条
34.	ながい② [長い]	〈形1〉	长；远；（时间）长久，漫长
35.	とおく③ [遠く]	〈名〉	远处，远方
36.	さびしい③ [寂しい]	〈形1〉	荒凉，冷清；孤寂；空虚，不满足
37.	はなれる③ [離れる]	〈自动2〉	拉开距离；分离，离开
38.	むちゅう⓪ [夢中]	〈名、形2〉	忘我，热衷于，着迷
39.	みえる② [見える]	〈自动2〉	看得见，能看见；看见，看到
40.	たかめる③ [高める]	〈他动2〉	提高，加强
41.	はあーっ⓪	〈感〉	（表示钦佩等心情时）啊

説明

一、コミュニケーション表現

1. 玲ちゃん，上手にできたわね。
　——いいえ，やはり難しいです。

　　意为"玲玲，插得不错呀"。用来鼓励王玲。王玲回答："不行，还是觉得插不好。" "いいえ"是对赞扬的应答。 "やはり難しいで

す"是一种谦虚的表现。

2．2本のほうがずっといいですね。

　　意为"插两枝比一枝要好看得多呀"。"ずっと～です"表示多、快、好等程度，这是赞美一种事物比另一种事物好得多的说法。例如：
　　このほうがずっと速いです。
　　王さんの発音は私よりずっときれいです。

二、文法

1．接续助词　と①

　　"と"接在用言终止形后面，表示条件。用于以前一个分句为条件，引出后面分句的结果。还可以表示前后两个动作、行为发生的时间间隔很近。一般可以译为"一～就～"。例如：
　　このような心で花を見ると，自然に花の声が聞こえるよ。
　　私の故郷では４月に入ると，いろいろな花が咲きます。
　　陳さんはいつも授業が終わると，すぐ家に帰ります。
　　写真を見ると，旅行の時のことを思い出します。

2．接续词

　　（1）それで
　　用于接续前后两句子，表示原因和理由。一般可以译为"因为～，所以～"。也用于催促对方把话讲下去，这时可以译为"后来呢""于是"。例如：
　　その頃，上流の家の女性は華道ができました。**それで**，たくさんの若い女性もいい結婚をするために華道を習い始めました。
　　佐藤さんは風邪を引いて，高い熱を出している。**それで**，授業を休んだそうです。
　　それで，その後どうなりましたか。
　　（2）そのために
　　用于接续前后两句子，"その"指代前面的句子，起承上启下的作用，表示由此引出的结果。一般可以译为"为此""因此"。例如：
　　李さんは毎日水泳をします。**そのために**，めったに病気をしません。

彼はいつも夜の１，２時まで起きています。**そのために**，よく授業に遅れます。

来年の夏休みに海外旅行をしたいです。**そのために**，貯金をしています。

3．形容词名词化　さ

接在部分形容词词干后面，使形容词变成名词，表示程度、状态或性质等。例如：

人間は，その花の美し**さ**を最大限に出して生けなければいけません。

この山の高**さ**はどれぐらいありますか。

万里の長城の雄大**さ**に感動しました。

北京の寒**さ**は東京と違います。

4．终助词的重叠形式　のよ

"のよ"是"の"和"よ"的重叠，接在"名词＋な"、动词和形1终止形、形2连体形后面，表示强调、断定的语气。例如：

遠くから花を見るといい**のよ**。

あの人は若いけれど，日本語が上手な**のよ**。

それは田中さんが生けた花な**のよ**。

5．って②

是"とは""というのは"的略语，接在体言、词组、句子后面，表示提示主题。例如：

「生け花」**って**，ただの花じゃないんですね。

一人では行けない**って**，大人ではないですね。

冬は寒い所に旅行したほうがいい**って**，本当でした。

三、文型

1．〜たほうがいいです

简体形式是"〜たほうがいい"。"た"为动词的"た形"，接在以动词结尾的句子后面，表示比较、选择或强调若干事物中的某一个。一般可以译为"最好〜""〜为好"。

一度自分でこの言葉の意味を調べた**ほうがいい**です。

あの店は安いし，おいしいから，そこで食べた**ほうがいい**でしょう。

体によくないから，お酒をやめた**ほうがいい**。

2．～なければいけません

简体形式是"～なければいけない"。接在动词后面，与"ない"的接续方法相同。表示不那样做就不合乎情理。一般可以译为"不～就不行""应该～"。例如：

用事があるので，日曜日も学校へ行か**なければいけません**。

学生だから，ちゃんと勉強し**なければいけません**。

8時からクラブ活動があるから，早く起き**なければいけない**。

3．～う（よう）とします

简体形式是"～う（よう）とする"。动词意向形后面加上"とする"，用来表示说话人看到的他人的意欲及将要进行的动作等。一般多以"～う（よう）としています"的形式使用。可以译为"想～""要～""打算～"。例如：

サルのお母さんと子どもが温泉に入ろ**うとしています**。

日本語を勉強し**ようとしている**学生も少なくありません。

張さんはみんなの前で日本語で発表し**ようとしている**。

4．～といいです

简体形式是"～といい"。接在动词终止形后面，表示说话人的判断，用来委婉地劝告、允许同龄或年龄、身份低于自己的人做某事。一般可以译为"可以～""～也行"。例如：

その花はそこに置く**といいです**ね。

暑い時には，泳ぐ**といいです**ね。

分からないことは先生に聞く**といい**のよ。

5．～と～とでは，～

"～と～とでは"分别接在体言、用言终止形后，表示在两事物之中进行比较、选择。一般可以译为"在～和～之间，～""在～和～当中，～"。例如：

赤いのと青いのとでは，どちらが好きですか。
これとそれとでは，どちらが大学生に人気がありますか。
見るのと聞くのとでは，ずいぶん違いますね。

6．～だけではだめです

简体形式是"～だけではだめだ"。接在体言、动词连体形后面，表示说话人对某种限定的否定，用于劝告别人仅仅如此是行不通的。一般可以译为"仅仅～是不行的""仅仅～是不可以的"。例如：

茶道も華道も，ただ楽しむだけではだめです。
この仕事は一人だけではだめです。
これぐらいの金を出すだけではだめだ。

練習

一、用正确的语音语调大声朗读下列句子。

1．花を生ける時，人間は山や庭にきれいに咲いている花をハサミで切ります。
2．人間は花が言いたいことを，知ろうとしなくてはいけません。
3．ちょっと遠くから花を見るといいのよ。
4．1本と2本とでは，全然違います。2本の方がずっといいですね。
5．ちょっと離れて見ると，見えなかったものが見えるわよ。

二、从a.b.c.d中选择一个正确的读音。

1．特別
  a. どくべず   b. とくべず
  c. とくべつ   d. どくべつ
2．上流
  a. じょうりゅ   b. じょうりゅう
  c. じょりゅ   d. じょりゅう

3．作品
　　a．さひん　　　　　　　　b．さつひん
　　c．さっぴん　　　　　　　d．さくひん
4．結婚
　　a．けっこん　　　　　　　b．けこん
　　c．けっこう　　　　　　　d．けこう
5．調和
　　a．ちゅうわ　　　　　　　b．じょうわ
　　c．ちょうわ　　　　　　　d．きょうわ

三、从a.b.c.d中选择对应的日文汉字。
1．桜の花がきれいにさきました。
　　a．吐　　　　　　　　　　b．咲
　　c．開　　　　　　　　　　d．盛
2．彼女はこえのやさしい人です。
　　a．音声　　　　　　　　　b．声音
　　c．声　　　　　　　　　　d．音
3．今日は山田先生に日本語の歌をならいました。
　　a．唱　　　　　　　　　　b．学習
　　c．学　　　　　　　　　　d．習
4．姉はよく牡丹を花瓶にいけます。
　　a．生　　　　　　　　　　b．放
　　c．挿　　　　　　　　　　d．入
5．この長い枝をきって2本にしたほうがいいわ。
　　a．裁　　　　　　　　　　b．切
　　c．折　　　　　　　　　　d．分

四、助词填空。
1．パソコン（　　）楽しんでいる若い人が多いです。
　　a．に　　　　　　　　　　b．を
　　c．で　　　　　　　　　　d．が
2．故郷に帰る（　　），中学校の先生に会いに行きます。
　　a．なら　　　　　　　　　b．れば
　　c．たら　　　　　　　　　d．と

3．このごろ甘いものをよく食べています。（　　），太りました。
　　a．でも　　　　　　　　　　b．では
　　c．それで　　　　　　　　　d．そして
4．ここから富士山（　　）見えます。
　　a．が　　　　　　　　　　　b．で
　　c．を　　　　　　　　　　　d．に
5．温泉に入っている（　　），気分がよくなります。
　　a．で　　　　　　　　　　　b．が
　　c．と　　　　　　　　　　　d．に

五、仿照例句，替换下列画线部分。

例1：教室で<u>勉強してください</u>。
　　　→教室で勉強したほうがいいです。
1．山本さんに日本語で手紙を<u>書いてください</u>。
　　→
2．毎日，新聞を<u>読んでください</u>。
　　→
3．ここは人が多いので，図書館に<u>行ってください</u>。
　　→

例2：<u>左に行きます</u>・郵便局があります
　　　→左に行くと，郵便局があります
1．4月に<u>なります</u>・桜が咲きます
　　→
2．私の故郷では冬に<u>なります</u>・よく雪が降ります
　　→
3．バスで<u>行きません</u>・不便
　　→

例3：王玲さんは建物から建物へ<u>走ります</u>。
　　　→王玲さんは建物から建物へ走ろうとしています。
1．おじさんは無農薬のミカンを<u>作ります</u>。
　　→
2．母はこれから<u>節水します</u>。
　　→

3．恵美さんは大好きな刺身を<u>食べます</u>。
　→

六、看图，仿照例句，完成下列的句子。

例：明日の朝，早く起きる。
　　→明日の朝，早くおきなければいけません。

1．早く病院へ行く。
　→
2．生け花では調和の精神を大切にする。
　→
3．宿題には名前を書く。
　→

七、从方框中选择合适的词，并以其合适的形式填在横线上。

| ただ | そのために | ほとんど |
| それで | それから | ずっと |

例：そうね、茶道も華道も、<u>ただ</u>楽しむだけではだめなの。

1．弟はお風呂に入った。＿＿＿＿＿＿，寝た。
2．それは＿＿＿＿＿＿昔のことです。
3．JRで事故があった。＿＿＿＿＿＿，今，電車が遅れている。
4．あの人は日本語が＿＿＿＿＿＿分かりません。
5．昨日はたくさんお酒を飲みました。＿＿＿＿＿＿，今日は頭が痛いです。

八、选择填空。

1．時間が（　　）と，考え方が変わる。
 a. 経ち　　　　　　　　b. 経て
 c. 経つ　　　　　　　　d. 経ちます
2．この教室にはインド人もいる（　　），アメリカ人もいるし，いろいろな国の人がいて，楽しいです。
 a. が　　　　　　　　　b. ので
 c. のに　　　　　　　　d. し
3．ちょっと（　　）見ると，見えなかったものが見えるのです。
 a. 離れている　　　　　b. 離れ
 c. 離れる　　　　　　　d. 離れて
4．正式に生けた作品を（　　）時には，まず花におじぎをします。
 a. 見る　　　　　　　　b. 見た
 c. 見て　　　　　　　　d. 見ない
5．華道で一番（　　）ことは「調和」です。
 a. 大事　　　　　　　　b. 大事だ
 c. 大事な　　　　　　　d. 大事に
6．人間はその花の美しさを最大限に（　　）あげなければいけません。
 a. 出して　　　　　　　b. 出す
 c. 出さない　　　　　　d. 出し

7．父は忙しいですが、家族との生活を大事に（　）としています。
   a．したい　　　　　　　　b．しょう
   c．しろう　　　　　　　　d．しよう
8．7時までに（　）と、遅れてしまいますよ。
   a．出て　　　　　　　　　b．出ない
   c．出る　　　　　　　　　d．出た

九、根据课文回答下列问题。
1．日本の華道はいつごろ生まれましたか。
2．華道で一番大事なことは何ですか。
3．花を生ける人は、何をよく考えなくてはいけませんか。
4．正式に、生けた作品を見る時には、まず何をしますか。

十、听录音，从（1）（2）（3）中选择一个最合适的答案。
1．答え：
   （1）日本では花が高いので、この女の人は1本だけで生けます。
   （2）日本では花が高いですが、この女の人はいつも花を生けています。
   （3）日本では花が高いので、家の中に花があると気持ちがいいです。
2．答え：
   （1）花を生ける人は「調和」を考えることが大事です。
   （2）花を生ける人はその場所にその花が合っているかを考えることが大事です。
   （3）花を生ける人はその季節にその花が合っているかを考えることが大事です。

十一、把下列句子翻译成日语。
1．一到晚上天就会冷起来。
2．还是用日语写才好。
3．从这里能看见富士山。

補足単語

はやい② [速い・早い]	〈形1〉	快的，迅速的
ちん① [陳]	〈名〉	（姓）陈
おもいだす④⓪ [思い出す]	〈他动1〉	想起来
そのご③⓪ [その後]	〈副、名〉	之后，其后
り① [李]	〈名〉	（姓）李
すいえい⓪ [水泳]	〈名、自动3〉	游泳
ちょきん⓪ [貯金]	〈名、自他动3〉	存款，储蓄
やめる⓪ [止める]	〈他动2〉	停止，作罢；辞职，退学
いみ① [意味]	〈名、他动3〉	意思，意义；意味着
ようじ⓪ [用事]	〈名〉	事，事情
ちゃんと③	〈副〉	好好地；规规矩矩地
ちょう① [張]	〈名〉	（姓）张
およぐ② [泳ぐ]	〈自动1〉	游泳
ふとる② [太る]	〈自动1〉	胖，发福
やまもと [山本]	〈名〉	（姓）山本
ふべん① [不便]	〈名、形2〉	不便，不方便

ことわざ

しっぱい　　　せいこう
失敗は成功のもと／失败是成功之母

ひつよう　　はつめい　　はは
必要は発明の母／需要是发明之母

本课补充名姓：

"陈"、"李"、"张"是中国人常见的姓氏。"山本"是日本常见的姓氏。

日本的茶道文化

　　茶道（さどう、ちゃどう）在日本已有五百多年的历史，茶道渊源于中国。茶叶由遣唐使传入日本时，还仅仅是上层社会的奢侈品。15世纪，奈良名僧村田珠光创立了茶道的雏形，用来联络僧众间的感情。后来经过千利休（せんのりきゅう）的改进，茶道才由最初的民间礼仪上升为一门有诸多讲究和丰富文化内涵的艺术。

　　现代的日本茶道有极其复杂的程序和仪式，尤其讲究"七则"和"四规"。"七则"包括茶的浓淡、水温的高低、火候的大小等七项固定的规则。"四规"，即"和（わ）、敬（けい）、清（せい）、寂（じゃく）"，则是贯穿茶道仪式的基本精神。茶道的目的不是为了饮茶解渴，也不是为了鉴别茶质的优劣，而是要通过如此繁杂的程序和仪式，最终达到和睦幽静、陶冶情操的境界。千利休所主张的"茶禅一味""茶即禅"的观点，正是茶道的真谛所在。

　　另外，茶道中还有一句名言即"一期一会（いちごいちえ）"，意思是宾主都应把每一次茶会当作是一生仅有一次的相聚，鼓励珍惜和他人之间的难得缘分。这种"一期一会"的精神早已不局限于茶道的范围，不少日本公司和服务行业都将之融入日常的服务理念之中。

　　如今茶道在日本已经相当普及，许多女性都把茶道作为人生的一门必修课。对她们而言，茶道不单是一门技艺，更是用来修身养性、培养优雅举止和宽广胸怀的重要途径。

你知道茶道"四规"即"和、敬、清、寂"的具体含义吗？（答案请在本课找）

第 22 課

パソコン

本课重点

一、コミュニケーション表現
1. はい，どうぞ。
   ——失礼します。
2. もしよろしければ，3日ほど遅れて出してもいいでしょうか。
3. どうして？
4. そういう事情なら，しかたがない。
5. どんなことがあっても，今週の金曜日までには出してください。
   ——はい，すみません。

二、文法
1. 接续助词：（1）ば
            （2）なら
            （3）ても
2. 后缀：的
3. 助词的重叠形式：までに（は）
4. 终助词的重叠形式：かな

三、文型
1. ～ようにします
2. どんな～ても，～
3. ～と比べて，～

第 22 課

 パソコンと目の疲れ

　あなたは毎日何時間ぐらい、パソコンを使っていますか。1時間か2時間なら問題はありません。中には10時間以上という人もいるかもしれません。それは体のためにいいことではありません。しかし、仕事や勉強などで、しかたがない時もあります。そんな時は、次のようにしてください。

　まず、パソコンと目の距離をとってください。70センチ以上あれば、理想的です。これより少し近くても、まあいいでしょう。30センチなら、それは問題です。そういう時はパソコンの位置を変えて、充分な距離をとってください。それから、長い間パソコンを使う時は1時間に1回ぐらいは、目を休めてください。また、この時に頭や肩を回す運動をすると、血の流れがよくなります。

　ある調査で、人がパソコンを使っている時と、本を読んでいる時の目の疲れを比べました。その結果、パソコンのほうが1.8倍も疲れることがわかりました。あなたの目が悪くなっても誰も責任をとりません。どんなに忙しくても、自分で自分の目を守りましょう。

新しい言葉 I

1.	め① [目]	〈名〉	眼，眼睛
2.	つかれ③ [疲れ]	〈名〉	疲劳，疲乏
3.	あなた②	〈代〉	（对同辈或对下级）您，你
4.	～いじょう① [以上]	〈后缀、名〉	（数量、程度）以上，超过；上述，前述
5.	つぎ② [次]	〈名〉	下面；接着；其次，第二
6.	きょり① [距離]	〈名〉	距离
	距離をとる	〈词组〉	保持一定距离
7.	～センチ① [centimeter]	〈量〉	（"センチメートル"的简称）厘米
8.	りそうてき⓪ [理想的]	〈形2〉	理想的
9.	いち① [位置]	〈名、自动3〉	位置，地位，场所；位于
10.	かえる⓪ [変える]	〈他动2〉	改变，变更，变动
11.	じゅうぶん③ [充分]	〈形2、副〉	充分，足够
12.	やすめる③ [休める]	〈他动2〉	使休息；使停下；使平静
13.	かた① [肩]	〈名〉	肩，肩膀
14.	まわす⓪ [回す]	〈他动1〉	转，转动；转移；轮流
15.	ち⓪ [血]	〈名〉	血，血液；血缘，血统
16.	ながれ③ [流れ]	〈名〉	流，流动；流水；潮流
17.	ある① [或る]	〈连体〉	某，有的
18.	よむ① [読む]	〈他动1〉	看，阅读；朗读，念
19.	くらべる⓪ [比べる]	〈他动2〉	比较；较量，比赛
20.	ばい⓪① [倍]	〈量、名〉	倍，加倍
21.	わるい② [悪い]	〈形1〉	不好，坏；差，恶劣

会話 コーヒーとパソコン

亜美去大学指导老师的研究室，她在敲门。

先生：はい，どうぞ。

亜美：失礼します。中村です。

（进屋）先生，あのう，明日締め切りの確率理論のレポートですが，もしよろしければ，3日ほど遅れて出してもいいでしょうか。

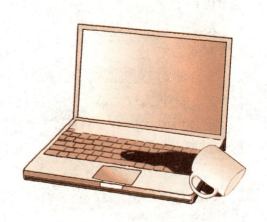

先生：どうして？

亜美：レポートができあがって，プリントアウトしようとしたら，コーヒーがこぼれてパソコンが壊れました。それで，今，印刷できないのです。

先生：そうか，そういう事情なら，しかたがない。いいですよ。でも，どんなことがあっても今週の金曜日までには出してください。

亜美：はい，すみません。

先生：レポートの題名は何というの？

亜美：はい，「企業の倒産確率に関する一考察」です。

先生：そうか。ところで，私のゼミの学生のコーヒーがパソコンを壊す確率も調べられるかな？他のゼミの学生のコーヒーと比べて，この確率は異常に高いんだ。さっきも1人，同じ学生が来たよ。

新しい言葉 II

22.	あす② [明日]	〈名〉	明天；未来
23.	しめきり⓪ [締め切り]	〈名〉	截止，终止
24.	かくりつ⓪ [確率]	〈名〉	概率
25.	りろん① [理論]	〈名〉	理论
26.	もし①	〈副〉	假若，如果，万一
27.	おくれる⓪ [遅れる]	〈自动2〉	迟，晚；慢，落后
28.	どうして①	〈副〉	为什么；怎样，如何
29.	できあがる⓪④	〈自动1〉	做完，完成
30.	プリントアウト⑤ [print out]	〈他动3、名〉	打印
31.	こぼれる③	〈自动2〉	溢出，洒出；洋溢，充满
32.	こわれる③ [壊れる]	〈自动2〉	发生故障，出毛病；坏，碎，破坏；破裂
33.	いんさつ⓪ [印刷]	〈名、他动3〉	印刷
34.	じじょう⓪ [事情]	〈名〉	情形，状况；缘故，理由
35.	だいめい⓪ [題名]	〈名〉	标题，题目
36.	きぎょう① [企業]	〈名〉	企业
37.	とうさん⓪ [倒産]	〈名、自动3〉	破产
38.	かんする③ [関する]	〈自动3〉	与~有关，关于~
39.	こうさつ⓪ [考察]	〈名、他动3〉	考察，研究
40.	ゼミ①	〈名〉	（大学的）研究班；研究班课程；（大学的）课堂讨论
41.	こわす② [壊す]	〈他动1〉	毁坏，弄坏；损害，损伤；破坏
42.	いじょう⓪ [異常]	〈形2、名〉	异常，反常

説明

一、コミュニケーション表現

1. はい，どうぞ。
   ——失礼します。

   "はい，どうぞ"意为"在，请进"；"失礼します"意为"对不起，打搅了"。"はい，どうぞ"是被访问人听到有人敲门后的回应，表示允许进来。"失礼します"是打搅别人时用的寒暄语，一般在说过后或边说边进门。

2. もしよろしければ，3日ほど遅れて出してもいいでしょうか。

   意为"如果允许的话，我能晚3天提交吗？"日常生活中常常用"もしよろしければ，〜てもいいでしょうか"的形式，客气、委婉地请求对方允许自己做某事。听话人如果同意，一般用"いいですよ""いいでしょう"回应。例如：

   A：もしよろしければ，明日行ってもいいでしょうか。
   B：いいでしょう。

   A：もしよろしければ，先生の授業を聞きたいのですが。
   B：いいですよ。

3. どうして？

   意为"为什么？"常常用来进行询问或反问。例如：
   A：明日学校を休みたい。
   B：どうして？

4. そういう事情なら，しかたがない。

   意为"如果是那种情况，只好如此"。用于在承认某种现实的前提下，允许对方的说法或做法。例如：
   A：パソコンが壊れて仕事ができなくなりました。
   B：そうか。そういう事情なら，しかたがない。

   A：（電話で）高い熱が出て，今日の発表はできなくなりました。

B：そういう事情なら，しかたがない。よく休んでください。
5．どんなことがあっても，今週の金曜日までには出してください。
　　——はい，すみません。

　　意为"无论如何星期五之前都要交上来"。回应："是，对不起"。前者的语气比较强硬，给对方限定了完成作业的时间。回应中的"すみません"表示的是不能按时交作业的抱歉的心情。在这里是"对不起"的意思，但多少含有"谢谢"的意思，以此来表示对老师允许延长交作业时间的感谢。

二、文法

1．接续助词

　　（1）ば
　　接在用言后面，表示假定的条件，一般可以译为"如果～就～"。"ば"与用言接续的规则如下：
　　a．动词+ば
　　动词1是把词尾"う段"假名改为该行"え段"假名+ば；
　　动词2是把词尾"る"改为"れ"+ば；
　　动词3中サ变动词是把"する"改为"すれ"、カ变动词是把"来る"改为"来れ"，然后加"ば"。

各类动词+ば时的变化规则表

类别	词典形	词干	变化后的形式	接续"ば"
动词1	買う 書く 話す	買 書 話	買え 書け 話せ	買えば 書けば 話せば
动词2	食べる 起きる	食べ 起き	食べれ 起きれ	食べれば 起きれば
动词3	する 来る	— —	すれ 来れ	すれば 来れば

例如：
　　雨が降れば，外へ出ません。
　　もっと勉強すれば，きっといい成績が取れるでしょう。
　　トムさんが来れば，もっとにぎやかになるでしょう。

b. 形容词1+ば

先把形容词1词典形的词尾"い"换成"けれ"，然后加"ば"。例如：

景色が美し**ければ**，皆が見に行くでしょう。

もしよ**ければ**，今週の金曜日にレポートを出したいと思います。

おいし**ければ**，食べる人も多いでしょう。

注意："いい"应变为"よ**けれ**"，再加"ば"。

c. 形容词2+ば

形容词2是先变成"词干+である"的形式，然后把"である"改为"であれ"+"ば"。例如：

父が元気**であれば**，きっと喜んだでしょう。

景色がきれい**であれば**，観光客も多いでしょう。

交通が便利**であれば**，みんな行くでしょう。

另外，请注意用"ば"表示条件的句子，句尾一般不使用表现说话人的意志、希望、请求或命令的形式。例如：

×家に着けば，電話をかけましょう。

×長い間パソコンを使えば，休んでください。

但是，如果前一个分句是表示状态或前后两个分句的主语不同的情况下，是可以使用的。例如：

分からないところがあれば，先生に聞いてください。

彼が来れば，一緒に旅行のことについて相談できます。

（2）なら

接在动词、形容词1连体形或形容词2词干后面，表示假定条件；接在体言后面，表示以此为题，然后展开叙述。一般可以译为"如果～就～""要是～就～"。例如：

ここが静か**なら**，勉強しに来る人がもっと多くなるでしょう。

あの大学へ行きたい**なら**，もっと勉強しなくてはいけません。

花**なら**，牡丹が一番好きです。

（3）ても

接在用言第二连用形后，接续方法与"て"相同。用于转折，表示后项的成立不受前项约束。一般可以译为"即使～也～""即使～还～"。例如：

雨が降っ**ても**行きます。

何回読んでも分かりません。
6時になってもまだ明るいです。

2. 后缀 的

接在名词后面，使该名词具有了形容词2的性质，接"な"可以构成连体形（有时也可以不加"な"，直接修饰名词），表示状态、性质等。例如：

そうすれば，理想**的**ですね。
これは個人**的**な問題です。
この問題を解決するためには科学**的**（な）知識が必要です。

3. 助词的重叠形式 までに（は）

"までには"由"まで""に""は"三者组成，接在体言、用言连体形后，表示事物达到或尚未达到的程度、界限的点，句尾一般使用瞬间可以完成的动词。一般情况下使用"までに"的形式，当特别需要强调时，使用"までには"。一般可以译为"到～""在～之前"。例如：

晩ご飯**までに**かならず帰ってきてください。
土曜日**までには**レポートを出さなければなりません。
まだ日本語で手紙を書ける**までには**ならない。

4. 终助词的重叠形式 かな

接在用言终止形（形容词2词干）或名词后面，多用于自言自语，表示疑问、怀疑，也表示感叹。例如：

夏休みの間に台風は来る**かな**。
あのシンポジウムに行こう**かな**。
中国は卓球が強いから，日本に勝つ**かな**。
あの人は漢字がわかるから日本人**かな**。

三、文型

1. ～ようにします

简体形式是"～ようにする"。接在动词连体形后，表示为实现前面所述的目标、目的而努力。一般可译为"争取做到～""～那样地～"。例如：

第 22 課

明日からもっと早く起きる**ようにします**。
老人だけの旅行なので，ゆっくり行く**ようにした**。
そんなことは言わない**ようにしてください**。

2. どんなに～ても，～

"ても"接在用言后面，接续方法与接"て"相同。与"どんなに"搭配使用，起到加强语气的作用。"どんな"直接修饰名词时不加"に"。表示后项的成立不受前项条件的约束。一般可以译为"无论如何～也～"。例如：

どんなにお金があっ**ても**，買えないものがあります。
明日試験があるので，**どんなに**疲れてい**ても**，大学に行きます。
どんなことがあっ**ても**，今週の金曜日までにはレポートを出します。

3. ～と比べて，～

接在体言后面，表示比较的对象。一般可以译为"和～相比～""与～比起来～"。例如：

日本**と比べて**，中国のほうがずっと広いです。
去年**と比べて**，今年は雨が多い。
英語**と比べて**，日本語のほうがやさしいです。

一、用正确的语音语调大声朗读下列句子。

1．1時間か2時間なら問題はありません。
2．どんなに忙しくても，自分で自分の目を守りましょう。
3．目を休めてください。
4．どんなことがあっても，今週の金曜日までには出してください。
5．そういう事情なら，しかたがない。

二、从a. b. c. d中选择一个正确的读音。

1. 距離
   a. きょか　　　　　　　　　b. きょり
   c. きょうり　　　　　　　　d. きょうか
2. 理想的
   a. りそうてき　　　　　　　b. りしょうてき
   c. りそてき　　　　　　　　d. りいそてき
3. 可能性
   a. かのうせい　　　　　　　b. けのうせい
   c. かのうしょう　　　　　　d. かねんせい
4. 調査
   a. ちょさ　　　　　　　　　b. ていさ
   c. ちょうさ　　　　　　　　d. ちょうちゃ
5. 考察
   a. こうし　　　　　　　　　b. こうさ
   c. こさ　　　　　　　　　　d. こうさつ

三、从a. b. c. d中选择对应的日文汉字。

1. 頭や肩をまわす運動をします。
   a. 交　　　　　　　　　　　b. 合
   c. 回　　　　　　　　　　　d. 動
2. じゅうぶんな距離をとると、目のためになります。
   a. 充分　　　　　　　　　　b. 満足
   c. 充足　　　　　　　　　　d. 充満
3. コーヒーがこぼれてパソコンがこわれました。
   a. 壊　　　　　　　　　　　b. 割
   c. 砕　　　　　　　　　　　d. 崩
4. そういうじじょうなら、しかたがない。
   a. 事項　　　　　　　　　　b. 事情
   c. 事態　　　　　　　　　　d. 情况
5. 明日までに宿題をだしてください。
   a. 交　　　　　　　　　　　b. 呈
   c. 提　　　　　　　　　　　d. 出

四、助詞填空。

1. このぐらいの収入が（　）たくさんのことができますね。
   a. あれば　　　　　　　　b. あっても
   c. あり　　　　　　　　　d. あった

2. どんなことが（　）、あなたのことは忘れません。
   a. あるなら　　　　　　　b. あったら
   c. あっても　　　　　　　d. あると

3. 上海へ行く（　）、飛行機が便利ですよ。
   a. なら　　　　　　　　　b. から
   c. たら　　　　　　　　　d. と

4. この紙に書いて、来週（　）持ってきてください。
   a. で　　　　　　　　　　b. までに
   c. まで　　　　　　　　　d. から

5. 田中さんはあまりお酒を飲まないよう（　）しました。
   a. な　　　　　　　　　　b. で
   c. に　　　　　　　　　　d. を

五、仿照例句，替換下列画线部分。

例1：字が上手になります。毎日字の練習をしています。
　　　→字が上手になるように毎日字の練習をしています。

1. 水が節約できます。お風呂ではなくシャワーにします。
   →

2. 納豆に慣れます。毎日少し食べています。
   →

3. 入力が早くなります。毎日3時間練習しています。
   →

例2：薬を飲みます。治りません。
　　　→どんな薬を飲んでも治りません。

1. 辞書を調べます。分かりません。
   →

2. 問題がある。人に聞きません。
   →

3. アドバイスをします。聞いてくれません。
   →

例3：長城に登らない。いい男になりません。
　　→長城に登らなければいい男になりません。

1．今すぐに行きます。間に合います。
　　→

2．先生に聞きます。分かります。
　　→

3．北京へ行きます。人が大変多いことが分かります。
　　→

六、看图，仿照例句，完成下列的句子。

例：雨が降ります。外へ出かけます。
　　→雨が降っても外へ出かけます。

1．30分待つ・来ない
　　→

2．よく練習する・上手にならない
　　→

3．辞書を調べる・分からない
　　→

七、从方框中选择合适的词，并以其合适的形式填在横线上。

する	こぼれる	ある
できる	降る	とる

例：早く食事の用意を<u>し</u>ないと，子どもが食べる時間がなくなります。

1．パソコンと目の距離を＿＿＿＿と，目が悪くなりますよ。

2．このような言葉はどんな辞書にも＿＿＿＿。

3．＿＿＿＿かどうか分かりませんが，がんばってやります。

4．雨が＿＿＿＿ば，行きません。

5．レポートが出せないのは，パソコンにコーヒーが＿＿＿＿ためだと言う学生がいます。

八、选择填空。

1．（　）おいしくても，たくさん食べないようにします。
  a. どんな　　　　　　　　b. どんなに
  c. なに　　　　　　　　　d. なにも

2．昨日11時（　）ずっと起きていました。
  a. まで　　　　　　　　　b. までに
  c. までも　　　　　　　　d. までは

3．さっきここで本を（　）人は誰ですか。
  a. 読んで　　　　　　　　b. 読んでいる
  c. 読む　　　　　　　　　d. 読んでいた

4．あの人の話は難しくて何回（　）分かりません。
  a. 聞いたら　　　　　　　b. 聞いては
  c. 聞いても　　　　　　　d. 聞くと

5．今日は（　）はやく帰りましょう。
  a. 疲れると　　　　　　　b. 疲れたから
  c. 疲れないから　　　　　d. 疲れないので

6．日本語を勉強する（　　），この本がいいと思います。
   a. なら　　　　　　　　　　b. と
   c. ても　　　　　　　　　　d. ば
7．昔（　　）比べれば今は物価が高いです。
   a. で　　　　　　　　　　　b. と
   c. が　　　　　　　　　　　d. を
8．お酒を（　　），顔が赤くなります。
   a. 飲む　　　　　　　　　　b. 飲みても
   c. 飲むと　　　　　　　　　d. 飲むなら
9．駅へ行きたいんですが，どう（　　）いいですか。
   a. 行くば　　　　　　　　　b. 行けば
   c. 行くなら　　　　　　　　d. 行くので

九、根据课文回答下列问题。

1．パソコンと目の距離はどのぐらいあれば理想的ですか。
2．ある調査で，人がパソコンを使っている時と，本を読んでいる時の目の疲れを比べました。どんな結果が出ましたか。
3．パソコンと目の距離が30センチの時，どうすればいいですか。
4．亜美さんはレポートが出せない理由をどう説明しましたか。
5．先生はなぜ亜美さんに他のことも調べられるかと聞いたのですか。

十、听录音，从（1）（2）（3）中选择一个最合适的答案。

1．答え：
   （1）部長は高くてもおいしい店を探しています。
   （2）部長はあまり高くない店を探しています。
   （3）部長は静かでそして高くない店を探しています。

十一、把下列句子翻译成日语。

1．与过去相比，如今的物价比较高。
2．请每天都学学日语。
3．无论多远，我也要去。
4．今天不行，要是明天的话还行。
5．如果行的话，这个报告迟一周交也可以吗？

補足単語

せいせき⓪ [成績]	〈名〉	成绩，成果，成效
つく① [着く]	〈自动1〉	到，到达
こじんてき⓪ [個人的]	〈形2〉	个人的
かがくてき⓪ [科学的]	〈形2〉	科学的
ちしき① [知識]	〈名〉	知识
たいふう③ [台風]	〈名〉	台风
かつ① [勝つ]	〈自动1〉	取胜，战胜
ろうじん⓪ [老人]	〈名〉	老人，长者
ひろい② [広い]	〈形1〉	广泛，宽广，辽阔
ひこうき② [飛行機]	〈名〉	飞机
かみ② [紙]	〈名〉	纸，纸张
アドバイス①③ [advice]	〈名〉	建议，忠告
ぶちょう⓪ [部長]	〈名〉	部长，部门经理
かんげい⓪ [歓迎]	〈名、他动3〉	欢迎

ことわざ

朱に交われば赤くなる／近朱者赤，近墨者黑
三人寄れば文殊の知恵／三个臭皮匠，顶个诸葛亮

本课专有名词：
1. 日班牙印尼无专有名词 2. 周班牙印尼德意俄日西一国无专有名词
3. 未月班牙印尼无专有名词，使用的图片无专有名词

日本人和眼镜

随着电视、电脑的普及，现代人眼睛盯着荧屏的时间加长，由此导致的眼疾问题日益突出。2013年12月对10岁以上的日本人进行的网上问卷调查显示：戴框架眼镜（眼鏡）者为47.6%，而戴隐形眼镜（コンタクトレンズ）或框架眼镜与隐形眼镜交替使用者为25%。

佩戴隐形眼镜的消费者根据实际需要和个人喜好选择硬式（ハード）或软式（ソフト）隐形眼镜。在软式隐形眼镜中，有些人还选择一次性（也称抛弃式）（使い捨て）或彩色（カラー）隐形眼镜。

日本的很多女孩子十几岁就佩戴隐形眼镜，起始年龄呈逐渐低龄化的趋势。一般说来，佩戴半月抛型隐形眼镜是女性选择的主流，但因年龄、职业的不同稍有差异：公司女职员倾向于选择每天更换的所谓日抛型一次性隐形眼镜；而专职家庭主妇则选择硬式者相对较多。

有的人平时使用硬式眼镜，体育锻炼或出差的时候使用一次性隐形眼镜；有的人上班时戴框架眼镜、休假时佩戴一次性隐形眼镜。这种结合自己的生活方式、时尚和实用二者兼顾的选择方式正在增加。

值得一提的是，因为害羞、视野变窄、运动时不方便等理由而选择佩戴隐形眼镜的人在增多。与此同时，因使用或清洗方法不当引起炎症、过敏、角膜糜烂的严重情况也时有发生。

最近日本国民生活中心（国民生活センター）还用实验数据警醒消费者：为漂亮时尚而佩戴彩色隐形眼镜者一定要慎之又慎！

一次性隐形眼镜大致分为哪3种类型？（答案请在本课找）

第 23 課

盲導犬

本课重点

一、コミュニケーション表現
1. 盲導犬はエリートなんだよ。
2. トイレも自由に行けずに仕事をするなんて，やっぱりかわいそう。

二、文法
1. 授受补助动词：あげる　もらう　くれる　やる
2. 后缀：中
3. 否定助动词：ず
4. 前缀：ご　お
5. 副助词：なんて
6. 判断助动词"だ"的推量形式：だろう

三、文型
1. ～ず（に）～
2. ～にいいです

本文　　盲導犬と私の生活

　私は3年前から盲導犬のジャニスと一緒に生活しています。朝起きると，私は彼女に食事を出してあげます。それから，ていねいにブラシをかけてあげます。この時，ジャニスに今日の予定を話します。

「今日は午前中、区役所に行って、午後は図書館に行くんだよ、よろしくね。」ジャニスは静かに聞いています。

ジャニスが来る前、私は盲人用の杖を持って出かけていました。一人で行けない所は、家族に頼んで一緒に行ってもらいました。今は家族に頼まず、自由に歩くことができます。ジャニスはエレベーターに乗る時、地下鉄に乗る時、いつでも自信を持って私を誘導してくれます。

家に帰ると、ジャニスは盲導犬ではなく、かわいい娘になります。私は彼女にブラシをかけてあげながら「今日もありがとう」と言います。ジャニスは人間の言葉を話すことはできません。でも、私は彼女が「ブラシをかけてくれてありがとう。とても気持ちがいい」と言っていることがわかります。盲導犬はペットではありません。人生のパートナーです。

新しい言葉 I

1. もうどうけん⓪ [盲導犬] 〈名〉 导盲犬
2. ジャニス① [Janice] 〈名〉 （狗的名字）佳妮斯
3. ていねい① [丁寧] 〈形2、名〉 仔细,细致;有礼貌,恭敬

第 23 課

4. ブラシ① [brush] 〈名〉 刷子
   ブラシをかける 〈词组〉 （用刷子）刷
5. よてい⓪ [予定] 〈名、他动3〉 计划，预定
6. はなす② [話す] 〈他动1〉 说，谈，告诉；商量
7. くやくしょ②
   [区役所] 〈名〉 区政府
8. としょかん②
   [図書館] 〈名〉 图书馆
9. よろしく⓪ 〈副〉 请关照；请代问候
10. もうじん⓪ [盲人] 〈名〉 盲人
11. つえ① [杖] 〈名〉 拐杖，手杖
12. ひとり②
    [一人・独り] 〈名、数〉 单独，独自一人；
    独身，单身；一个人
13. たのむ② [頼む] 〈他动1〉 求，拜托；靠，依靠
14. じゆう② [自由] 〈形2、名〉 自由，随意，任意
15. あるく② [歩く] 〈自动1〉 走，步行
16. エレベーター③
    [elevator] 〈名〉 电梯，升降机
17. ちかてつ⓪ [地下鉄] 〈名〉 地铁
18. いつでも①③ 〈副〉 无论什么时候，随时
19. じしん⓪ [自信] 〈名〉 自信，信心
20. ゆうどう⓪ [誘導] 〈他动3、名〉 引导，诱导
21. かわいい③
    [可愛い] 〈形1〉 可爱，令人怜爱；
    小巧玲珑
22. むすめ③ [娘] 〈名〉 女孩儿；女儿
23. ペット① [pet] 〈名〉 宠物
24. パートナー①
    [partner] 〈名〉 伙伴，合作者

会話　盲導犬はエリートなんだよ

王玲和隆太在客厅看电视。电视里一位盲人正述说着导盲犬和他自己的生活。

王玲：この間，はじめて地下鉄の駅で盲導犬を見ましたよ。

隆太：ふーん。盲導犬はエリートなんだよ。

王玲：どうしてですか？

隆太：盲導犬になれる犬は多くないんだ。頭がよくて，人間のために何かするのが好きな犬がいいんだよ。

王玲：そうですか。でも盲導犬はかわいそうですね。自由がないでしょう？

隆太：人間はそう思うけれど，犬はそう思わないよ。犬は主人に喜んでもらうのが一番好きだから。

王玲：ふーん。

隆太：それに盲導犬はだいたい長生きするよ。ご主人が毎日よく世話をしてやるからね。トイレも食事も1日2回，決まった時間にするんだ。

王玲：トイレにも自由に行けずに仕事をするなんて，やっぱりかわいそう。

隆太：規則正しい生活のほうが動物の体にいいんだよ。人間もそうだろう？

第 23 課

新しい言葉 III

25.	エリート② [elite]	〈名〉	精英，尖子
26.	このあいだ⓪ [この間]	〈名〉	前几天，不久前
27.	ふーん⓪	〈感〉	（表示不解、质疑或惊奇等）嗯
28.	かわいそう④	〈形2〉	可怜，凄惨
29.	しゅじん① [主人]	〈名〉	主人；店主；丈夫
30.	ながいき③④ [長生き]	〈自动3、名〉	长寿
31.	せわ② [世話]	〈名、他动3〉	照看，照料；帮助，援助
32.	トイレ① [toilet]	〈名〉	洗手间，厕所
33.	いちにち [一日]	〈名〉	一日，一天
34.	きまる⓪ [決まる]	〈自动1〉	规定，决定；固定，必定
35.	やっぱり③	〈副〉	（"やはり"的简慢说法）仍然，还是；果然；毕竟
36.	きそく①② [規則]	〈名〉	规则，规章
37.	ただしい③ [正しい]	〈形1〉	正确，合理；合乎标准
	規則正しい	〈词组〉	有规律的，按时起居的
38.	どうぶつ⓪ [動物]	〈名〉	动物

説明

一、コミュニケーション表現

1. 盲導犬はエリートなんだよ。

意为"导盲犬可是狗中的精英啊"。"エリート"有"精英""尖子"的意思。这里是用赞扬人的说法来称赞导盲犬是狗中英才、佼佼者。

2．トイレにも自由に行けずに仕事をするなんて，やっぱりかわいそう。

意为"为了工作连厕所都不能想去就去，不管怎么说还是挺可怜的"。"かわいそう"用来表示同情，也可以用"かわいそうだ"的形式。例如：

木村さんは恋人にプレゼントをあげたけれど，彼女はいらないと言った。彼はかわいそう。

伊豆は刺身がおいしい所なのに，生のものが食べられないなんて，かわいそう。

田中さんは仕事のために体を壊して，かわいそうだ。

二、文法

1．授受补助动词　あげる　もらう　くれる　やる

分别接在动词第二连用形＋"て"（て形）后面，构成"～てあげる""～てもらう""～てくれる""～てやる"的形式，表示行为主体与受体之间的施惠、受惠关系。

"～てやる"和"～てあげる"表示行为主体主动实施的行为给受体带来某种好处。"～てやる"是简慢说法，用于上级对下级、长辈对晚辈或同辈人之间，或对动物、植物而言。"～てあげる"是常用的说法，用于同辈、亲近的人之间。行为主体在句中做主语；行为受体用"に"表示，做补语。基本句式是：行为主体が（は）受体に～を～てあげる（～てやる）。一般可以译为"～给～做～"。行为主体是说话人自己的时候，可以省略。例如：

佐藤さんは毎日弟に英語を教えてやります。
母は出かける前に猫に水を用意してやりました。
先生は子供たちに盲導犬のことを教えてやった。
私は毎日おじいさんに30分くらい新聞を読んであげます。
私はいつもお客さんに自分で作ったお菓子を出してあげます。
佐藤さんは田中さんに本を買ってあげました。

需要注意的是，近来"～てやる"用得越来越少，即使对晚辈或动植物也常用"～てあげる"。另外，"～てあげる"有时会多少带有施恩于对方的语感，使用时应格外注意。一般多用于表示动作的施受关系。一般应避免直接用于听话人。

第 23 課

　　"～てもらう"和"～てくれる"是行为受体用来叙述行为主体为自己或自己一方的人做了某事或施予了某种恩惠。"～てもらう"常常用于行为受体或其一方的人委托、请求他人为自己或自己一方的人做某事。行为受体用"が"或"は"表示，在句中做主语；行为主体用"に"表示，在句中做补语。"～てくれる"表示行为主体主动为行为受体或其一方的人做某事，行为主体用"が"或"は"表示，在句中做主语；行为受体用"に"表示，行为受体为说话人自己的时候，可以省略。可以译为"～给我～"。例如：

　　犬は主人に喜んでもらうのが一番好きです。
　　早く医者に見てもらったほうがいいですよ。
　　先生に試験の説明をもう一度してもらいました。

　　佐藤さんは日本の歌を歌ってくれました。
　　田中さんはいつも日本語を教えてくれます。
　　母が誕生日のプレゼントを買ってくれました。

2．后缀　中

　　接在体言后面，表示时间或场所的某区段或整体。表示时间或场所的"某区段"时发音为"ちゅう"，表示"整体"时发音为"じゅう"。一般可以译为"正在～中"或"整～""全～"。例如：

　　今日は午前中，区役所に行って，午後は図書館に行く。
　　彼女は電話中ですから，少々待ちましょう。
　　いま授業中です。静かにしてください。

　　先週の日曜日は一日中勉強していました。
　　日本中の人がそのニュースを聞いて喜んだ。
　　仕事中は友達にメールを出さないでください。

3．否定助动词　ず

　　接在动词后面，与"ない"的接续方法相同，是"ない"的文言中顿形式，表示否定。后面常常接续"に"，用于修饰动词。"する"接"ず"时，要用"せず"的形式。例句见句型。

4. 前缀 ご お

用于名词前面，表示尊敬。一般"ご"后接音读的名词、"お"后接训读的名词。例如：
ご意見はいかがですか。
これは皆さんへのご回答です。
ご両親はお元気ですか。
お変わりはありませんか。
お名前は？

有时也有例外，如："お電話""お元気"等。"お返事""ご返事"都可以使用。

5. 副助词 なんて

接句子、名词或用言（形容词2词干）后面，表示轻蔑、意外或不以为然之意，用于说话人自己时，可以表示谦虚。一般可以译为"～等等""～什么的""～之类"。例如：
こんな時に雨が降る**なんて**，困りましたね。
あなたがこの会社の社員だ**なんて**，知らなかった。
一日中ずっと勉強する**なんて**いやだ。
馬さんは一人で料理を全部作って，すごいですね。僕**なんて**，何もできません。

6. 判断助动词"だ"的推量形式 だろう

"だろう"接在体言或用言终止形后，表示推测或征求对方同意的语气，是简慢的说法，它的敬体说法是"でしょう"。例如：
あの人はインドから来たマリーさん**だろう**。
今日は曇りだから，景色は何も見えない**だろう**。
日曜日，みんなが温泉へ行くね。田中さんもきっと行く**だろう**。

三、文型

1. ～ず（に）～

"ず"接在动词后面，与"ない"的接续方法相同。动词前的"を"一般多改用"も"，表示强调。可以译为"不～就～""没～就～"。例如：

夕べ，田中さんは何も食べず（に）寝ました。
母は何も言わず（に）泣いています。
昨日は，どこへも行かず（に）一日中家にいた。

2．～にいいです

　　它的简体形式是"～にいい"。接在体言后面，表示对某事物有积极作用或效果。一般可以译为"对～有益""对～有效"。它的否定形式是"～によくないです"。例如：
この薬は風邪**にいい**そうだ。
自転車に乗ることは体**にいい**です。
暗い所で本を読むのは目**によくない**です。

練習

一、用正确的语音语调大声朗读下列句子。
　　1．朝起きると，私はジャニスに食事を出してあげます。
　　2．一人で行けない所は，家族に頼んで一緒に行ってもらいました。
　　3．ジャニスはエレベーターに乗る時，地下鉄に乗る時，いつでも自信を持って私を誘導してくれます。
　　4．トイレにも自由に行けずに仕事をするなんて，やっぱりかわいそう。
　　5．規則正しい生活のほうが動物の体にいいんだよ。人間もそうだろう？

二、从a. b. c. d中选择一个正确的读音。
　　1．盲導犬
　　　　a.もうどうけん　　　　b.もうどけん
　　　　c.もどうけん　　　　　d.もどけん
　　2．図書館
　　　　a.としょうかん　　　　b.どしょかん
　　　　c.としょかん　　　　　d.としょがん

3. 盲人
   a. もにん	b. もうにん
   c. もじん	d. もうじん
4. 自由
   a. じゆ	b. しゆう
   c. じゅう	d. じゆう
5. 動物
   a. どぶつ	b. どうぶつ
   c. とうぶつ	d. どうふつ

三、从a.b.c.d中选择对应的日文汉字。

1. あの学生はいつも<u>ていねい</u>に先生にあいさつをします。
   a. 定寧	b. 丁寧
   c. 丁重	d. 鄭重
2. 友だちは病気なので，仕事を他の人に<u>たの</u>んで休みました。
   a. 頼	b. 依
   c. 拝	d. 拠
3. どんな時でも，<u>じしん</u>を持ったほうがいいですよ。
   a. 地震	b. 自身
   c. 自信	d. 時針
4. 僕は3人家族です。妻，<u>むすめ</u>と私です。
   a. 息子	b. 娘
   c. 子	d. 息女
5. 彼は規則<u>ただ</u>しい生活をしています。
   a. 確	b. 确
   c. 対	d. 正

四、助词填空。

1. 春になる（　），暖かくなります。
   a. と	b. ば
   c. なら	d. たら

2．朝ご飯を食べる前（　　），今日の予定（　　）話しましょう。
　　a．に　が　　　　　　　　b．で　を
　　c．に　を　　　　　　　　d．に　と
3．私はいつも一人（　　）買い物をしていました。
　　a．に　　　　　　　　　　b．で
　　c．が　　　　　　　　　　d．は
4．頭（　　）よくて，人間のために何かする（　　）が好きな犬がいます。
　　a．が　の　　　　　　　　b．が　もの
　　c．は　こと　　　　　　　d．に　が
5．姉（　　）2人（　　）一緒に住んでいます。
　　a．は　に　　　　　　　　b．が　で
　　c．に　で　　　　　　　　d．と　で

五、仿照例句，替换下列画线部分。

例1：玲ちゃん・ゴミの捨て方を<u>教えた</u>
　　→<u>私は玲ちゃんにゴミの捨て方を教えてあげました。</u>

1．友達・盲導犬の映画を<u>紹介した</u>
　　→

2．父・誕生日祝いのケーキを<u>買った</u>
　　→

3．同級生の李さん・自分で編んだマフラーを<u>送った</u>
　　→

例2：田中さん・電話を<u>した</u>。
　　→<u>田中さんは電話をしてくれました。</u>

1．亜美さんのお母さん・日本料理の作り方を<u>説明した</u>
　　→

2．マリーさん・講演会の時間と場所を<u>教えた</u>
　　→

3．亜美さん・おもしろい本を<u>紹介した</u>
　　→

例3：妹・家の掃除をする
　　→妹に家の掃除をしてもらいました。
1．隣の人・犬の世話をした
　→
2．日本の留学生・発音を教える
　→
3．彼女・車を呼ぶ
　→

例4：李さんは電気も消しません・寝ました
　　→李さんは電気も消さずに寝ました。
1．王さんは説明も読みません・新しいパソコンを使っています
　→
2．友達はご飯も食べません・帰りました
　→
3．彼はあいさつもしません・出て行きました
　→

六、看图，仿照例句，完成下列的句子。

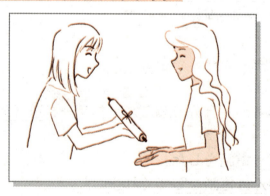

例：～てあげる
　　→わたしは友達のマリーさんに中国の絵を買ってあげました

1．～てもらう

2．～てあげる

3．～てくれる

七、从方框中选择合适的词，并以其合适的形式填在横线上。

あげる	もらう	くれる
聞く	決まる	歩く

例：まだ時間がありますよ。**歩いて**学校に行きましょう。

1．これは母に教えて_____たものです。

2．こちらはいろいろお世話をして_____た友達です。

3．すみませんが，今すぐには答えられません。他の人に
　　＿＿＿＿＿もいいですか。
4．講演会の時間は＿＿＿＿＿ましたか。
5．わたしは自分の辞書を李さんに貸して＿＿＿＿＿ました。

八、选择填空。
1．（　　）卒業，おめでとうございます。
　　a. ご　　　　　　　　　　b. お
　　c. 貴　　　　　　　　　　d. おん
2．お宅は会社（　　）遠いでしょうか。
　　a. へ　　　　　　　　　　b. から
　　c. と　　　　　　　　　　d. を
3．今週中に，夏休みに何をするか（　　）ください。
　　a. が決めて　　　　　　　b. を決まって
　　c. を決めて　　　　　　　d. が決まって
4．昔はあなたを愛している（　　）簡単には言えなかった。
　　a. ほど　　　　　　　　　b. なんて
　　c. わけ　　　　　　　　　d. など
5．この時間だと，彼はもう家を出ている（　　）。
　　a. だろう　　　　　　　　b. だった
　　c. です　　　　　　　　　d. でした
6．いつも遅くまで仕事をすると，体（　　）よくないですよ。
　　a. と　　　　　　　　　　b. は
　　c. に　　　　　　　　　　d. が
7．兄はそのことを私に教えて（　　）ませんでした。
　　a. くれ　　　　　　　　　b. あげ
　　c. やり　　　　　　　　　d. もらい
8．クリスマスの前に，母にセーターを編んで（　　）ました。
　　a. くれ　　　　　　　　　b. あげ
　　c. やり　　　　　　　　　d. いき

九、根据课文回答下列问题。

1．ジャニスが来る前、「私」は出かける時どうしていましたか。
2．毎朝、「私」は盲導犬にどんな世話をしていますか。
3．隆太さんはなぜ盲導犬はエリートだと言っているのですか。
4．なぜ盲導犬はだいたい長生きをするのですか。

十、听录音，从（1）（2）（3）中选择一个最合适的答案。

答え：
（1）女子学生は母からＣＤとカメラをもらいました。
（2）女子学生は母からカメラをもらって、友達にＣＤをもらいました。
（3）女子学生は母からも友達からもＣＤをもらいました。

十一、把下列句子翻译成日语。

1．旁边的人给我们照了相。
2．不吃早饭就来教室的人很多。
3．每天坚持运动对身体有好处。
4．导盲犬不是宠物，而是我人生的伙伴。
5．狗最喜欢愉悦主人。

補足単語

いる⓪ ［要る］	〈自動1〉	要，需要
たなか⓪ ［田中］	〈名〉	（姓）田中
ねこ① ［猫］	〈名〉	猫
おじいさん②	〈名〉	爷爷
しょうしょう① ［少々］	〈副〉	少许，稍微
いけん① ［意見］	〈名〉	意见，见解
かいとう⓪ ［回答］	〈名、自動3〉	回答，答复
しゃいん① ［社員］	〈名〉	公司职员
インド① ［India］	〈名〉	（国名）印度

単語	品詞	意味
くもり③［曇り］	〈名〉	阴，阴天
ゆうべ③［夕べ］	〈名〉	傍晚，黄昏
なく⓪［泣く］	〈自动1〉	哭，哭泣
つま①［妻］	〈名〉	妻，妻子
あさごはん③［朝ご飯］	〈名〉	早饭
しょうかい⓪［紹介］	〈名、他动3〉	介绍
そうじ⓪［掃除］	〈名、他动3〉	扫除，打扫卫生
となり⓪［隣］	〈名〉	临近，旁边；邻居，隔壁
でんき①［電気］	〈名〉	电，电灯
けす⓪［消す］	〈他动1〉	熄灭；关掉；勾销，抹去
かす⓪［貸す］	〈他动1〉	借出，借给；出租
あい①［愛］	〈他动3、名〉	爱，爱恋，热爱
クリスマス③［Christmas］	〈名〉	圣诞节
きみ⓪［君］	〈名〉	（男性对平辈或晚辈的称呼）你

ことわざ

余所の花はよく見える／这山看着那山高
二兎を追う者は一兎をも得ず／追二兔者不得一兔（一心不能二用）

日本的残疾人福利制度

为了保障残疾人（障害者_{しょうがいしゃ}）的基本权益，日本政府继《残疾人基本法（障害者基本法_{しょうがいしゃ きほんほう}）》（2004年再次修订）之后，又分别在医疗、教育、就业、养老等十几个领域，陆续颁布了一系列法案，形成了较为完备的法律体系。

教育方面，法律规定残疾人有接受学校教育的权利。除有专门学校为智障及盲聋哑患者提供教育以外，大多数残疾人还能进入普通学校学习。

就业方面，法律规定各类企业、政府机关均有义务按照一定比例雇佣残疾人。另外，全国有专为残疾人开办的工厂，很多地区的残疾人活动中心也下设小工厂，就近接收残疾人就业。这些企业在经营过程中，不但得到政府的援助，而且在加工、订货等方面也得到了不少民间企业的扶持。

由于公共福利制度相对完善，日本残疾人的生活相当方便。不论城市还是乡村，街头巷尾均有专供残疾人使用的公用电话，公共场所都配备残疾人专用的电梯，国际无障碍标志在日本更是随处可见。像在东京这样的大都市里，行动不便者乘轮椅也可以畅通无阻地走遍全城。

在此坚实的基础上，2012年日本政府将"障害者自立支援法_{しょうがいしゃ じりつ しえんほう}"修改、补充，更名为"障害者綜合支援法_{しょうがいしゃそうごう し えんほう}"。其中进一步明确提出对"残疾人的日常生活以及社会生活"要全面地支援、有计划地实施。

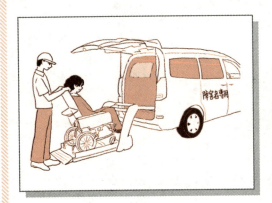

经过特殊训练，为视障者提供帮助的狗叫"盲導犬"，你知道为失聪患者提供帮助的狗叫什么吗。（答案请在本课找）

第 24 課

カード時代

本课重点

一、コミュニケーション表現
1. そんなことないけど。
2. なーんだ。私はクレジットカードかと思った。
3. あ，ちょっと見てみよう。

二、文法
1. 被动态和被动助动词：れる　られる①
2. 接续助词：のに
3. 补助动词：ある
4. 构词动词：すぎる
5. 终助词的重叠形式：のね

三、文型
1. 〜に気をつけなければなりません
2. 〜わけではありません

本文　　　　クレジットカード

　財布はもともと，お金を入れるものです。しかし，最近はカードを入れることのほうがずっと多くなってきました。現在，日本ではクレジットカードは2億枚以上，発行されています。クレジットカードが

第 24 課

あれば、現金をたくさん持ち歩く必要がありません。それはいいことですが、問題もあります。

　まず、紛失・盗難です。1万円を盗まれても、損は1万円です。1万円以上にはなりません。しかし、クレジットカードは違います。他人があなたのカードを不正使用した場合、あなたがそのお金を後で払わなくてはいけない時もあります。最近はカードにICタグがついているものが多くなりました。そのほうが安全ですが、やはり紛失と盗難には気をつけなければなりません。

　もう1つの問題はカードを持っていると、使いすぎる人がいることです。お金がないのに、カードでどんどん買い物をする人がいます。カードを何枚持っていても、お金の代わりにはなりません。カードでお金を使うことは借金と同じです。その気持ちを忘れてはいけません。

新しい言葉 I

1.	カード① [card]	〈名〉	卡，卡片；纸牌
2.	クレジット② [credit]	〈名〉	信用
3.	クレジットカード⑥ [credit card]	〈名〉	信用卡
4.	さいふ⓪ [財布]	〈名〉	钱包
5.	もともと⓪	〈副、名〉	原本，本来；不赔不赚，和原来一样

6.	おく① ［億］	〈名〉	亿
7.	～まい ［枚］	〈量〉	枚，张，块，片
8.	はっこう⓪ ［発行］	〈他动3、名〉	出版；发行
9.	げんきん③ ［現金］	〈名〉	现金，现钱
10.	もちあるく④⓪ ［持ち歩く］	〈他动1〉	拿着到处走
11.	ふんしつ⓪ ［紛失］	〈名、自他动3〉	丢失
12.	とうなん⓪ ［盗難］	〈名〉	失盗，被盗
13.	まん① ［万］	〈名〉	万
14.	ぬすむ② ［盗む］	〈他动1〉	偷盗，偷窃
15.	そん① ［損］	〈名、形2〉	损失，亏损；不利，吃亏
16.	たにん⓪ ［他人］	〈名〉	别人，他人
17.	ふせい⓪ ［不正］	〈名、形2〉	不正当，违法
18.	しよう⓪ ［使用］	〈他动3、名〉	使用
19.	ばあい⓪ ［場合］	〈名〉	场合，情形，情况；时候
20.	はらう② ［払う］	〈他动1〉	缴纳，付（款）；驱赶，除掉
21.	アイシー・タグ ［IC tag］	〈名〉	IC芯片标签（由超小型集成电路芯片和无线通信用天线组成的小型装置）。
22.	つく① ［付く］	〈自动1〉	带有，配有
23.	あんぜん⓪ ［安全］	〈形2、名〉	安全
24.	もう⓪	〈副〉	再，还；马上就要，快要；已经
25.	ひとつ② ［1つ］	〈数〉	一，一个
26.	しゃっきん③ ［借金］	〈名、自动3〉	借钱，借款

第 24 課

会話 亜美ちゃんはお金持ちだね

王玲和亜美去新宿买钱包，她们正在商场里认真挑选。

王玲：亜美ちゃんは財布をいくつも持っているのに、また買うの？

亜美：うん、カードを入れる所がたくさんある財布がほしいの。最近カードが増えてきて、今の財布に入らないから。

王玲：へえ、亜美ちゃんはお金持ちだね。

亜美：そんなことないけれど。

（让王玲看她的购物卡）ほら、これはパン屋のカード、これは生協のカード、これはスーパーのカード……。

王玲：なーんだ。私はクレジットカードかと思った。

亜美：ううん。クレジットカードは持たないことにしているんだ。

王玲：どうして？

亜美：大学1年の時、カードを使いすぎて失敗したから。

王玲：お金があるわけではないのに、使ったのね。

亜美：うん。その時、お父さんにすごく叱られたんだ。

王玲：そう。あっ、あそこの店に財布があるよ。バーゲンって書いてある。

亜美：あ、ちょっと見てみよう。

新しい言葉 II

27.	かねもち③④ [金持ち]	〈名〉	有钱人，富人
28.	ほしい②	〈形1〉	想要；希望
29.	パンや① [パン屋]	〈名〉	面包房；面包房的主人
30.	いちねん② [1年]	〈名〉	一年级；一年
31.	しかる⓪ [叱る]	〈他动1〉	责备，申斥，批评
32.	バーゲン① [bargain]	〈名〉	"バーゲン・セール (bargain sale)"的简称。廉价甩卖，大减价

説明

一、コミュニケーション表現

1. そんなことないけど。

意为"没有的事""哪里哪里"。用于委婉否定对方的说法，或当别人恭维、赞扬自己时，用来回应，显得谦虚、谦和。例如：

A：たくさん買いますね。お金持ちね。
B：そんなことないけど。

A：野球が上手ね。
B：そんなことないけど。

2. なーんだ。私はクレジットカードかと思いました。

意为"什么呀，我以为是信用卡呢"。"なーんだ"是"何だ"的口语表现形式，拖长音用于加强表示失望和吃惊的心情。"私はクレジットカードかと思いました"中的"か"是不定称，用于表示委婉的语气。例如：

なーんだ。トムさんも一緒に行くかと思いました。
なーんだ。こんなにやさしいのか。もっと難しいかと思いました。

3．あ，ちょっと見てみよう。

意为"那，（咱们）去看看吧！"。"見てみよう"用来表示说话人轻微的意志，或招呼听话人一起做事情。例如：

A：あそこで誰かがテニスをしているよ。
B：あ，ちょっと見てみよう。友達かもしれない。

A：生協なら自転車が安いよ。
B：あ，ちょっと見てみよう。

二、文法

1．被动态和被动助动词　れる　られる①

"れる、られる"是表示被动的助动词，接在动词后面。接续后的形态叫被动态或被动动词。"れる"接在动词1后面；"られる"接在动词2和"カ変"动词后面，接续方法与接"ない"的方法相同；而动词3是把词尾的"する"去掉，换成"される"。被动动词按动词2进行活用变化。见下表：

动词类型	词典形	被动态
动词1	買う 書く 話す 作る	買われる 書かれる 話される 作られる
动词2	見る 起きる 教える	見られる 起きられる 教えられる
动词3	来る する 紹介する	来られる される 紹介される

以被动动词做谓语的句子叫被动句。被动句由于表示的意思不尽相同，一般把它分为"直接被动句"和"间接被动句"。本课我们先来介绍"直接被动句"。

课文中出现的"（私は）お父さんにすごく叱られた"，它的主动句的形式是："お父さんは私を叱りました"，即"Xが／はYを他动词"。把它变为被动句时，其形式为："Yが／はXに／から他动词れる／られる"。即：行为主体用"に"或"から"表示，行为受体用

"は"或"が"表示。一般可以译为"～被～"。主动句与被动句的关系如下：

主动句： 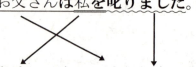お父さんは私を叱りました。

被动句： 私はお父さんに叱られました。

例如：
あの子は先生に／からほめられました。
彼女はみんなに／から愛されています。
ねずみが猫に追われています。

以上的例句的主语都是有生命的。本课我们还接触到了另一种直接被动句的形式：日本ではクレジットカードは2億枚以上，発行されています。这种被动句的特点有两个：一个是主语为无生命的物体，另一个是常常没有必要说出动作的实施者，课文中的句子即如此。如果需要说出时，动作的实施者后面除了用"に"外，还可以用"によって"。它的表现形式是："Yが／は（Xに／から）他动词れる／られる"。例如：

毎年9月1日に入学式が行われます。
オリンピックは4年に1度開かれます。
この結果は学長によって発表されました。

本课的"1万円盗まれても，損は1万円です。"中的"盗まれても"也是被动态的形式，但与我们前面讲到的直接被动句意义上有所不同。下一课中我们再做详细解释。

2．接续助词　のに

"のに"接在用言连体形或形容词2词干和名词+な的形式后面，表示既定的逆接条件，往往带有意外、埋怨、不满等语气。它也可以用于句尾，用于句尾时可视为终助词。一般可以译为"虽然～但是～""尽管～却～"。例如：

彼女は熱があるのに出かけました。
セーターがほしいと言ったのに，見るだけで買おうとしません。
佐藤さんは歌が上手なのに，みんなの前で歌いません。
彼は学生なのに，高い車を持っています。
どうして教えてくれないの？知っているのに。

3．补助动词　ある

接在动词第二连用形＋"て"（て形）的后面，构成"～てある"的形式。一般用他动词与"ある"搭配，此时表示宾格的"を"要改为"が"。用于表示某种人为的动作、行为的结果依然存在，也可以表示完成的结果或准备工作已经做完。一般不必译出。例如：

左側に燃えないゴミが置い**てあります**。
机の上に花が飾っ**てあります**。
必ず行くと言っ**てある**から，きっと来るだろう。

4．构词动词　すぎる

接在动词第一连用形（"ます形"）、形容词词干后面，表示超过某种限度。一般可以译为"过于～""～过"。例如：

ゆうべ飲み**すぎて**，今でもまだ頭が痛い。
カードは便利だから，知らずに使い**すぎる**時もあります。
観光客が多**すぎて**，あまり写真を撮れませんでした。

5．终助词的重叠形式　のね

"のね"由"の"和"ね"重叠而成，接在用言连体形后，表示委婉的判断、感叹，并期待得到听话人的共鸣。女性用语。例如：

明日早く学校へ行く**のね**。
やっぱりそうだった**のね**。
今日はテレビを見ないで，よく勉強する**のね**。

三、文型

1．～に気をつけなければなりません

简体形式是"～に気をつけなければならない"。接在体言或"句子+よう"的后面，用来提醒自己或他人对事情要多加小心和警惕。一般可以译为"一定要注意～""必须要小心～"。例如：

この字は難しいので，書き方**に気をつけなければなりません**。
よく知らない人と話す時には，言葉の使い方**に気をつけなければなりません**。
病気にならないよう**に気をつけなければならない**。

2．～わけではありません

简体形式是"～わけではない"。接在用言连体形及"形容词2词干+な"的后面，表示否定按常理得出的结论。接在句子后面时，一般用"というわけではありません"。可以译为"并不是～""并非～"。例如：

足がまだ痛いですが、歩けない**わけではありません**。

だれでもよくあることです。彼が悪い**わけではありません**。

嫌い**なわけではない**が、今日は生のものは食べない。

僕はあまりカラオケに行きません。歌うのが嫌いだ**というわけではありません**。

一、用正确的语音语调大声朗读下列句子。

1．現在、日本ではクレジットカードは2億枚以上、発行されています。

2．そのほうが安全ですが、やはり紛失と盗難には気をつけなければなりません。

3．お金がないのに、カードでどんどん買い物をする人がいます。

4．クレジットカードは持たないことにしているんだ。

5．お金があるわけではないのに、使ったのね。

二、从a.b.c.d中选择一个正确的读音。

1．発行
  a. はつこう   b. はっこう
  c. はつごう   d. はっごう

2．現金
  a. げんきん   b. けんきん
  c. げいきん   d. げいぎん

第 24 課

3. 紛失
   a. ふいしつ b. ふんじつ
   c. ふいじつ d. ふんしつ
4. 不正
   a. ふせい   b. ぶせい
   c. ふせん   d. ぶせん
5. 借金
   a. じゃっきん b. じゃきん
   c. しゃっきん d. しゃきん

三、从a.b.c.d中选择对应的日文汉字。

1. 新しい<u>さいふ</u>がほしいので、日曜日にデパートへ買いに行きました。
   a. 財袋   b. 金袋
   c. 金布   d. 財布
2. 犬はレストランには入れませんが、盲導犬の<u>ばあい</u>はいいです。
   a. 場会   b. 場面
   c. 場合   d. 場所
3. 今週中にお金を<u>はら</u>わなければなりませんよ。
   a. 払   b. 支
   c. 負   d. 付
4. 旅行の時、<u>あんぜん</u>は一番大切な問題です。
   a. 安善   b. 安心
   c. 安然   d. 安全
5. そのように言ったら、きっと先生に<u>しか</u>られるでしょう。
   a. 気   b. 怒
   c. 叱   d. 説

四、助词填空。

1. お金があまりない（　）、店に行くと、カードでどんどん買い物をする人がいます。
   a. で   b. から

   c. ので   d. のに
 2．今車（　　）会社に行く人（　　）増えています。
   a. で　が   b. で　でも
   c. に　は   d. の　は
 3．出かける時，たくさんの現金を持たないほう（　　）安全です。
   a. の   b. は
   c. が   d. に
 4．カード（　　）物を買うのは，お金（　　）買うのと同じです。
   a. で　が   b. で　に
   c. で　で   d. で　を
 5．規則正しい（　　）生活は体（　　）いいです。
   a. の　に   b. ×　に
   c. の　が   d. ×　が

五、仿照例句，替换下列画线部分。

 例1：娘は風邪を引いている<u>けれど</u>，運動を<u>している</u>。
   →娘は風邪を引いているのに，運動をしています。
 1．授業がある<u>けれど</u>，彼は家へ<u>帰った</u>。
  →
 2．みんなが心配している<u>けれど</u>，彼は全然気に<u>していない</u>。
  →
 3．弟は明日試験の日<u>だけれど</u>，まだ外で<u>遊んでいる</u>。
  →

 例2：体を丈夫にするため，毎朝<u>運動します</u>。
   →体を丈夫にするため，毎朝運動することにしています。
 1．どんなに忙しくても，毎日1時間日本語の本を<u>読んでいます</u>。
  →
 2．どんなに疲れていても，週に1回家へ<u>帰ります</u>。
  →
 3．どんなに仕事が忙しくても，毎年海外旅行を<u>します</u>。
  →

例3：パソコンが壊れた・私が壊した
　　→パソコンが壊れました。しかし，私が壊したわけではありません。

1．日本語の本を買った・私が読む
　→
2．試験の成績は悪かった・ぜんぜんできなかった
　→
3．昨日も食べたから今日は食べたくない・納豆が嫌い
　→

例4：努力すれば，いい結果が得られる
　　→努力すれば，いい結果が得られるというわけではありません。

1．値段が高ければ，品物がいい
　→
2．日本語はいい先生に習えば，上手になる
　→
3．カラオケに行ったら，必ず歌わなくてはいけない
　→

六、看图，仿照例句，完成下列的句子。

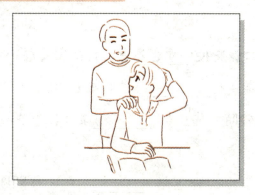

例：父・私・ほめる→a．父は私をほめました。
　　　　　　　　→b．私は父にほめられました。

1．先生・私達・招待する
　　→a．
　　→b．
2．友達・私・誘う
　　→a．
　　→b．
3．学生・先生・質問する
　　→a．
　　→b．

七、从方框中选择合适的词，并以其合适的形式填在横线上。

| 使いすぎる | ほめる | 払う |
| 叱る | 発行する | 使う |

例：パソコンを使いすぎると、目によくないですよ。

1．父は学費を_____てくれました。
2．授業の時、先生に_____ように気をつけなければなりません。
3．どのように資金を_____かという問題を考えなければなりません。
4．日曜日にスーパーで品物の値段を調べたら、先生に_____。
5．この雑誌は週に1回_____ています。

第 24 課

八、选择填空。

1．毎晩そんなに遅くまで仕事をしたらだめですよ。体（　　）気をつけなければなりません。
　　a．に　　　　　　　　　　b．を
　　c．は　　　　　　　　　　d．も

2．まだ4月（　　），夏のように暑いです。
　　a．のに　　　　　　　　　b．なのに
　　c．だのに　　　　　　　　d．のため

3．A：厚い財布ね。
　　B：ええ，お金がたくさん（　　）から。
　　a．はいっている　　　　　b．はいれる
　　c．はいらない　　　　　　d．はいれない

4．たくさん果物が（　　）から，食べてください。
　　a．買っていく　　　　　　b．買ってくる
　　c．買ってある　　　　　　d．買ってみる

5．家が近い（　　），よく遅刻しますね。
　　a．だけど　　　　　　　　b．のため
　　c．だから　　　　　　　　d．のに

6．字を（　　）すぎると，手が疲れます。
　　a．書く　　　　　　　　　b．書き
　　c．書い　　　　　　　　　d．書いた

九、根据课文回答下列问题。

1．クレジットカードにはどんな問題がありますか。
2．亜美ちゃんはどうしてカードを入れる所がたくさんある財布がほしいのですか。
3．亜美ちゃんはどうしてクレジットカードを持たないことにしているのですか。

十、听录音，从（1）（2）（3）中选择一个最合适的答案。

　　答え：
　　（1）男子学生はお金をたくさん盗まれました。
　　（2）男子学生はカードを盗まれて困りました。

（3）男子学生はお金とカードを一緒にしませんでした。

十一、把下面的句子翻译成日语。
1．即使每天运动，也未必会瘦。
2．为了尽快打好，我决定每天练习网球。
3．晚上注意别太晚了。
4．如果有信用卡，就不用带很多现金。
5．有些人明明没有钱，也会用卡买很多东西。

補足単語

こ⓪ ［子］	〈名〉	孩子，小孩；子女，儿女
ほめる② ［褒める］	〈他动2〉	表扬，称赞，赞扬
ねずみ⓪ ［鼠］	〈名〉	老鼠
おう⓪ ［追う］	〈他动1〉	追，追赶，追求
にゅうがくしき④ ［入学式］	〈名〉	入学式，（新生）开学典礼
おこなう⓪ ［行う］	〈他动1〉	做，进行，举行
ひらく② ［開く］	〈自他动1〉	开（会）；开，打开
がくちょう⓪ ［学長］	〈名〉	（大学）校长
かざる⓪ ［飾る］	〈他动1〉	装饰，修饰
ゆうべ⓪ ［昨夜］	〈名〉	昨天晚上
かきかた③④ ［書き方］	〈名〉	写法，书写方法
まいあさ①⓪ ［毎朝］	〈名〉	每天早晨
まいばん①⓪ ［毎晩］	〈名〉	每天晚上
あし② ［足］	〈名〉	脚，腿
はなしかた④⓪ ［話し方］	〈名〉	说法，说话的技巧

第 24 課

じょうぶ⓪ [丈夫]	〈形2〉	健康，强壮；结实，坚固
える① [得る]	〈他动2〉	得，得到
がくひ⓪ [学費]	〈名〉	学费
しきん②① [資金]	〈名〉	资本，资金
あつい⓪ [厚い]	〈形1〉	厚；（情谊）深厚
ちこく⓪ [遅刻]	〈名、自动3〉	迟到
て① [手]	〈名〉	手，胳膊

ことわざ

習(なら)うより慣(な)れよ／熟能生巧
鉄(てつ)は熱(あつ)いうちに打(う)て／趁热打铁

人体认证IC银行卡

近年来，日本境内盗用储蓄卡和信用卡案件时有发生。因此，各大银行加大了对信用卡防伪认证技术的力度。

三菱东京UFJ银行（旧称：东京三菱银行/UFJ银行）于2005年10月，率先推出一种叫作"东京三菱-VISA"超级IC卡（スーパーICカード東京三菱-VISA）的服务项目。这种IC卡导入了当前科技含量比较高的掌静脉认证技术。

所谓人体认证，就是通过机器检测人的指纹、脸型或瞳孔的虹彩信息，然后与储存在IC卡里的信息对照，以确认是否为本人的方法。一些专家认为，就当前的技术而言，想窃取超级IC卡里的数据并进行伪造几乎不太可能。

传统的储蓄磁卡和信用磁卡，是在辨认持卡人的帐户信息之后，确认持卡人是否具有提款或刷卡消费资格。由于磁卡记录了持有人的帐户信息，这些信息一旦被窃，或者密码被探知，伪造或使用盗用卡的事件便难以防范。

使用人体信息认证技术，从根本上杜绝了除帐户拥有者以外的其他任何人使用银行卡的可能性。此项举措不仅极大地加强了使用储蓄卡和信用卡的安全性和可靠性，而且，就个人而言还可以解除忘记密码之忧。

在日本申请黄金银行卡原则上要年满30岁并有固定收入。你知道申请一般信用卡的条件是什么吗？（答案请在本课找）

第25課

コンビニエンス・ストア

本课重点

- 一、コミュニケーション表現
  1. 私はコンビニに寄っていくけれど，玲ちゃん，いっしょに行く？
     ——私は別に買い物がないから，行かなくてもいい。
  2. ふーん，そうかなあ。
- 二、文法
  1. 被动态和被动助动词：れる　られる②
  2. 补助动词：しまう　おく
  3. 接续助词：と②
  4. 并列助词：とか
  5. 终助词：なあ
  6. 形式名词：もの
- 三、文型
  1. ～ていきます／～てきます
  2. ～だけでなく，～も～
  3. ～というのは～

本文　　　コンビニ症候群

コンビニエンス・ストアは３０年以上も前に，日本に入ってきま

した。現在，コンビニは都会だけでなく，小さな町や村にもあり，人々の生活に欠かせないものになっています。

　「コンビニ症候群」という言葉があります。「症候群」というのは病気のグループの名前です。これは，特に用がなくても何となくコンビニに行ってしまうことです。この「病気」になった人は毎日，コンビニに行かないと気分が悪いそうです。最近は若い人だけでなく，中年の人も「コンビニ症候群」になっている人がいます。

　コンビニがない，またはあまりない国から日本に来た留学生も，「コンビニ症候群」になる人がいます。フランスから来たある女子留学生は毎日2回，必ず家の近くのコンビニに行っています。用が全然なくても行くそうです。ある日，彼女はコンビニの店内で，急に後ろから肩をたたかれました。振り返ると，そこには同じ寮のイタリア人の学生がいました。彼は「ぼくたち，1週間の間に3回ここで会ったね。君もコンビニ症候群？」と彼女に言ったそうです。

新しい言葉 I

1. コンビニエンス・ストア ⑨
   [convenience store] 〈名〉 24小时便利店
2. コンビニ ⓪ 〈名〉 "コンビニエンス・ストア"的简称
3. しょうこうぐん ③
   [症候群] 〈名〉 综合症

第 25 課

4.	むら② [村]	〈名〉	村落，村庄
5.	ひとびと② [人々]	〈名〉	人们
6.	かかす⓪② [欠かす]	〈他动1〉	欠缺，缺少（多使用否定形式）
7.	びょうき⓪ [病気]	〈名、自动3〉	病，生病
8.	グループ② [group]	〈名〉	组，群
9.	よう① [用]	〈名〉	事，事情
10.	なんとなく④ [何となく]	〈副〉	不由得，不知不觉地；无意中
11.	ちゅうねん⓪ [中年]	〈名〉	中年
12.	または② [又は]	〈接〉	或，或者
13.	りゅうがくせい③④ [留学生]	〈名〉	留学生
14.	フランス⓪ [France]	〈名〉	（国名）法国
15.	じょし① [女子]	〈名〉	女子，女孩
16.	てんない① [店内]	〈名〉	店内，店铺内部
17.	きゅうに⓪ [急に]	〈副〉	突然，忽然
18.	うしろ⓪ [後ろ]	〈名〉	后，后面
19.	たたく② [叩く]	〈他动1〉	拍，打，敲打
20.	ふりかえる③ [振り返る]	〈自动1〉	回头看，回身看；回顾
21.	イタリア⓪ [Italia]	〈名〉	（国名）意大利
22.	イタリアじん⑤ [Italia人]	〈名〉	意大利人
23.	あう① [会う]	〈自动1〉	遇见，碰见；见面，会见
24.	きみ⓪ [君]	〈代〉	（男性用语，对同辈或晚辈的称呼）你

会話　2日に1回はいろいろチェックしておくんだ

王玲、亚美一起走在回家的路上。

亜美：私はコンビニに寄っていくけれど，玲ちゃん，一緒に行く？

王玲：私は別に買い物がないから，行かなくてもいい。

亜美：私も買いたい物はないんだ。

王玲：えっ，じゃあ，どうして行くの？

亜美：習慣だから。2日に1回はいろいろチェックしておくんだ。

王玲：何をチェックしておくの？

亜美：どんな缶コーヒーが発売されたか，とか，どんな化粧品が置かれているか，とか。

王玲：亜美ちゃんは缶コーヒーが好きなの？

亜美：ううん，全然。何となくコンビニに行かないとさびしいから。

王玲：ふーん，そうかなあ。

（两人来到岔路口。）

亜美：ここから道が違うから，玲ちゃんは先に帰って。

王玲：じゃあ，私も一緒に行こうかな。

亜美：あ，玲ちゃんもコンビニ症候群だね。

第25課

新しい言葉 II

25.	ふつか⓪ [2日]	〈名〉	两天；2号
26.	チェック① [check]	〈他动3、名〉	检查，核对
27.	よる⓪ [寄る]	〈自动1〉	顺路到，顺访；靠近，聚集
28.	べつに⓪ [別に]	〈副〉	（后与否定词语呼应）（并不）特别
29.	しゅうかん⓪ [習慣]	〈名〉	习惯；风俗
30.	かん① [缶]	〈名〉	罐，桶
	かんコーヒー③ [缶 coffee]	〈词组〉	罐装咖啡
31.	はつばい⓪ [発売]	〈他动3、名〉	出售，发售
32.	けしょうひん⓪ [化粧品]	〈名〉	化妆品
33.	おく⓪ [置く]	〈他动1〉	放，置；设置；间隔
34.	みち⓪ [道]	〈名〉	路，道路
35.	さき⓪ [先]	〈名〉	先，前头

説明

一、コミュニケーション表現

1. 私はコンビニに寄っていくけれど、玲ちゃん、一緒に行く？
——私は別に買い物がないから、行かなくてもいい。

意为"我要顺便去一下24小时便利店，玲玲，一块儿去吗？"应答是："我没有要买的东西，就不去了。""別に"是副词，含"特别、此外"之意，和否定形式搭配使用，表示"并不（没）～""并不怎么～"之意。这里使用的是先说明理由，再表示拒绝的方法。这是婉转地谢绝别人邀请时常用的、比较地道的日语表达方式。"別に～ない"是一个常用的搭配形式。例如：

别に用はないけれど、時間があったので来たの。
王さんが来なくても別に困らないから、心配しないで。

2. ふーん，そうかなあ。

意为"嗯，是吗？"。"ふーん"表示不可思议、感到有些诧异的心情。"かなあ"表示的也是一种半信半疑的心情。常用于同龄人或关系亲近的人之间。例如：

A：明日どこへも行かないで，一日中勉強するよ。
B：ふーん，本当かなあ。
A：僕もそう思いますよ。
B：ふーん，そうかなあ。

二、文法

1. 被动态和被动助动词　れる　られる②

本课学习由"れる""られる"构成的被动句的另一种用法——间接被动句。

课文中出现了"彼女はコンビニの店内で，急に後ろから肩をたたかれました。"的句子。这个句子还原成主动句应该是"（イタリア人の留学生は）コンビニの店内で，急に後ろから彼女の肩をたたきました"。这个句子的主动句与被动句（为了便于说明我们简化一下原句）的关系如下：

留学生は彼女の肩をたたきました。

彼女は留学生に肩をたたかれました。

由此可以看出，间接受动的是"彼女"，直接受动的是"肩"，我们把这种被动句叫作"间接被动句"。这种被动句的受动者多含有受害的意思，所以一般被称为"迷惑の受身""被害の受身"，是日语中比较独特的表达方式。24课中的"1万円を盗まれても"就是这种形式的被动句，受害者是被偷的人，被偷去的是"1万円"，完整的句子是"私達は1万円を盗まれました"。这种句式的特点是要把**"施与者は／が受害者の所属的事物を他动词"** 变成 **"受害者は／が施与者に所属的事物を他动词れる／られる"**。例如：

電車の中で，誰かが私の足を踏みました。→電車の中で，（私は）（誰かに）足を踏まれました。

母は私の手紙を読みました。→私は母に手紙を読まれました。

在只注重结果时也可以省去"（わたしは）""（誰かに）"的部分。

另外，日语中还有一种特殊的被动句，它是由自动词构成的。这种被动句都表示受害的意思。例如：

雨が降りました。わたしは傘を持っていませんでした。→わたしは雨に降られました。（風邪を引きました。）

彼は小さい時，両親が死にました。→彼は小さい時，両親に死なれました。（生活が大変でした。）

括号里的部分为言外之意，用这种被动句本身就暗含了类似这种负面的意义。

2．补助动词　しまう　おく

分别接在动词第二连用形＋"て"（て形）后面，构成"～てしまう""～ておく"的形式。

"～てしまう"表示动作、作用的完成、终了或说话人认为令人遗憾的事情。例如：

夜も寝ないで，この小説を読んでしまいました。

結局彼女はここから出てしまいました。

彼は人の手紙を読んでしまった。

彼は恋人との約束をすっかり忘れてしまいました。

"～ておく"表示预先做好某种准备。例如：

先生のところへ行く前に，電話をしておきましょう。

明日友達が来るから，今日中に掃除しておきます。

旅行する前に，そこの地図を買っておくつもりです。

3．接续助词　と②

接在动词词典形后面，表示确定的条件。用于表示有了前项事情的发生或存在，后项事情才可能出现。后项事情的句尾一般是过去时。例如：

振り返ると，そこに同じ寮のイタリア人の学生がいました。

あの子は私の顔を見ると，泣いてしまいました。

部屋に入ると，机の上に両親からの手紙が置いてあった。

4．并列助词　とか

　　"とか"接在体言、用言终止形及部分助词后，用于并列或列举各种事物。例如：

　　どんな酒があるか**とか**，どんなビールが発売されているか**とか**について工場長が説明してくれました。

　　大きい教室の中には日本人**とか**，中国人**とか**，アメリカ人**とか**，いろいろな国の人がいます。

　　レポートを書くために，まず200人の日本人に調査しました。駅**とか**，大学の中**とか**，公園**とか**で，いろいろな人に聞いたんです。

5．终助词　なあ

　　接在句子的后面，表示感叹。例如：
　　張さんの奥さんは料理がほんとに上手だ**なあ**。
　　ここの紅葉はきれいだ**なあ**。
　　助詞の使い方は簡単だけど，会話は難しい**なあ**。

6．形式名词　もの

　　起语法作用，有表示物品的意思。例如：
　　メールは留学生活に欠かせない**もの**になっています。
　　ここにある本は友達にあげる**もの**です。
　　悲しい時は泣く**もの**です。

三、文型

1．〜ていきます／〜てきます

　　简体形式是"〜ていく""〜てくる"。接在动词第二连用形后面，与接"て"的方法相同。"〜ていく"表示动作由近及远、"〜てくる"表示由远及近地移动。其中的"〜て"表示动作的状态。例如：

　　子供が学校のほうに走っ**ていきます**。
　　車が工場に入っ**ていった**。
　　木村さんは王さんの誕生日にあげるプレゼントを買っ**てきました**。
　　彼が頂上から戻っ**てくる**まで待ちましょう。

2．～だけでなく，～も～

接在体言或"形2＋な"的后面，表示前后两者的递进关系。一般可以译为"不仅～，而且～也～""不但～，并且～也～"。例如：

私は犬**だけでなく**，猫**も**好きです。
金さんは英語**だけでなく**，日本語**も**できます。
田中さん**だけでなく**，李さん**も**カラオケに行きました。
トムさんは歌が上手**なだけでなく**，スポーツ**も**得意です。

3．～というのは～

接在体言后面，用于说明或下定义。句尾多用"～ことです"结句。一般可以译为"所谓～就是～""所说的～即是～"。例如：

マイカー**というのは**自家用車のことです。
「ジャニス」**というのは**犬の名前です。
ホームステイ**というのは**その国の人の家に泊まり，その家族と一緒に生活することです。

一、用正确的语音语调大声朗读下列句子。

1．最近は若い人だけでなく，中年の人も「コンビニ症候群」になっている人がいます。
2．フランスから来たある女子留学生は毎日2回，必ず家の近くのコンビニに行っています。
3．私は別に買い物がないから，行かなくてもいい。
4．何となくコンビニに行かないとさびしいから。
5．ここから道が違うから，玲ちゃんは先に帰って。

二、从a．b．c．d中选择一个正确的读音。

1．病気
　　a．みょうき　　　　　　b．みょうけ
　　c．びょうき　　　　　　d．びょうけ

2．中年
　　a.ちょうねん　　　　　　　b.ちゅうねん
　　c.なかとし　　　　　　　　d.なかどし
3．女子
　　a.じょし　　　　　　　　　b.ちょし
　　c.じょうし　　　　　　　　d.ちょうし
4．症候群
　　a.しょこうぐん　　　　　　b.しょうこぐん
　　c.しょうこうくん　　　　　d.しょうこうぐん
5．留学生
　　a.にゅうがくせい　　　　　b.ゆうがくせい
　　c.りゅうがくせい　　　　　d.りょうがくせい

三、从a.b.c.d中选择对应的日文汉字。

1．バスは<u>きゅう</u>に止まった。
　　a.忙　　　　　　　　　　　b.突
　　c.急　　　　　　　　　　　d.緊
2．今日は橋本さんと図書館の前で<u>あい</u>ました。
　　a.会　　　　　　　　　　　b.合
　　c.遇　　　　　　　　　　　d.見
3．<u>てんない</u>は広くて明るいです。
　　a.舗内　　　　　　　　　　b.堂内
　　c.店内　　　　　　　　　　d.屋内
4．おじいさんはずっと昔の<u>しゅうかん</u>を守っています。
　　a.習慣　　　　　　　　　　b.習性
　　c.習俗　　　　　　　　　　d.習気
5．これは最近<u>はつばい</u>されたものです。使ってみませんか。
　　a.発行　　　　　　　　　　b.発刊
　　c.出売　　　　　　　　　　d.発売

四、助词填空。

1．おいしいもの（　　）たくさん作ってあるから，食べて。
　　a.を　　　　　　　　　　　b.が

第 25 課

   c．と   d．に
2．毎日音楽を聞かない（ ）寂しいです。
   a．が   b．なら
   c．で   d．と
3．王玲さんにあげる（ ）は買っておいたから，心配しないでください。
   a．のもの   b．こと
   c．もの   d．わけ
4．部屋に入る（ ），お客が来ていました。
   a．なら   b．たら
   c．と   d．でも
5．車はもう人々の生活（ ）欠かせないものになっています。
   a．から   b．に
   c．で   d．が

五、仿照例句，替换下列画线部分。

例1：夜も寝ないでレポートを<u>書きました</u>。
   →夜も寝ないでレポートを<u>書いてしまいました</u>。
1．うれしかったので，その日の夜はお酒をたくさん<u>飲みました</u>。
  →
2．急に用があったので，友達に会う約束を<u>忘れました</u>。
  →
3．おなかがとても空いていたので，作ってもらったものを全部<u>食べました</u>。
  →

例2：お母さんは娘の日記を読みました。
   →<u>娘はお母さんに日記を読まれました</u>。
1．<u>中村さんは私の恋人の写真を見ました</u>。
  →
2．<u>犬は私の手を咬みました</u>。
  →
3．<u>泥棒は木村さんのパソコンを盗みました</u>。
  →

例３：旅行の前にホテルを予約します。
　　　→旅行の前にホテルを予約しておきます。
１．留学する前にその国の習慣を知ったほうがいいです。
　　→
２．日本語の授業が始まるまでに，日本語の辞書を買いました。
　　→
３．王さんは先生の家へ行く道を調べました。
　　→

六、看图，仿照例句，完成下列的句子。

例：彼女・テニス・得意・歌・上手
　　→彼女はテニスが得意なだけでなく，歌も上手です。

１．男性・女性・サッカー・好き
　　→
２．日本・富士山・桜・有名
　　→
３．佐藤さん・字が上手・絵・得意
　　→

第 25 課

七、从方框中选择合适的词，并以其合适的形式填在横线上。

| 必ず | なんとなく | どうしても |
| 別に | いろいろ | だけでなく |

例：日本人だけでなく，中国人もカラオケが好きな人が多いです。

1．お風呂にゆっくり入ると＿＿＿＿＿＿気分がよくなります。

2．新しい言葉が多すぎるので，＿＿＿＿＿＿覚えられません。

3．母は週に２回，＿＿＿＿＿＿家の近くのスーパーに行きます。

4．友達と＿＿＿＿＿＿おしゃべりするのが楽しいです。

5．店に入ると，＿＿＿＿＿＿ほしいものがなくても買ってしまいます。

八、选择填空。

1．その小説を１日で（　　）しまいました。
　　a. 読んだ　　　　　　　b. 読みて
　　c. 読んで　　　　　　　d. 読んて

2．１週間も旅行に行くなら，着替えをいろいろ用意して（　　）ほうがいいですよ。
　　a. みた　　　　　　　　b. おいた
　　c. あった　　　　　　　d. きた

3．桜の木は日本（　　），他の国にもあります。
　　a. だけ　　　　　　　　b. だけでなく
　　c. だけで　　　　　　　d. だけですが

4．「コミュニケーション」（　　）言葉を聞いたことがありますか。
　　a. というのは　　　　　b. ということ
　　c. というもの　　　　　d. という

5．泥棒に（　　），部屋の中がめちゃくちゃになりました。
　　a. 入って　　　　　　　b. 入れて
　　c. 入ってしまって　　　d. 入られて

6．今日は雨が降るそうです。傘を（　　）ください。
　　a．持っておいて　　　　　　b．持ってあって
　　c．持ってみて　　　　　　　d．持っていって
7．父は若い時からいろいろなことを体験して（　　）。
　　a．しまいました　　　　　　b．いきました
　　c．きました　　　　　　　　d．ありました

九、根据课文回答下列问题。

1．コンビニエンス・ストアはいつ日本に入ってきましたか。
2．コンビニは小さな町や村にもありますか。
3．「コンビニ症候群」という言葉はどんな意味ですか。
4．亜美さんはどうしてよくコンビニに寄るのですか。

十、听录音，从（1）（2）（3）中选择一个最合适的答案。

答え：
（1）王玲さんは亜美さんと一緒にコンビニに行きます。
（2）王玲さんはコンビニに行きません。
（3）王玲さんはコンビニに行くか行かないか、まだ分かりません。

十一、把下列句子翻译成日语。

1．所谓便利店就是24小时都不休息的店。
2．现在，电脑不仅年轻人，老年人也在使用。
3．被人突然拍了一下肩膀。回头一看，原来是高中时的同学。

補足単語

めいわく① ［迷惑］	〈名、形2、自動3〉	麻烦，打扰
うけみ③② ［受身］	〈名〉	被动态；被动
ひがい① ［被害］	〈名〉	受损害，遭灾
ふむ⓪ ［踏む］	〈他動1〉	踩，踏
けっきょく⓪ ［結局］	〈副、名〉	到底，终究；结局，结果
すっかり③	〈副〉	完全，全部

第 25 課

しめる② [閉める]	〈他动2〉	关，关闭
こうじょうちょう③ [工場長]	〈名〉	厂长
～にん [人]	〈量〉	人，名
こうきょう⓪ [公共]	〈名〉	公共
こうじょう③ [工場]	〈名〉	工厂
ちょうじょう③ [頂上]	〈名〉	顶，山顶，顶峰
きん① [金]	〈名〉	（姓）金
マイカー③ [my car]	〈名〉	自家车，私人汽车
じかようしゃ③ [自家用車]	〈名〉	自家车，私人汽车
とまる⓪ [泊まる]	〈自动1〉	投宿，住宿
とまる⓪ [止まる]	〈自动1〉	停止，停（车）
にっき⓪ [日記]	〈名〉	日记
かむ① [咬む・噛む]	〈他动1〉	咬，嚼
どろぼう⓪ [泥棒]	〈名〉	小偷
だんせい⓪ [男性]	〈名〉	男性，男子
きがえ⓪ [着替え]	〈名〉	替换的衣服
コミュニケーション④ [communication]	〈名〉	交流，交际
めちゃくちゃ⓪	〈副〉	乱七八糟，杂乱无章
たいけん⓪ [体験]	〈他动3、名〉	体验，经验
ふあん⓪ [不安]	〈形2、名〉	不安

ことわざ

千里(せんり)の道(みち)も一歩(いっぽ)から／千里之行始于足下
塵(ちり)も積(つ)もれば山(やま)となる／积少成多

日本的方便连锁店

在日本方便店的发展史上，7—11（セブン—イレブン）（Seven—Eleven）是最具代表性的连锁店之一。1974年5月东京地区开设的首家"セブン—イレブン"被称为"日本式方便店"的开端。

最初的方便连锁店是作为小型超市出现的，经营范围以生鲜食品和日常生活用品为主。70年代中后期，出现了24小时营业店。80年代前半期，增加了饭团、盒饭等快餐服务，至此逐渐形成了方便店独特的经营模式。80年代中后期又增加了快递、代收公共杂费业务，90年代初开始设置ATM机。

然而，日本方便店开发新项目的脚步并没有因此而停止。Lawson（ローソン）近年在中部地区开始了一种叫作"生活救急"的服务。店前放置"解决生活问题热线卡"，顾客一旦遇到困难，如：澡堂、厕所漏水，电脑、汽车发生故障，丢失钥匙，玻璃破损，家电修理等等，24小时都可以按卡上的电话号码打电话，预约所需服务。

近来，由于营业时间长，深夜时间段顾客少，方便店也成为盗窃、抢劫的目标。为此，各店采取的主要防范措施是增加监视器的设置，有的店甚至导入了远程监视器。

くらしのトラブル解決カード/生活故障解决卡

日本方便店除了安装监视器之外，还有一个更为常见的防范措施，你知道是什么措施吗？（答案请在本课找）

第 26 課

携帯電話

本课重点

- 一、コミュニケーション表現
  1. 携帯電話をやめていただけませんか。
  2. 携帯電話を使うなんて，とんでもないことです。
  3. もしもし，王玲です。橋本先生ですか。
  4. こんにちは。
  5. さっきはごめんなさい。
  6. お忙しいところ，失礼しました。
  7. じゃあ，またね。

- 二、文法
  1. 样态助动词：そうだ
  2. 补助动词：いただく
  3. 接续词：すると
  4. 形式名词：まま
  5. 构词动词：（1）続ける
     　　　　　（2）出す

- 三、文型
  1. ～ところです
  2. ～そうに／もありません
  3. ～ていただけませんか

鉄面皮の人もいます

　日本では，電車の中で携帯電話で話してはいけません。ある時，電車の中で若い男性が携帯電話を使って，大きな声で話していました。なかなか電話を切りそうにありません。すると，７０代の女性が後ろから男性に「携帯電話をやめていただけませんか」と言いました。男性は知らんぷりをして，後ろを向いたまま，話し続けました。
　女性は今度ははっきり「ここは優先席の前ですよ。携帯電話を使うなんて，とんでもないことです」と言いました。隣の学生も「電話はやめてください」と言いました。男性は２人の言葉を無視しました。そして，それから５分以上も話し続け，やっとある駅で降りました。
　女性は不愉快そうな顔をして「鉄面皮の人もいますね」と隣の学生に声をかけました。学生は「ええ。でも，あの人が暴力をふるいそうだったので，心配しました」と答えました。周りの皆もそのことを一番心配していました。最近，自分が悪いことをしたのに，注意されると逆に怒り出す人が多いからです。

第 26 課

新しい言葉 I

1. けいたいでんわ⑤
   [携帯電話] 〈名〉 手机
2. てつめんぴ③
   [鉄面皮] 〈名、形2〉 厚脸皮，厚颜无耻
3. だんせい⓪[男性] 〈名〉 男性
4. おおきな①[大きな] 〈連体〉 大
5. なかなか⓪ 〈副〉 （后接否定形式）怎么也（不）~；很，相当
6. すると⓪ 〈接〉 于是
7. やめる⓪[止める] 〈他动2〉 停止，放弃，取消
8. しらんぷり②
   [知らんぷり] 〈名〉 佯装不知，假装不知的样子
9. むく⓪[向く] 〈自他动1〉 向，朝
10. はなしつづける
    [話し続ける] 〈他动2〉 继续说，接着说
11. はっきり③ 〈副〉 清晰，清楚；明确
12. ゆうせんせき③
    [優先席] 〈名〉 优先座位，老幼病残孕专座
13. とんでもない⑤ 〈形〉 毫无道理，荒唐，出乎意料
14. となり⓪[隣] 〈名〉 邻近；邻居
15. むし①[無視] 〈名、他动3〉 无视，不顾
16. やっと⓪③ 〈副〉 好不容易，终于
17. おりる②[降りる・下りる] 〈自动2〉 下车；下，下来
18. ふゆかい②[不愉快] 〈形2、名〉 不愉快，不高兴
19. ぼうりょく①[暴力] 〈名〉 暴力，武力
20. ふるう⓪[振るう] 〈他动1〉 挥动，发挥
    暴力を振るう 〈詞組〉 动手，动武
21. まわり⓪[周り] 〈名〉 周围，四周

22. ちゅうい① ［注意］　〈自动3、名〉　提醒，警告；注意，小心，留神
23. ぎゃく⓪ ［逆］　〈形2、名〉　逆，倒，相反，反而
24. おこりだす④
    ［怒り出す］　〈自动1〉　生起气来，发起脾气来

会話　すぐお礼を言いたかったんです

桥本老师给王玲寄来日语习题集。王玲很高兴，看了几页就给老师打电话表示感谢。

王玲：もしもし，王玲です。橋本先生ですか。

橋本：あ，こんにちは。今ね，ちょうど電車に乗るところなので，20分後に私からかけます。

王玲：はい，わかりました。失礼します。

（20分钟后，桥本老师把电话打了过来。）

橋本：もしもし，橋本です。さっきはごめんなさい。

王玲：すみません。本が届きました。今，その本で勉強しているところです。

橋本：そうですか。王玲さんには少し難しそうだと思ったけれど，だいじょうぶですね。

王玲：ええ，今度の試験にとても役に立ちそうです。

第 26 課

橋本：よかったわ。

王玲：（传来电车声音）あ，すみません。嬉しくてすぐお礼を言いたかったんです。お忙しいところ，失礼しました。

橋本：今，大学に行く途中なんです。電話，ありがとう。じゃあ，またね。

新しい言葉Ⅱ

25.	おれい⓪ ［お礼］	〈名〉	感谢，谢礼
	お礼を言う	〈词组〉	道谢
26.	もしもし①	〈感〉	（用于打电话等）喂
27.	ちょうど⓪	〈副〉	正好，恰好
28.	かける②	〈他动2〉	打（电话）
29.	とどく② ［届く］	〈自动1〉	寄到；到达
30.	しけん② ［試験］	〈名、他动3〉	考试，测验
31.	やく② ［役］	〈名〉	职务，职位；任务；角色
	役に立つ	〈词组〉	有用处，有益处，有帮助
32.	いそがしい④ ［忙しい］	〈形1〉	忙，忙碌
33.	とちゅう⓪ ［途中］	〈名〉	中途，途中

説明

一、コミュニケーション表現

1. 携帯電話をやめていただけませんか。

　　意为"请不要打手机了"。"～ていただけませんか" 常常用来请求别人做某事，是一种比较婉转、客气的表达方式。例如：

　　もっと安いものを見せていただけませんか。

　　日本の大学祭のことについて話していただけませんか。

2．携帯電話を使うなんて，とんでもないことです。

　　意为"（在这里）用手机打电话，真是岂有此理！"。"なんて"表示轻视、不满的语气，与"とんでもないことです"连在一起使用，表示抱怨、不满的语气。例如：

　　近くに住んでいるのに，いつも授業に遅れるなんて，とんでもないことです。

　　インターネットで見たものをそのまま使うなんて，とんでもないことです。

3．もしもし，王玲です。橋本先生ですか。

　　意为"喂！我是王玲。请问您是桥本先生吗？"。这是打电话时经常使用的说法。日本人打电话习惯先自报姓名，然后再确认对方是谁。"もしもし"相当于我国打电话时的"喂！"。例如：

　　A：もしもし，田中ですが，佐藤さんのお宅でしょうか。
　　B：はい，そうです。佐藤です。

4．こんにちは。

　　意为"你好""您好"。一般用于白天第一次见面时向他人问好。但不用于自己的家人或关系亲密的人。

5．さっきはごめんなさい。

　　意为"刚才非常抱歉"或"刚才很对不起"。"さっきは"指桥本先生因故中止了王玲打来的电话；"ごめんなさい"是日常生活中大量使用的表示道歉的说法。

6．お忙しいところ，失礼しました。

　　意为"您正在忙着的时候，太添麻烦了"。寒暄语。常用于说话人认为自己打搅了听话人时，用于表示歉意。

7．じゃあ，またね。

　　意为"那么，再见！"。估计一天内不再见面或可能要隔一定时间才能见面时说的话，是"では，また会いましょう"的简慢说法，多用于平辈人之间或长辈对晚辈。现在年轻人更多用"じゃあねー"表示同样意思。

二、文法

1. 样态助动词　そうだ

　　"そうだ"接在动词第一连用形（与接"ます"的形式相同）、形容词词干后面，表示对眼前事物的性质、状态的判断，也可以表示基于某种经验而对事物做出的估计。它的活用变化规则与形容词2基本相同。一般可以译为"好像～""似乎～""看样子～"。例如：

　　このレストランの料理はとてもおいし**そうだ**。（对眼前事物的判断）
　　田中さんはうれし**そうに**笑っています。　　　（对眼前事物的判断）
　　もう6時になったから、お父さんが帰ってき**そう**ですよ。
　　　　　　　　　　　　　　　　　　　（基于经验的判断）
　　雨が降り**そう**だから、今は降っていなくても傘を持っていったほうがよさ**そう**です。　　　（对眼前事物的判断；基于经验的判断）

　　"そうだ"接在形容词"ない"和"よい"后面时，其形式分别是"なさそうだ"和"よさそうだ"。"そうだ"的否定形式常常用"そうにない"或"そうもない"表示。例句详见"文型"。

2. 补助动词　いただく

　　"いただく"接在动词第二连用形＋て（"て形"）后面，构成"～ていただく"的形式，表示授受关系，用于别人为自己、自己一方的人做某事或自己、自己一方的人得到他人某种恩惠的场合，是"～てもらう"的尊敬、客气说法。行为主体用"に"表示，在句中做补语，行为受体用"が""は"表示或省略。一般可以译为"请～""请您～""承蒙～"。例如：

　　佐藤先生**に**一緒に行っ**ていただきました**。
　　みんな**は**先生**に**駅まで車で送っ**ていただきました**。
　　田中さん**に**生け花の調和の精神について説明し**ていただきました**。

3. 接续词　すると

　　用于连接两个句子，表示前后两件事情紧接着发生。一般可以译为"于是～"。例如：

　　空が急に暗くなった。**すると**、雨が降ってきた。

王玲さんは中国の歌を歌い始めました。**すると**，隆太さんも一緒に歌い始めました。
　　　日本語の授業で会う彼女のことが好きになった。**すると**，授業も楽しくなった。

4．形式名词　まま

　　　接在动词连体形（词典形）或"体言＋の"后面，表示在原有状态持续着的条件下做后项的动作或行为。一般可以译为"原封不动地～""一如原样地～"。例如：
　　　父は朝早く出て行った**まま**，まだ帰ってこない。
　　　おじいさんはよくテレビをつけた**まま**，寝てしまいます。
　　　夏だから，あまり生の**まま**で魚を食べないほうがいいです。

5．构词动词

　　　（1）続ける

　　　接在动词第一连用形（与接"ます"的形式相同）后面，构成复合动词，表示原动词动作、行为的继续。一般可以译为"继续～""持续～""接着～"。例如：
　　　彼は２時間も話し**続けています**から，疲れているでしょう。
　　　彼女はさっきから何か書き**続けています**が，いつになったらやめるのでしょう。
　　　みなさん，授業が終わるまでまだ少し時間があるから，もう少しこの小説を読み**続けましょう**。

　　　（2）出す

　　　接在动词第一连用形（与接"ます"的形式相同）后面，构成复合动词，用于表示动作、行为的开始。一般可以译为"～起来""～出来"等。例如：
　　　急に雨が降り**出した**ので，すっかり濡れました。
　　　彼女は小説が好きだから，読み**出す**と止められません。
　　　子供が急に泣き**出しました**。何か怖いことがあったのでしょうか。

三、文型

1．～ところです

　　简体形式是"～ところだ"。接在动词连体形（词典形）后面，表示将要实施某种动作、行为的时间点，一般可以译为"正要～""刚要～"；接在"～ている"后面，表示正在进行某种动作、行为的时间点，一般可以译为"正在～"；接在"た形"后，表示某动作、行为刚刚完成，一般可以译为"刚刚～完""刚刚～了"。例如：

　　これからご飯を**食べるところです**。
　　仕事が終わって，家へ**帰るところだ**。
　　今，ちょうどご飯を**食べているところです**。
　　今，ちょうど恵美さんが**発表しているところだ**。
　　今，ご飯を**食べたところです**。だから一緒に出かけてもいいです。
　　父が今**帰ってきたところだ**。何かあったら聞いてください。

2．～そうに／もありません

　　简体形式是"～そうに／もない"。接在动词第一连用形（与接"ます"的形式相同）、形容词词干后面，是样态助动词"そうだ"的否定形式，表示眼前事物给人的感觉或根据说话人的经验做出的判断。译为"似乎不会～""好像不～"。例如：

　　こんな天気では雨が降り**そうに／もない**。
　　9時になっても，今の仕事は終わり**そうに／もありません**。
　　彼女はインターネットを使い出したら，すぐには止め**そうに／もありません**。

3．～ていただけませんか

　　接在动词第二连用形（与接"て"的形式相同）后面，表示客气、委婉地请求别人为自己或自己一方的人做某事，有得到某种恩惠的含义。一般可以译为"请～""请您～"。例如：

　　田中さんが帰ってきたら，会議の時間を伝え**ていただけませんか**。
　　先生，その問題をもう一度説明し**ていただけませんか**。

パーティーがすぐ始まりますよ。李さんを呼んでき**ていただけませんか**。

練習

一、用正确的语音语调大声朗读下列句子。
1．若い男性がなかなか電話を切りそうにありません。
2．携帯電話をやめていただけませんか。
3．男性は知らんぷりをして，後ろを向いたまま，話し続けました。
4．今，その本で勉強しているところです。
5．今，学校に行く途中なんです。

二、从a.b.c.d中选择一个正确的读音。
1．携帯
　　a.けいたい　　　　　　　　b.けいだい
　　c.げいたい　　　　　　　　d.げいだい
2．逆に
　　a.きゃくに　　　　　　　　b.ぎゃくに
　　c.ぎゅくに　　　　　　　　d.ぎゅぐに
3．注意
　　a.しゅうい　　　　　　　　b.じゅうい
　　c.ぢゅうい　　　　　　　　d.ちゅうい
4．不愉快
　　a.ふゆかい　　　　　　　　b.ふゆがい
　　c.ふゆうかい　　　　　　　d.ふようかい
5．暴力
　　a.ほりゅく　　　　　　　　b.ぼりょく
　　c.ぼうりょく　　　　　　　d.ぼうりき

第 26 課

三、从a．b．c．d中选择对应的日文汉字。

1．高橋さんに恋人から花が<u>とど</u>きました。
    a．届　　　　　　　　　　b．収
    c．領　　　　　　　　　　d．取

2．そのCDは今度の<u>しけん</u>に役に立ちそうです。
    a．実験　　　　　　　　　b．試験
    c．考試　　　　　　　　　d．測試

3．今，図書館に行く<u>とちゅう</u>です。
    a．途上　　　　　　　　　b．道中
    c．中途　　　　　　　　　d．途中

4．お土産のお<u>れい</u>に何をあげればいいでしょうか。
    a．礼　　　　　　　　　　b．謝
    c．礼品　　　　　　　　　d．感謝

5．<u>まわり</u>の皆さんも私のために心配してくれました。
    a．隣　　　　　　　　　　b．辺
    c．傍　　　　　　　　　　d．周

四、助词填空。

1．電車（　　）降りない方は中のほうへつめてください。
    a．に　　　　　　　　　　b．が
    c．で　　　　　　　　　　d．を

2．彼女は下（　　）向いたまま，何も言いません。
    a．を　　　　　　　　　　b．に
    c．へ　　　　　　　　　　d．まで

3．日本の大学は春休みが2か月半（　　）あるそうです。
    a．でも　　　　　　　　　b．にも
    c．も　　　　　　　　　　d．はも

4．こんなに遅くなっても帰ってこないので，みんなは彼女のこと（　　）心配しています。
    a．を　　　　　　　　　　b．が
    c．に　　　　　　　　　　d．で

5．鉛筆で書いてはだめだと言った（　　），どうして聞かないんですか
 a．から   b．ので
 c．ため   d．のに

五、仿照例句，替换下列画线部分。

例1：学生は先生に「知る」と「わかる」の使い方を教えてもらう。
 →学生：先生，「知る」と「わかる」の使い方を教えていただけませんか。
  先生：今日はちょっと。明日でもいい？
  学生：はい，分かりました。よろしくお願いします。

1．田中さんは中村さんにこの仕事のやり方をちょっと教えてもらう。
 →

2．王玲さんは橋本先生に日本語のメールの書き方について教えてもらう。
 →

3．王玲さんはお母さんにおでんの作り方を教えてもらう。
 →

例2：あの人は本を見ました。話し続けました。
 →あの人は本を見たまま，話し続けました。

1．隆太さんは昨日から出かけました。帰って来ません。
 →

2．恵美さんはお母さんに何も言いませんでした。旅行に行きました。
 →

3．木村さんはめがねをかけました。寝てしまいました。
 →

例3：電話をかける
　　　→ａ．これから電話をかけるところです。
　　　→ｂ．いま電話をかけているところです
　　　→ｃ．さっき電話をかけたところです
1．薬を飲む
　　→a.
　　→b.
　　→c.
2．宿題をする
　　→a.
　　→b.
　　→c.
3．花を生ける
　　→a.
　　→b.
　　→c.

六、看图，仿照例句，完成下列的句子。

例：間に合う
　　　→ａ．速く走れば，8時の約束に間に合いそうです。
　　　→ｂ．速く走っても，8時の約束に間に合いそうに／もありません。

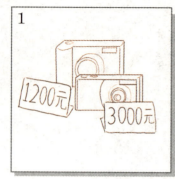  

1．買える
   →a. このカメラは安いから，私にも＿＿＿＿＿＿＿＿＿＿＿＿。
   →b. そのカメラは高いから，私には＿＿＿＿＿＿＿＿＿＿＿＿。
2．登れる
   →a. 山があまり高くないので，＿＿＿＿＿＿＿＿＿＿＿＿。
   →b. 山が高いので，＿＿＿＿＿＿＿＿＿＿＿＿。
3．書ける
   →a. 金曜日までには，＿＿＿＿＿＿＿＿＿＿＿＿。
   →b. 明日までには，＿＿＿＿＿＿＿＿＿＿＿＿。

七、从方框中选择合适的词，并以其合适的形式填在横线上。

| すると | なんて | まま |
| ちょうど | やっと | なかなか |

例：彼にメールを出すと言った<u>まま</u>，まだ出していません。

1．あの人の日本語は＿＿＿＿上手ですね。
2．王玲さんはどう花を生けるのか，よくわかりませんでした。
   ＿＿＿＿，敬子さんが助けてくれました。
3．あと1分で＿＿＿＿6時です。
4．病院で携帯電話を使う＿＿＿＿，とんでもないことです。
5．夜も寝ないでレポートを書きました。＿＿＿＿時間に間に合いました。

八、选择填空。

1．このカメラは（　）そうだから，買うことにしよう。
　　a．い　　　　　　　　　　b．よ
　　c．いさ　　　　　　　　　d．よさ
2．さっき母から電話が（　）ところです。
　　a．ある　　　　　　　　　b．あり
　　c．あった　　　　　　　　d．あって
3．あの人は元気（　）顔をしています。
　　a．ような　　　　　　　　b．ようだ
　　c．だそうな　　　　　　　d．そうな
4．どこかへ行くんですか。
　　――ええ，これから図書館へ（　）ところです。
　　a．行った　　　　　　　　b．行く
　　c．行っている　　　　　　d．行かない
5．こんな山の中には，家が（　）そうにありません。
　　a．あり　　　　　　　　　b．ある
　　c．あって　　　　　　　　d．あった
6．あの２人は駅の前で１時間以上も（　）続けていますよ。
　　a．話す　　　　　　　　　b．話し
　　c．話しながら　　　　　　d．話したり
7．彼はよく電気をつけた（　）寝るようです。
　　a．のに　　　　　　　　　b．ので
　　c．ため　　　　　　　　　d．まま
8．すみません，「鉄面皮」という言葉の意味を教えて（　）。
　　a．いただきますか　　　　b．いただきませんか
　　c．いただけませんか　　　d．いただくのですか

九、根据课文回答下列问题。

1．日本では，電車の中で携帯電話で話してもいいですか。
2．電車の中で若い男性は何をしましたか。
3．70代の女性は最初，その男性に何と言いましたか。
4．若い男性はその言葉を聞いて，どうしましたか。

十、听录音，从（1）（2）（3）中选择一个最合适的答案。

1. 答え：
   （1）社長の話が終わるところです。
   （2）社長の話は終わりそうにありません。
   （3）社長の話は終わったところです。

2. 答え：
   （1）男の人が女の人に電子辞書の使い方を教えました。
   （2）女の人が男の人に電子辞書の使い方を教えました。
   （3）電子辞書は女の人には重いです。

十一、把下列句子翻译成日语。

1. "一起吃饭怎么样？""对不起，我刚刚吃过饭。"
2. 被人训斥谁都会显现出不愉快的表情吧。
3. 百忙之中，让您来，真是不好意思。
4. 您可以告诉我现在是几点吗？
5. 有些人即使跟他打招呼也装做不认识的样子。

補足単語

みせる②［見せる］	〈他动2〉	让看，给看
そのまま⓪④	〈副、名〉	原样，原封不动地
わらう⓪［笑う］	〈自他动1〉	笑
うたいはじめる⑥ ［歌い始める］	〈他动2〉	开始唱
かきつづける⑤⓪ ［書き続ける］	〈他动2〉	继续写，接着写
よみつづける⑤⓪ ［読み続ける］	〈他动2〉	继续读，接着读
ふりだす③⓪［降り出す］	〈自动1〉	下起（雨、雪）来
ぬれる⓪［濡れる］	〈自动2〉	湿，淋湿
よみだす③［読み出す］	〈他动1〉	读起来，开始读
なきだす③［泣き出す］	〈自动1〉	哭起来

第 26 課

こわい② [怖い]	〈形1〉	可怕，恐怖
つかいだす⓪ [使い出す]	〈他动1〉	用起来
つめる② [詰める]	〈他动2〉	挤紧，紧挨；塞进
めがね①	〈名〉	眼镜
めがねをかける	〈词组〉	戴眼镜
した⓪ [下]	〈名〉	下方，下面
はるやすみ③ [春休み]	〈名〉	春假
〜かげつはん [か月半]	〈量〉	〜个半月
やりかた⓪ [やり方]	〈名〉	做法，干法
つくりかた⑤④ [作り方]	〈名〉	制作方法
たすける③ [助ける]	〈他动2〉	帮助，救助
しゃちょう⓪ [社長]	〈名〉	（总）经理
でんしじしょ④ [電子辞書]	〈名〉	电子词典

ことわざ

百聞は一見に如かず／百闻不如一见
可愛い子には旅をさせよ／要让爱子经风雨、见世面（棒打出孝子）

现代通讯工具——手机

　　如果你乘过日本的电车，一定见过这样的场面：许多人埋头盯着手机的小荧光屏，手指不停地按着键盘。一个美国人曾把这一现象称为"痴迷于手机的日本人(携帯に取り憑かれている日本人)"。

　　日本人之所以痴迷手机，也许应归功于手机功能的飞跃性发展。现在的手机早已不是单纯的通话器，它具备了照相机、收音机、电子词典等多种功能。用它可以网上聊天、收发电子邮件、看电视、读小说、听音乐、玩游戏，如果迷了路还可以利用卫星导航系统……。

　　随着手机的普及和功能的增加，近年来利用手机购物（ケータイショッピング）的情况也越来越普遍。目前通过手机购买的商品主要分为两大类，一类是利用手机下载网络歌曲和音乐、玩电子游戏以及使用彩铃等。另一类是通过手机与网络连接，从网上商店购买飞机票、火车票、电影票等。因为上学、上班的路上，与人约会的间隙，随时随地都可以连接网络，方便快捷，所以利用智能手机进行网上购物尤其受到时尚青年男女的喜爱。手机购物的主要结算方法是：1. 电子货币方式，即事先将现金转换成电子货币储存在手机的电子卡内，购物结算时直接从手机的电子货币中扣除；2. 通过电子银行以及其它商业银行或信用卡公司进行结算。

　　总之，日本人通过手机获得信息和娱乐，工作和生活也因此变得方便和快捷。另一方面，有人不分场合滥用手机干扰他人正常生活，甚至利用手机从事犯罪活动给社会带来危害。该如何评价手机的功与过呢？

日本电车中禁止使用手机，你知道主要原因之一是什么吗？（答案请在本课找）

第 27 課

外来語

本课重点

- 一、コミュニケーション表現
  1. みなさん、「リストラ」の意味はもうわかったようですね。どうですか。
  2. えーっ、ぼくは強いトラの会社が、弱いリスの社員をいじめるので「リストラ」かと思っていました。
- 二、文法
  1. 敬体与简体②
  2. 接续助词：し
  3. 接续词：それなのに
  4. 形式名词：はず
  5. 愿望助动词：たがる
  6. 构词形容词：にくい
- 三、文型
  1. ～にとって～
  2. まるで～（の）ようです
  3. ～から作られています
  4. ～ことがあります
  5. どうも～（の）ようです
  6. ～はずです／～はずがありません
  7. ～とは～ことです

王玲の日記

7月20日　木曜日　　　　　　　　　　　　　　　　天気　晴れ

日本に来てから10か月経った。日本語もかなり上手になった。テレビを見たり，雑誌を読んだりするのも楽しくなった。でも，外来語はわからないものが今も多い。外来語は私にとって，まるで別の外国語のようだ。

外来語は主に英語から作られているが，本当の英語とは発音も違うし，意味も違うことがある。英語ができても，日本語の外来語はわかるはずがない。それなのに，日本人はどうも外来語が大好きなようだ。旅館とホテルなら，違いがあるからわかる。でもなぜ試験をテスト，計画をプランというのか。日本語があるのに，外来語を使いたがる日本人の気持ちがわからない。

　試験が終わったら，夏休みに少しアルバイトをして，帰国したい。でも，アルバイトは外来語がわからないとできない。レストランで簡単な仕事をする時も「スタッフ」「レジ」「オーダー」などの言葉がわからなくてはいけない。私にはアルバイトはまだ無理かな。亜美ちゃんは「玲ちゃんなら，できるはずだ」と言ってくれた。アルバイトの面接に行こうか，やめようか，今，迷っている。

新しい言葉 I

1. がいらいご⓪ [外来語] 〈名〉 外来语
2. にっき⓪ [日記] 〈名〉 日记
3. しちがつ④⓪ [7月] 〈名〉 7月
4. はつか⓪ [20日・二十日] 〈名〉 20日, 20号
5. もくようび③ [木曜日] 〈名〉 星期四
6. はれ② [晴れ] 〈名〉 晴, 晴天
7. ～かげつ [か月・ヵ月・箇月] 〈量〉 ～个月
8. かなり① 〈副、形2〉 相当, 颇
9. テレビ① 〈名〉 "テレビジョン(television)"的简称, 电视
10. ざっし⓪ [雑誌] 〈名〉 杂志
11. まるで⓪ 〈副〉 宛如, 好像
12. がいこくご⓪ [外国語] 〈名〉 外语, 外国语
13. おも① [主] 〈形2〉 主要, 重要; 大部分
14. えいご⓪ [英語] 〈名〉 英语
15. いみ① [意味] 〈名、他动3〉 意思; 意图; 意味着
16. はず⓪ 〈名〉 (按理说) 应该, 理应
17. それなのに③ 〈接〉 尽管如此, 可是 (还是)
18. どうも① 〈副〉 总觉得, 似乎; 实在, 真; (下接否定) 怎么也 (不)
19. りょかん⓪ [旅館] 〈名〉 (日式) 旅馆
20. ホテル① [hotel] 〈名〉 (西式) 饭店, 酒店, 宾馆
21. なぜ① 〈副〉 为何, 为什么

22.	けいかく⓪ [計画]	〈名、他动3〉	计划，规划
23.	プラン① [plan]	〈名〉	计划，方案
24.	アルバイト③ [德Arbeit]	〈名、自动3〉	打工
25.	きこく⓪ [帰国]	〈自动3、名〉	归国，回国
26.	スタッフ② [staff]	〈名〉	职员，成员；工作人员
27.	レジ①	〈名〉	"レジスター (register)" 的简称，收款台；出纳，收款员
28.	オーダー①⓪ [order]	〈名、他动3〉	点菜，订餐；订货，订购；顺序，次序
29.	むり① [無理]	〈形2、名〉	难以做到，过分；勉强，硬干；无理，不讲道理
30.	めんせつ⓪ [面接]	〈名、自动3〉	面试
31.	まよう② [迷う]	〈自动1〉	犹豫；迷失；沉迷，迷恋

会話　これが英語のはずがない

"报刊选读"课上，老师正在讲解日本企业裁员的相关报道。

先　生：みなさん，「リストラ」の意味はもうわかったようですね。どうですか。

王　玲：はい。リストラとは，会社が社員をくびにすることです。

先　生：そうですね。この元の英語は（在黒板上写上"restructuring/

第 27 課

リストラクチュアリング"，并把"リストラ"圈起来）です。日本語のリストラは，英語より意味が狭いことが多いです。

マーク：えーっ，ぼくは強いトラの会社が，弱いリスの社員をいじめるので「リストラ」かと思っていました。これが英語のはずがないですよ。

　　　　（全体大笑）

先　生：日本人は長い英語をこのように短くしてしまいます。だから外国人にはよけいにわかりにくいですね。他にこういう例を知っていますか。

学生Ａ：はい，パソコン，コンビニ。

学生Ｂ：ファミレス，メルアド。

先　生：たくさんありますね。

新しい言葉 II

32.	リストラ⓪ [restructuring]	〈名、他动3〉	裁员；重新组织，调整，改组
33.	かいしゃ⓪ [会社]	〈名〉	公司
34.	しゃいん① [社員]	〈名〉	职员
35.	くび⓪ [首]	〈名〉	解雇，免职；脖子，颈
	くびにする	〈词组〉	解雇，免职
36.	もと⓪ [元]	〈名、副〉	来源，根源；原来，从前
37.	せまい② [狭い]	〈形1〉	窄小，狭小
38.	マーク① [Mark]	〈名〉	（人名）马克
39.	えーっ	〈感〉	（感到吃惊或不解时）啊，呃

40.	トラ⓪ [虎]	〈名〉	虎
41.	よわい② [弱い]	〈形1〉	弱，软弱
42.	リス① [栗鼠]	〈名〉	松鼠
43.	いじめる⓪ [苛める]	〈他动2〉	欺负，虐待
44.	みじかい③ [短い]	〈形1〉	短；（时间）短暂，短促
45.	よけい⓪ [余計]	〈形2、副〉	多余，无用；富余；更加，更多
46.	こういう⓪	〈连体〉	这种，这样的
47.	れい① [例]	〈名〉	例，例子
48.	ファミレス⓪	〈名〉	"ファミリー・レストラン(family restaurant)"的简称。（价格便宜、供一般家庭消费的）家庭饭店
49.	メルアド⓪	〈名〉	"メール・アドレス(mail address)"的简称，电子邮箱地址

説明

一、コミュニケーション表現

1. みなさん，「リストラ」の意味はもうわかったようですね。どうですか。

意为"同学们，好像都明白'裁员'的意思了，是不是？""～ようですね"表示推测。"どうですか"这里用于询问学生是否懂了。日常会话中也经常使用这样的说法，用来做进一步的确认等。例如：

明日のスケジュールはもうわかったようですね。どうですか。
この文型の使い方はもう分かったようですね。どうですか。

第 27 課

2．えーっ，ぼくは強いトラの会社が，弱いリスの社員をいじめるので「リストラ」かと思っていました。

意为"什么？我以为公司是老虎，要欺负弱者松鼠——职工，所以叫'虎和鼠'呢。""～かと思っていました"用于比较委婉地表示自己的想法。例如：

すみません，これも燃えるゴミかと思っていました。

王玲さんは日本語が上手だから，もう何年も勉強しているかと思っていました。

二、文法

1．敬体与简体②

日语有口头语言和书面语言。根据说话对象不同，敬体和简体都可以用于口头语言。但书面语言与口语不同，除书信、广告或儿童读物以外，新闻报道、辞书释义和一般的小说等，基本都是简体形式。日记是一种比较特殊的文体，使用简体形式。需要注意的是：敬体和简体一般不能混用于一篇文章中。本课课文是一篇日记，用的是简体形式。例如：

日本に来てから10か月**経った**。

日本人はどうも外来語が大好きなよう**だ**。

外来語はわからないものが今も**多い**。

アルバイトの面接に行こうか，やめようか，今，**迷っている**。

2．接续助词　し

接在用言终止形后面，表示列举、并列或轻微的原因、理由。一般可以译为"又～又～""既～又～"。例如：

あのころは，金もなかった**し**，時間もなかった。

雨も降っている**し**，風も吹いているから，行くのをやめましょう。

彼女ならいいよ。優しい**し**，頭もいい**し**…。

3．接续词　それなのに

连接前后两个句子，表示转折。用于叙述尽管有前一个分句发生的情况，但后一个分句并不是按其逻辑而出现的结果。一般可以译为"尽

管那样""虽然那样"。例如：

何回も説明してあげた。**それなのに**，まだわかってもらえない。

雨だと天気予報で聞いた。**それなのに**，傘も持たないで出かけていった。

娘に明日は母の日だと何回も言っている。**それなのに**，プレゼントをぜんぜん用意していない。

4. 形式名词　はず

接在用言连体形或"体言+の"后面，表示以情理、经验、惯例等为依据，推测、判断事物发展的必然性或结果，带有强调的语气。一般可以译为"应该～""理应～"。（详见"文型"）

5. 愿望助动词　たがる

接在动词第一连用形（与接"ます"的形式相同）后面，用来表示说话人以外的人以及动物的愿望和希望等。一般可以译为"想～""希望～""要～"。例如：

学生は勉強した日本語で，日本人と話し**たがっています**。

彼もあのデジカメを買い**たがっている**。

うちの犬は病気のようです。何も食べ**たがりません**。

6. 构词形容词　にくい

接在动词第一连用形（与接"ます"的形式相同）后面，表示某种动作、行为难以进行。词尾活用变化按形容词1的规则进行。一般可以译为"不容易～""不好～""难以～"。例如：

この本は外来語が多いから，読み**にくい**です。

このような理由では先生に話し**にくい**よ。

漢字を使わない国の留学生にとって，漢字は覚え**にくい**ようです。

三、文型

1. ～にとって～

接在体言后面，表示判断、评价的标准。后续说话人对事物做出的评价、判断等。一般可以译为"对～来说～"。例如：

山登りは父**にとって**一番の楽しみです。

この問題は子供の教育**にとって**大切です。
水は人間**にとって**なくてはならないものです。

2．まるで～（の）ようです

简体形式是"まるで～（の）ようだ"。"ようだ"接在名词+の、用言连体形后面，与"まるで"搭配使用，表示比喻。一般可以译为"就跟～一样""简直就像～似的"。例如：

あの女の子は**まるで**花の**ようです**。
まるで夢を見ている**ような**気がします。
おじいさんは**まるで**子供の**ように**喜んでいます。

3．～から作られています

简体形式是"～から作られている"。接在体言后面，表示某事物的构成要素。一般可以译为"由～构成""由～组成""由～制成"。例如：

この文章は3つの部分**から作られています**。
陳皮はミカンの皮**から作られています**。
石けんは何**から作られている**か，知っていますか。

4．～ことがあります

简体形式是"～ことがある"。接在动词词典形后面，表示有时、偶尔发生的情况。一般可以译为"有时～""间或～"。与"～たことがある"不同，一般不表示一次性的事情。例如：

私は日本語の本をよく読みますが，英語の本を読む**こともあります**。
日本の外来語は難しいので，英語を話す人もよく間違う**ことがあります**。
ダイエットをしているのに，よく甘いものを食べたくなる**ことがあります**。

5．どうも～（の）ようです

简体形式是"どうも～（の）ようだ"。"どうも"是副词，表示"说不出理由，但总觉得～"的意思。"～ようだ"接在用言连体形或"体言＋の"的后面，表示说话人基于一定根据做出的推断。一般可以译为"不知为什么，总觉得～像～""真像～"。例如：

彼の言ったことは**どうも**うその**ようです**。

あの人には**どうも**どこかで会った**ような**気がします。
電車が遅れているところを見ると，**どうも**事故があった**ようです**。

6．～はずです／～はずがありません

简体形式是"～はずだ／～はずがない"。"～はずだ"的说明详见"文法"部分。"～はずがない"是"～はずだ"的否定形式，用来推论某一事物完全不可能。一般可以译为"不应该～""不可能～"。例如：

生協に行けば，ボタン電池を売っている**はずです**。
彼も昨日の会議に参加したので，内容を知っている**はずです**。
1時間前にここを出たので，もう着いている**はずだ**。
そんな難しいことは子供に分かる**はずがありません**。
父は出張しているので，家にいる**はずがありません**。
彼は今，一番忙しい時だから，外国旅行なんてする**はずがない**と思う。

7．～とは～ことです

简体形式是"～とは～ことだ"。"～とは"接在体言或用言终止形后面，表示对主题的强调，"～ことだ"接用言连体形后面，用于对前项事物进行说明。一般可以译为"所谓～就是～"。例如：

週刊誌とは毎週1回出る雑誌の**ことです**。
梅雨とは雨が多い時期の**ことです**。
マイカーとは自家用車の**ことだ**。

練習

一、用正确的语音语调大声朗读下列句子。

1．外来語は私にとって，まるで別の外国語のようだ。
2．外来語は主に英語から作られている。
3．日本語があるのに，外来語を使いたがる日本人の気持ちがわからない。
4．英語ができても，日本語の外来語はわかるはずがない。

5．リストラとは，会社が社員をくびにすることです。

二、从a.b.c.d中选择一个正确的读音。

1．日記
   a. にき   b. にちき
   c. にっき   d. にいき
2．上手
   a. じょうず   b. じゅうず
   c. うえしゅ   d. うえて
3．雑誌
   a. ざあし   b. ざっしい
   c. ざつし   d. ざっし
4．外国語
   a. がいごくご   b. がいこくご
   c. がいごくの   d. かいこぐの
5．旅館
   a. りょうかん   b. りょかん
   c. りょうがん   d. りょがん

三、从a.b.c.d中选择对应的日文汉字。

1．車が増えたので，道が<u>せま</u>くなったようです。
   a. 詰   b. 狭
   c. 少   d. 乱
2．あの人に「早く結婚しなさい」というのは<u>よけい</u>なことです。
   a. 多余   b. 余計
   c. 剰余   d. 過剰
3．「手料理」というのはその人が作った料理という<u>いみ</u>です。
   a. 意義   b. 意思
   c. 意味   d. 含意
4．田中さんは来週の月曜日に<u>きこく</u>します。
   a. 貴国   b. 回国
   c. 帰来   d. 帰国

5．けいかくをしっかり作ることが大切です。
   a. 計划 b. 計画
   c. 企画 d. 計算

四、助词填空。

1．田中さんはピアノも上手だ（　　），スポーツもよくできます。
   a. けど b. から
   c. が d. し

2．この市は冬（　　）暖かいところです。
   a. ので b. のに
   c. でも d. では

3．このお酒は米（　　）作られています。
   a. に b. から
   c. まで d. と

4．気をつけていた（　　），ノートをなくしてしまいました。
   a. のに b. のが
   c. から d. ので

5．マネー（　　）お金のことです。
   a. には b. とは
   c. では d. でも

五、仿照例句，替换下列画线部分。

例1：彼は日本語の発音が<u>きれいだ</u>・<u>日本人だ</u>
→彼は日本語の発音がきれいで，まるで日本人のようです。

1．亜美さんは料理を上手に<u>作っている</u>・<u>主婦だ</u>
→

2．友達のお母さんはよく世話を<u>してくれる</u>・<u>本当の親だ</u>
→

3．玲ちゃんはホームステイの家族に親切に<u>してもらえる</u>・<u>自分の家にいる</u>
→

例2：昔からある日本語でいい・外来語を使ってしまう
　　　→a．昔からある日本語でいいのに，外来語を使ってしまいます。
　　　→b．昔からある日本語でいいです。それなのに外来語を使ってしまいます。

1．彼は勉強しない・いい大学に入りたがっている
　　→a．
　　→b．
2．王さんは会議のことを知っている・教えてくれない
　　→a．
　　→b．
3．妹は大人になった・自分で洗濯したがらない
　　→a．
　　→b．

例3：日本語の外来語は時々，英語の元の意味と違います。
　　　→日本語の外来語は英語の元の意味と違うことがあります。

1．彼女はいつも朝が早いですが，時々遅いです。
　　→
2．いつも母が料理を作りますが，時々父も作ります。
　　→
3．あの子はいつもいじめられているようですが，時々自分より年下の子供をいじめます。
　　→

六、看图，仿照例句，完成下列的句子。

例：車の運転は3か月しかしていません・上手に走れません
　　→車の運転は3か月しかしていないから，上手に走れるはずがありません。

1．初めてテニスをやる・上手ではありません
　→
2．習っていない言葉がたくさんある・分からない
　→
3．熱が出た・友達の誕生日パーティーに出られない
　→

七、从方框中选择合适的词，并以其合适的形式填在横线上。

> にとって　　について　　たがる
> ことになる　　とは

例：リストラとは会社が社員をくびにするということです。

1．乾電池を使った後，どうしたらいいか_____は，市や町が方法を考えなければなりません。
2．本はわたし_____何よりも大事なものです。
3．図書館の決まりで借りた雑誌は1週間以内に返す_____います。
4．友だちが持っている物は，すぐ自分も買い_____人が多い。

八、选择填空。

1．あの子は頭がいいです。（　　）勉強しません。
　a．というので　　　　　　b．それなのに
　c．それなら　　　　　　　d．だと

2．昨日約束しておいたから，あの人は（　）来るでしょう。
　　a．きっと　　　　　　　　b．たいてい
　　c．ぜひ　　　　　　　　　d．つまり
3．彼のよう（　）外国語が3つもできるのは，仕事を探すのに，とてもいい（　）でしょう。
　　a．に　の　　　　　　　　b．に　こと
　　c．な　の　　　　　　　　d．だ　こと
4．この本は字が小さくて（　）にくいです。
　　a．読む　　　　　　　　　b．読んで
　　c．読み　　　　　　　　　d．読んだ
5．A：この子，かわいいですね。
　　B：ええ，（　）お人形のようですね。
　　a．たいてい　　　　　　　b．なんて
　　c．どんなに　　　　　　　d．まるで
6．そのことについてはまだ誰にも話していませんので，彼は知らない（　）です。
　　a．はず　　　　　　　　　b．こと
　　c．ところ　　　　　　　　d．もの
7．本を読む（　）楽しいことです。
　　a．ものは　　　　　　　　b．のは
　　c．には　　　　　　　　　d．とは
8．A：いつごろ結婚したいですか。
　　B：そうですね，仕事が忙しいから，あと2，3年はしない（　）です。
　　a．こと　　　　　　　　　b．もの
　　c．はずがない　　　　　　d．つもり

九、根据课文回答下列问题。
1．王玲さんは日本に来てからどのぐらい経ちましたか。
2．外来語は主にどんな言葉から作られていますか。
3．アルバイトは外来語がわからなくても大丈夫ですか。
4．王鈴さんがアルバイトの面接に行くかどうかで迷っているのはなぜですか。

5．会社が社員をくびにすることを外来語で何と言いますか。

十、听录音，从（1）（2）（3）中选择一个最合适的答案。
答え：
（1）外来語は日本語を勉強する若者にとって本当に難しいです。
（2）若い人は英語を知っているから、外来語はあまり難しくない。
（3）外国人でも日本人でも、外来語を勉強するのは本当に難しいです。

十一、把下面的句子翻译成日语。（用简体）
1．所谓真正的朋友就是一起同甘共苦的人。
2．外来语对我来说简直就像是另一门外语。
3．每天写作业就需要很多时间，可他还要每天打工5个小时。
4．日本人似乎很喜欢外来语。
5．明明有日语却爱用外来语，真搞不懂日本人的这种心理。

補足単語

スケジュール②③ [schedule]	〈名〉	日程（表），时间安排
えんりょ⓪ [遠慮]	〈名、自他动3〉	客气；回避，谢绝
じたく⓪ [自宅]	〈名〉	自己家
やさしい⓪ [優しい]	〈形1〉	温柔，和气，亲切
デジカメ⓪ [digital camera]	〈名〉	"デジタルカメラ"的简称，数码相机
たのしみ③④ [楽しみ]	〈名〉	快乐，乐趣；希望，期盼
きょういく⓪ [教育]	〈名、他动3〉	教育
おんな③ [女]	〈名〉	女性，女人
ゆめ② [夢]	〈名〉	梦；理想

夢を見る	〈词组〉	做梦
ぶぶん① [部分]	〈名〉	部分，一部分
じこ① [事故]	〈名〉	事故
ないよう⓪ [内容]	〈名〉	内容
そんな⓪	〈连体〉	那样的
しゅっちょう⓪ [出張]	〈自动3、名〉	出差
しゅうかんし③ [週刊誌]	〈名〉	周刊杂志
つゆ② [梅雨]	〈名〉	梅雨（季节）
じき① [時期]	〈名〉	时期，时代
こめ② [米]	〈名〉	大米，稻米
ノート① [note]	〈名〉	笔记本
なくす⓪ [無くす]	〈他动1〉	丢失，失掉
マネー① [money]	〈名〉	钱
おとな⓪ [大人]	〈名〉	大人，成人
せんたく⓪ [洗濯]	〈他动3、名〉	洗，洗衣服
としした⓪ [年下]	〈名〉	年幼，（比）～年少
かえす① [返す]	〈他动1〉	还，返还
さがす⓪ [探す]	〈他动1〉	找，寻找
にんぎょう⓪ [人形]	〈名〉	偶人

ことわざ

病(やまい)は気(き)から／病从心头起
病(やまい)は口(くち)より入(い)り／病从口入

外国语（外国語）与外来语（外来語）

日语外来语主要是指从印欧语系（特别是英语）借用并已融入日语的词汇。

下面以源于英语的外来语为例，看外语转变为外来语的过程中，可能发生哪些变化。

缩写："ハイテク（高科技）"是"high technology（ハイテクノロジー）"；"ミスコン（小姐选美比赛）"是"miss contest（ミスコンテスト）"缩写而成。

重组："マイカー（私家车）""OL（女办事员，女职员）""コストダウン（降低成本）"等都属此类。它们分别是这样组合英语单词的："my car""office lady""cost down"。

添加某种成份改变原来的词性："アドバイスする（劝告）""コピーする（复印）"分别是英语名词"advice""copy"加"する"而构成的动词。

把日语和外来语组合在一起：口コミ（口头交流，口头传播）是日语"口"和英语"communication"、省エネ（节省能源）是日语"省く"和英语"energy"结合而成的。

这些变化，使得一些外来语令人费解，即使英语专家有时也难免会感到莫名其妙。

另外，我们知道，外来语一般用片假名书写。有趣的是，最近有一些新的变化趋势：把"鞄""塵""喧嘩"等日语常用汉字（常用漢字）以外的汉字也用片假名"カバン""ゴミ""ケンカ"书写；动物名、植物名也多用片假名。现在日本媒体常把手机写成"ケータイ"，这是不是比传统的"携帯電話"更具时尚、小巧、轻便之感呢？

第 27 課

英语"night"加上词尾"er"构成日语外来语"ナイター"。你猜它的意思是什么?(答案请在本课找)

第 28 課

就職事情

本课重点

- 一、コミュニケーション表現
    1. 「ちょっと考えさせてください」と最初に言うのもいいでしょう。
    2. 何も言わず，下を向いてしまうのはよくありません。
    3. どうしたらいいですか。
    4. お店の人がよく知っているから，それでいいのよ。
    5. 嫌だな。
- 二、文法
    1. 使役态和使役助动词：せる　させる
    2. 比况助动词：みたいだ
- 三、文型
    1. ～によって～
    2. ～べきです
    3. ～場合（は），～
    4. ～させて／せてください
    5. ～なさい
    6. ～ばよいです
    7. ～とおり（に）～
    8. ～なきゃいけません

第 28 課

3年生のための就職講座

今日は2回目の講座ですので，最初に，前回，お話をした後に皆さんからいただいた質問に答えます。最初の質問です。

「企業訪問の時は必ず黒のリクルート・スーツを着なくてはいけませんか」。業界によっては違う色の服でもいいです。しかし，必ず清潔で，きちんとした服を着るべきです。女性の髪型や化粧については，この後，別に話があります。

次の質問です。「面接で意地悪な質問をするのはなぜですか」。それは学生を困らせるためではありません。予想していなかったことになった時，その人がどう行動するかを見たいからです。意地悪な質問をされた場合はまず，落ち着いてください。「ちょっと考えさせてください」と最初に言うのもいいでしょう。何も言わず，下を向いてしまうのはよくありません。

最後の質問です。「親が私の就職のことを大変心配しています。『あれをしなさい，これもしなさい』と，うるさいんです。どうしたらいいですか」。そうですね。ご両親が何かを聞く前に自分から話をして，あなたの計画や意見を言えばよいでしょう。

新しい言葉 I

1. しゅうしょく⓪ [就職]　〈名、自动3〉　就职，就业
2. ～ねんせい③ [年生]　〈后缀〉　～年级的学生
3. こうざ⓪ [講座]　〈名〉　讲座
4. ～め [目]　〈后缀〉　第～
5. さいしょ⓪ [最初]　〈名〉　最初，开始，起初
6. ぜんかい①⓪ [前回]　〈名〉　上次，上回
7. しつもん⓪ [質問]　〈名、自他动3〉　质询，询问，提问
8. ほうもん⓪ [訪問]　〈名、他动3〉　访问，拜访
9. くろ① [黒]　〈名〉　黑，黑色
10. リクルート③ [recruit]　〈名、他动3〉　（学生等）应聘，求职活动；（公司等）招聘
11. スーツ① [suit]　〈名〉　西服套装
    リクルート・スーツ　〈词组〉　求职、面试用套装
12. ぎょうかい⓪ [業界]　〈名〉　业界，同业界
13. よる⓪　〈自动1〉　依据，依照
14. ふく② [服]　〈名〉　衣服
15. せいけつ⓪ [清潔]　〈形2、名〉　干净，洁净
16. きちんと②　〈自动3、副〉　整洁，整齐
17. かみがた⓪ [髪型]　〈名〉　发型
18. けしょう⓪ [化粧]　〈名、自他3〉　化妆；装饰，装点
19. べつ⓪ [別]　〈形2、名〉　别的，另外；特别，例外；区别，分别
20. いじわる③② [意地悪]　〈形2、名〉　刁钻，使人为难；心眼坏；心术不良的人
21. こまる② [困る]　〈自动1〉　为难，困惑；窘困，困难
22. よそう⓪ [予想]　〈自他动3、名〉　预想，预料
23. こうどう⓪ [行動]　〈自动3、名〉　行动

第 28 課

24.	おちつく ⓪ ［落ち着く］	〈自动1〉	镇定，安定
25.	した ⓪ ［下］	〈名〉	下，下面，下方
26.	さいご ① ［最後］	〈名〉	最后，最末尾
27.	おや ② ［親］	〈名〉	双亲，父母亲
28.	うるさい ③	〈形1〉	讨厌，烦人；爱唠叨
29.	りょうしん ① ［両親］	〈名〉	父母，双亲
30.	いけん ① ［意見］	〈名、他动3〉	意见，见解；劝告

会話　リクルート・スーツ

亚美开始找工作。今天她买了求职用的套装，回家后穿上让敬子和王玲看。

亜美：お母さん、このスーツを買ってきたんだけど、どう？

敬子：とてもいいわよ。

亜美：店の人の言うとおりに買っただけだからね。

敬子：お店の人はよく知っているんだから、それでいいのよ。

亜美：個性がないよ。みんな同じ形で、同じ色だよ。制服みたい。

王玲：でも、亜美ちゃん、たまにはそういうスーツ、よく似合うよ。

亜美：中国の大学生も就職活動でリクルート・スーツ、着るの？

王玲：ううん、特にそういうものはないの。面接を受ける場合は、スーツを着るべきだと私は思うけれど、日本みたいに形は決まっていないの。

敬子：それはかえって難しいわね。

王玲：ええ、だから日本みたいに決まっているほうが、考えなくていいから楽ですね。

亜美：ああ、でも私はこれからこの個性がない服を何十回も着て、会社の面接に行かなきゃいけないんだ。嫌だな。

王玲：亜美ちゃんは中身がいいから、就職もすぐ決まると思うよ。

新しい言葉 II

31.	～とおり① ［通り］	〈后缀〉	按照～那样
32.	こせい① ［個性］	〈名〉	个性
33.	せいふく⓪ ［制服］	〈名〉	制服
34.	たまに⓪ ［偶に］	〈副〉	偶尔，偶然
35.	にあう② ［似合う］	〈自动1〉	相配，适合，般配
36.	うける② ［受ける］	〈他动2〉	受，接受
37.	かえって①	〈副〉	相反，反而
38.	いや② ［嫌］	〈形2〉	不喜欢；不愉快；厌烦
39.	なかみ② ［中身］	〈名〉	内容，内在的东西

説明

一、コミュニケーション表現

1.「ちょっと考えさせてください」と最初に言うのもいいでしょう。

意为"开始时可以先说一声'请允许我考虑一下'"。"ちょっと～せ（させ）てください"是"请允许我～一下"的意思，用于征得对方的同意。例如：

ちょっと言わせてください。

ちょっと聞かせてください。

另外，"～のもいいでしょう"用于向他人提出建议，语气比较缓和。例如：

日本の留学生を見たら、日本語で話しかけてみるのもいいでしょう。

暑い時は午後，少し寝るのもいいでしょう。

2．何も言わず，下を向いてしまうのはよくありません。

意为"一声不吭地只是低着头不好"。"よくありません"是"不好""不可取"之意，表示说话人的判断，一般用于表示告诫、提醒等意思。例如：

就職講座に出席しないのはよくありません。
電車の中で大きな声で話すのはよくないです。

3．どうしたらいいですか。

意为"怎么办才好呢？"用于遇到难题时向别人请教解决的办法。例如：

就職活動を始める時，最初にどうしたらいいですか。
日本のお風呂に入る時，どうしたらいいですか。
日本に留学したいんですが，なかなか情報が集められません。どうしたらいいですか。

4．お店の人がよく知っているから，それでいいのよ。

意为"商店的人是很内行的，听她（他）们的意见没错"。"それでいいのよ"中的"それ"用来指代前面的句子，用来表示说话人肯定的判断。"のよ"一般为女性用语。例如：

「自分は自分，他人は他人」。他の人が遊んでいても，あなたには大きな目的があるのだから，それでいいのよ。
食べられないものは「食べられません」と言えば，それでいいのよ。

5．嫌だな。

意为"不喜欢"。"な"为终助词，表示说话人感叹的语气。
毎日シャワーだけなんて嫌だな。やっぱりお風呂に入りたい。
お寿司は好きだけれど，昼も夜もお寿司なんて嫌だな。

二、文法

1．使役态和使役助动词　せる　させる

"せる""させる"是表示使役的助动词，接在动词后面的形态叫

使役态或使役动词。接动1、动2时与"ない"的接续方法相同，动3"する"直接变成"させる"，"来る"变成"来させる"。"せる""させる"本身按动词2活用变化规律进行变化。表示让别人做什么，或使事物成为某种状态。一般可以译为"使～""叫～""让～"。

以使役动词做谓语的句子叫使役句。在使役句中，当动词为他动词时，被使役者用"に"表示，其句式为"～は／が～に～を～せる／させる"；当动词为自动词时，被使役者一般用"を"表示，其句式为"～は／が～を～せる／させる"。 动词为"行かせる"时，有时也用"に"，如"彼に行かせる"。但是，如果同时需要表示去向时，被使役者后面仍需要用"を"，如"彼を教室に行かせる"。例如：

先生**は**学生**に**本**を読ませます**。

先生**は**学生**を困らせる**ようなことはしないでしょう。

お母さん**は**亜美さん**に**部屋を掃除**させます**。

在日常生活中直接使用使役态的情况并不多见，更多的是以"～せ（させ）てください"的形式出现。详见"文型"。

2．比况助动词　みたいだ

"みたいだ"接在体言或用言连体形后面，表示比喻，比"ようだ"更口语化，词尾活用变化与"ようだ"相同。一般可以译为"好像～一样""好像～似的"。例如：

彼女は怒っている**みたいです**。

誰かがピアノを弾いている**みたいだ**。

彼女はそういう服を着ると学生**みたいに**見えます。

彼**みたいな**人は好きではありません。

三、文型

1．～によって～

接在体言后面，表示原因，后面的句子用来说明其结果。一般可以译为"因～而～""由于～原因，而～"。例如：

人**によって**考え方が違います。

明日は所**によって**雨が降るそうです。

季節**によって**咲く花が違います。

2．～べきです

　　简体形式是"～べきだ"。接在动词终止形后面，表示具有某种义务的意思。接动3"する"的时候，既可以用"すべきです"的形式，也可以用"するべきです"的形式。目前，后者用得更多一些。一般可以译为"应该～""必须～"。例如：

　　面接に行く場合，清潔できちんとした服を着る**べきです**。
　　母親の言うことは信じる**べきです**。
　　悪いと思ったらすぐ止める**べきだ**。

3．～場合（は），～

　　接在用言词典形或"名词＋の"后面，表示尚未或即将发生的情况；接在用言"た形"后面，表示已经发生的情况。一般可以译为"在～的时候""在～的情况下"。例如：

　　雨の**場合は**行かないようにします。
　　パソコンを買う**場合は**，よく知っている人と一緒に行くといいです。
　　その日の朝，急に旅行に行けなくなった**場合は**まず，大学に連絡してください。

4．～させて／せてください

　　接动1、动2时与"ない"的接续方法相同，动3"する"直接变"させる"，"来る"变成"来させる"。用于表示请求或允许。一般译为"请让我～"例如：

　　ちょっと考え**させてください**。
　　私にも行か**せてください**。
　　李さんのご意見を私達にも聞か**せてください**。

5．～なさい

　　接在动词第一连用形后，表示请求、命令，常用于长辈对晚辈。一般可以译为"请你～""要～"。例如：

　　大きい声で本を読み**なさい**。
　　1限目は早いですから，遅れないようにし**なさい**。
　　今日は傘を持って行き**なさい**。雨が降りますよ。

6．～ばよいです

　　简体形式是"～ばよい"。接在用言后面，与"动词、形容词"接"ば"的接续方法相同（参见第22课"文法"），表示说话人认为可以采取某种行动或方式等，还可以表示说话人对人或事物的希望。也经常使用"～ばいい"的形式。一般可以译为"如果～就行～""～就可以""～就好了""～该多好"。例如：

　　明日の会議でみんなの意見や計画を発表すれ**ばよいです**。
　　失敗した！あの時先生の意見を聞け**ばよかった**。
　　喫茶店がなくても，ファミレスで会え**ばいいです**。
　　嫌なら「嫌だ」とはっきり言え**ばいい**。

7．～とおり（に）～

　　接在动词连体形或"体言+の"的后面，表示后项的行为完全按照前项所述的方式进行。另外，"とおりに"也可以直接接在体言后面，发音变为"どおりに"。一般可以译为"正像～那样～""照～那样～"。例如：

　　両親は何でも彼の言う**とおりに**します。
　　彼は言われた**とおりに**，6時に駅に行きました。
　　王玲さんは敬子さんに教えてもらった**とおりに**花を生けました。
　　学生たちは約束した時間**どおりに**来ました。
　　亜美さんはレポートを締切り**どおりに**書いて出しました。
　　彼女のやり方は上手ですね。皆さんも彼女の**とおりに**してください。
　　この祭りは昔**のとおり**の形で行われています。

8．～なきゃいけません

　　简体形式是"～なきゃいけない"。与"ない"的接续方法相同。表示不那样做就不行。与"～なければいけない"意思相同，用于口语。一般可以译为"必须～""不～就不行"。例如：

　　困った時，人の意見をよく聞か**なきゃいけません**。
　　人のものはできるだけ早く返すようにし**なきゃいけません**。
　　明日授業で発表し**なきゃいけない**。

第 28 課

一、用正确的语音语调大声朗读下列句子。

1．皆さんからいただいた質問に答えましょう。
2．必ず清潔で，きちんとした服を着るべきです。
3．意地悪な質問をされた場合は，まず落ち着いてください。
4．親が私の就職のことを大変心配しています。
5．面接を受ける場合は，スーツを着るべきだと私は思う。

二、从a.b.c.d中选择一个正确的读音。

1．就職
　　a. しゅしょく　　　　　　b. しゅうしょく
　　c. しゅっしょく　　　　　d. しゅしょうく
2．中身
　　a. ちゅうしん　　　　　　b. ちゅうみ
　　c. なかみ　　　　　　　　d. なかしん
3．清潔
　　a. しんけつ　　　　　　　b. しんげつ
　　c. せいけつ　　　　　　　d. せいげつ
4．個性
　　a. こっせい　　　　　　　b. こうせ
　　c. こうせい　　　　　　　d. こせい
5．業界
　　a. きょうかい　　　　　　b. ぎょうかい
　　c. ぎょうがい　　　　　　d. ぎょがい

三、从a.b.c.d中选择对应的日文汉字。

1．スーパーのぎょうかいの人が集まりました。
　　a. 業会　　　　　　　　　b. 業界
　　c. 企業　　　　　　　　　d. 行業

2．物価がこのように上がっていくと，たいへんなことになります。
　　a．異常　　　　　　　　　b．大変
　　c．非常　　　　　　　　　d．相当
3．今の時代では，こせいが大事にされます。
　　a．個性　　　　　　　　　b．性格
　　c．個人　　　　　　　　　d．主張
4．大学を卒業してもすぐしゅうしょくできないこともあります。
　　a．修業　　　　　　　　　b．就業
　　c．主修　　　　　　　　　d．就職
5．この試験を受ける人は1万人ぐらいだとよそうされています。
　　a．予測　　　　　　　　　b．予定
　　c．予想　　　　　　　　　d．予計

四、助词填空。

1．香山の案内，わたし（　）させてください。
　　a．が　　　　　　　　　　b．を
　　c．に　　　　　　　　　　d．は
2．親（　）言うとおり（　）したらどうですか。
　　a．は　で　　　　　　　　b．が　は
　　c．の　に　　　　　　　　d．の　で
3．先生（　）いただいたお手紙を大事にしています。
　　a．から　　　　　　　　　b．が
　　c．の　　　　　　　　　　d．まで
4．外来語は主に英語（　）作られている。
　　a．を　　　　　　　　　　b．に
　　c．から　　　　　　　　　d．で
5．弟は子どもの時，よく女の子（　）泣かせていました。
　　a．に　　　　　　　　　　b．が
　　c．を　　　　　　　　　　d．の

五、仿照例句，替换下列画线部分。

例1：先生・学生・発音の練習をします
　　　→先生は学生に発音の練習をさせます。

1．先生・私達・節水の方法を考えます
　　→

2．お母さん・子供・部屋の掃除をします
　　→

3．先生・学生・宿題を持ってきます
　　→

例2：すぐには答えられません。もう少し考えたいです。
　　　→すぐには答えられないので、もう少し考えさせてください。

1．私にも意見があります。少し話したいです。
　　→

2．今日は疲れています。早く帰りたいです。
　　→

3．皆さんは初めてです。まず寮の規則を説明したいです。
　　→

例3：11時までに帰る。
　　　→a．11時までに帰ればよいです。
　　　→b．11時までに帰らなきゃいけません。

1．風邪ならこの薬を飲む。
　　→a．
　　→b．

2．となりの人に何か小さなプレゼントをする。
　　→a．
　　→b．

3．作文は思ったとおりに書く。
　　→a．
　　→b．

例4：店の人が言う・買いました。
　　　→店の人の言うとおりに買いました。

1．みんなで計画した・旅行した
　　→

2．決められた時間・始める
　→

3．先生が教えてくださった・やろう
　→

六、看图，仿照例句，完成下列的句子。

例：ゼミで発表する・きちんと準備する
　　→ゼミで発表する場合は，きちんと準備すべき／するべきです。

1．会議だ・時間を守る
　→

2．病院の中にいる・携帯電話をやめる
　→

3．みんなの前で発表する・きちんとした服を着る
　→

七、从方框中选择合适的词，并以其合适的形式填在横线上。

| べき | みたい | はず |
| らしい | わけ | ために |

例：風邪の人が多いです。家に帰ったら，すぐ石けんで手を洗う<u>べき</u>です。

1．部屋に風を入れる＿＿＿＿窓を開けます。
2．彼＿＿＿＿に趣味が多かったら，土曜日，日曜日は忙しいでしょう。
3．友達から聞いたが，王さんは日本へ行く＿＿＿＿。
4．このリンゴは大変高いから，おいしい＿＿＿＿だ。
5．金持ちだから幸せだという＿＿＿＿ではありません。

八、选择填空。

1．先生は病気の生徒を家に（　）。
　a. 帰りました　　　　　　b. 帰られました
　c. 帰らせました　　　　　d. 帰っていました
2．いまからアルバイトに行く（　），さきに帰らせてください。
　a. が　　　　　　　　　　b. ので
　c. のに　　　　　　　　　d. とき
3．早く（　）とお母さんが子どもを急がせています。
　a. 食べさせてください　　b. 食べなさい
　c. 食べてください　　　　d. 食べませんか
4．遅くても11時までに帰って（　）いい。
　a. これば　　　　　　　　b. きれば
　c. くれば　　　　　　　　d. こなきゃいけない
5．電車の中であかちゃんに（　），困りました。
　a. 泣いて　　　　　　　　b. 泣かれて
　c. 泣かせて　　　　　　　d. 泣くと

6．熱があるので，今日は午後の授業を（　　）ください。
   a．休ませて　　　　　　　　b．休んで
   c．休まれて　　　　　　　　d．休められて
7．A：王さん，来年日本に留学するそうですね。
　 B：ええ，（　　）。
   a．そうするはずです　　　　b．そうするらしいです
   c．そうするつもりです　　　d．そうするようです
8．私の母は若者（　　）に流行の音楽が好きだ。
   a．よう　　　　　　　　　　b．ように
   c．みたい　　　　　　　　　d．のみたい

九、根据课文回答下列问题。

1．企業訪問の時は必ず黒のリクルート・スーツを着なくてはいけませんか。
2．面接で意地悪な質問が出るのはなぜですか。
3．親が私の就職のことを大変心配しています。どうしたらいいですか。

十、听录音，从（1）（2）（3）中选择一个最合适的答案。

1．答え：
   （1）この女性が娘さんに毎日させていることは洗濯です。
   （2）この女性が娘さんに毎日させていることは掃除です。
   （3）この女性は休みの日だけは娘さんに自分の部屋の掃除をさせます。
2．答え：
   （1）趙さんは以前からカラオケが好きでした。
   （2）趙さんは以前はカラオケが好きではありませんでした。
   （3）趙さんは以前も今もカラオケが好きです。

十一、把下列句子翻译成日语。

1．面试时为什么要提出比较刁钻的问题？
2．那不是因为要为难学生。

3．父母对我的就业问题很担心。
4．让我干这个干那个，真烦。
5．我想亚美素质不错，很快就能定下工作单位。

補足単語

はなしかける⑤⓪ [話しかける]	〈自动2〉	打招呼，搭话
しゅっせき⓪ [出席]	〈名、自动3〉	出席
あつめる③ [集める]	〈他动2〉	收集，招集，集中
もくてき⓪ [目的]	〈名〉	目的
おすし② [お寿司]	〈名〉	饭团，寿司
しんじる③⓪ [信じる]	〈他动2〉	信，相信
れんらく⓪ [連絡]	〈名、自他动3〉	联络，联系
まつり⓪ [祭り]	〈名〉	（纪念、祝贺）仪式，节日；祭典，祭日
あんない③ [案内]	〈名、他动3〉	引导，陪同游览
さくぶん⓪ [作文]	〈名〉	作文
せいと① [生徒]	〈名〉	（中学）学生
あかちゃん①	〈名〉	婴儿
ひごろ⓪ [日ごろ]	〈名〉	平素，平日，平时
たいかい⓪ [大会]	〈名〉	大会
ちょう① [趙]	〈名〉	（姓）赵

ことわざ

薬（くすり）より養生（ようじょう）／养生重于吃药
予防（よぼう）は治療（ちりょう）に勝（まさ）る／预防胜于治疗

本课目标达成：掌握使役态、使役被动态的用法；掌握部分谓语后续词的用法。

亚美备战面试

如果没有考研的打算，日本的大学生一般从三年级开始找工作(就職活動(しゅうしょくかつどう))。如果被企业录用，那就算是内定（内定(ないてい)）了。今天，亚美找到就职于一家著名汽车公司的学姐山下纯子，向她请教面试经验。

亚美：我觉得求职时装（リクルートファッション）很难显示出个性。

山下：也不尽然。"リクルートファッション"讲求整体协调。西服（裙装或裤装）、发型、鞋、化妆、随身物品（如书包、手表）等都在协调的范围之内，这给我们留下许多可显示个性的空间。比如：衬衣的款式、领带的颜色、鞋的样式、发型、还有书包等，你可以在这些方面下下功夫。

亚美：应聘理由怎样才能回答得完美无缺呢？

山下：构思一个完美的应聘理由是不容易的。重要的是要简洁、明了、具体。比如：对企业的经营理念产生的共鸣；对企业独自开发的产品显示出浓厚的兴趣等等。总之，必须阐述清楚你非该企业不去的理由。

亚美：怎样强调自己的优势呢？

山下：首先是要发掘自己的强项。这需要回顾自己的经历，分析成长过程，然后写一个成文的东西。长短最好控制在1分30秒以内。另外，成功的秘诀在开头，你的第一句话要给人留下强烈印象。比如："我有一个非常特别的习惯。"亚美，祝你成功！

如果蓝色领带代表智慧和冷静，那么你知道红色领带和黄色领带分别代表什么吗？（答案请在本课找）

第29課

敬 語

本课重点

- 一、コミュニケーション表現
  1. 今日はご苦労さんでした。
  2. わざわざ遠くからおいでいただいて，ありがとうございました。
  3. たまには大阪に遊びに来なさいよ。
     ——ありがとうございます。
  4. 今日はお世話になりました。
- 二、文法
  1. 敬语和敬语助动词：れる　られる
  2. 副助词：ばかり
  3. 构词形容词：やすい
  4. 接续助词：ながら
- 三、文型
  1. ～ばかりで（は）なく，～も～
  2. ～によると，～
  3. ～ように
  4. お（ご）～になります
  5. お（ご）～します／いたします
  6. ～てばかりいます
  7. ～途中で，～

敬語に対する意識

本屋に行くと、必ず敬語に関する本を売っています。そういう本を買うのは、就職活動をしている大学生が多いです。しかし、大学生ばかりではなく、会社で「敬語を勉強するように」と言われたサラリーマン、「きれいな日本語を話したい」と考える主婦も買います。

文化庁の調査によると、回答者の40パーセント近くが「自分が正しい敬語を使っているかどうか自信がない」と答えています。しかし、同じ調査の中におもしろい回答がありました。質問は、「あなたは次の①、②のどちらに賛成ですか」というものです。
①新しい時代に合った、簡単でわかりやすい敬語を使うべきだ
②伝統的な美しい日本語を使った、豊かな敬語表現を大切にすべきだ
一番新しい調査結果では、①と答えた人が34パーセント、②と答えた人が54パーセントでした。7年ほど前は①より、②のほうが少し多い程度でしたが、今は②の答えの人がずっと多くなっています。日本人は敬語が難しいと感じながら、やはりこれが日本語のいいところだと考えているようです。

第 29 課

新しい言葉 I

1. けいご ⓪ ［敬語］　〈名〉　　　　　　敬语
2. たいする ③ ［対する］〈自动3〉　　　对于，对
3. いしき ① ［意識］　〈名、他动3〉　　意识，知觉；觉悟
4. サラリーマン ③
    ［salaried man］〈名〉　　　　公司职员，工薪阶层
5. ぶんかちょう ③
    ［文化庁］　〈名〉　　　　　文化厅
6. かいとうしゃ ③
    ［回答者］　〈名〉　　　　　回答者
7. かいとう ⓪ ［回答］〈名、自动3〉　答复，回答（提问）
8. どちら ①　　　　　〈代〉　　　　　哪个；哪里，哪一位
9. さんせい ⓪ ［賛成］〈名、自动3〉　赞成，赞同，同意
10. でんとう ⓪ ［伝統］〈名〉　　　　　传统
11. ゆたか ① ［豊か］　〈形2〉　　　　丰富；充实；富裕
12. ひょうげん ③⓪
    ［表現］　〈名、他动3〉　　表现，表达
13. たいせつ ⓪ ［大切］〈形2〉　　　　珍视，爱护；重要，宝贵
14. ていど ①⓪ ［程度］〈名〉　　　　　程度；限度；水平
15. かんじる ⓪ ［感じる］〈自他动2〉　感觉，知觉；感到，觉得

会話　タクシーをお呼びしましょうか

隆太所在的大学召开学会，他在学会上发表了研究成果。学会结束后，隆太来到接待处，与即将离去的老师们话别。

田中先生：いやあ、中村君、今日はご苦労さんでした。いい発表でしたよ。

隆　　太：先生、わざわざ遠くからおいでいただいて、ありがとうございました。今晩、大阪にお帰りになるんですか。

田中先生：うん。君も勉強してばかりいないで，たまには大阪に遊びに来なさいよ。

隆　　太：ありがとうございます。では今，荷物をお持ちします。

高橋先生：中村君，こんにちは。今日はお世話になりました。ぼくは田中先生が１７時半の新幹線で帰られるから，いっしょに帰るよ。

隆　　太：そうですか。ではタクシーをお呼びしましょうか。

高橋先生：ああ，ありがとう。今日は東京に来る途中で新幹線が遅れてね，君の発表に間に合わないかと思ったけれど，何とか間に合った。とてもいい発表だったよ。

隆　　太：恐れ入ります。

（参加会务的大学生来到隆太身边，说了什么）先生方，お呼びした車が来たそうです。正門にいますので，ご案内いたします。

新しい言葉 II

16.	タクシー① [taxi]	〈名〉	出租汽车，计程车
17.	くろう① [苦労]	〈名、形2、自动3〉	辛苦，劳苦，操心
18.	おいで⓪	〈名〉	（敬语）来，光临；出，出席；在，在家
19.	こんばん① [今晩]	〈名〉	今晚
20.	おおさか⓪ [大阪]	〈名〉	（地名）大阪
21.	あそぶ⓪ [遊ぶ]	〈自动1〉	玩，游戏

22.	～くん［君］	〈后缀〉	（接在同辈或晚辈姓名后，略表敬意）老～，小～
23.	たなか⓪［田中］	〈名〉	（姓）田中
24.	なんとか①［何とか］	〈副〉	好歹，总算
25.	おそれいる② ［恐れ入る］	〈自动1〉	实在不好意思，真对不起
26.	～がた［方］	〈后缀〉	（敬语，表示复数）们
27.	せいもん⓪［正門］	〈名〉	正门
28.	あんない③［案内］	〈名、他动3〉	向导，引路

説明

一、コミュニケーション表現

1. 今日はご苦労さんでした。

意为"今天辛苦了"。当对方为自己或自己一方的人做了什么有意义的事情时，用来表示谢意。但"ご苦労さんでした"一般用于长辈对晚辈、上司对部下或主人对用人等。

2. わざわざ遠くからおいでいただいて，ありがとうございました。

意为"感谢您特意远道光临"。用来对远道而来的贵客表示衷心感谢。"おいでいただいて"是"来"的一种非常尊敬的表达方式。

3. たまには大阪に遊びに来なさいよ。
　　——ありがとうございます。

意为"有时间的时候到大阪来玩吧"。"遊びに来なさいよ"是邀请晚辈或平辈人来玩时的用语。"～なさい"是"请～"的意思，多用于长辈对晚辈或平辈之间。回应时一般用"ありがとうございます"。

4. 今日はお世話になりました。

意为"今天给你（您）添麻烦了"。"お世話になりました"是日本人使用频率很高的表达方式。用于给别人添了麻烦、得到别人帮助后，表示歉意、谢意。

二、文法

1．敬语和敬语助动词　れる　られる

敬语是讲话人对他人表示尊敬的语言表达形式之一。一般由普通动词后续助动词"れる、られる"或由"お（ご）～します""お（ご）～になります"的句型构成，此外还有一些敬语动词。

传统上把敬语分为尊敬语、自谦语和郑重语，现在又增加了美化语和礼貌语的分类。

本课学习敬语助动词"れる、られる"：

"れる、られる"是敬语助动词，接续方法与表示被动的"れる、られる"的方法相同。表示说话人对行为、动作主体的敬意。活用变化中没有命令形的用法。例如：

先生は明日**来られます**か。

部長が**提案された**やり方について、もう皆さんに伝えましたね。

学長は明日講演会に**出られます**か。

此外还有"お（ご）～になります""お（ご）～します／いたします"的形式，详见"文型"。

2．副助词　ばかり

接在体言后面，表示排除其他事物的存在。一般可以译为"只～""仅～""光～""净～"。例如：

彼は何も言わずに酒**ばかり**飲んでいます。

自分のこと**ばかり**考える人はどこにもいますよ。

弟は漫画**ばかり**読んでいて、ぜんぜん勉強していません。

3．构词形容词　やすい

接在动词第一连用形（与接"ます"的形式相同）后面，表示某种动作、行为易于进行，词尾活用变化按形容词1的活用变化规则进行。与已经学过的"にくい"是一对反义词。一般可以译为"容易～""易于～"。例如：

この辞書はとても使い**やすい**です。

佐藤先生は日本の農業について分かり**やすく**説明してくれました。

この町には大きなスーパーもあるし、病院もあるから、とても生

活しやすい。

4．接续助词　ながら

接在动词第一连用形（与接"ます"的形式相同）、形容词1词典形、形容词2词干、名词的后面，连接两个前后矛盾的事项。一般可以译为"虽然～但是～""尽管～却～"。例如：

このファミレスは安い**ながら**，料理はそんなに悪くない。
盲導犬のジャニスは犬**ながら**，人の気持ちがわかるようだ。
日本人とは言い**ながら**，日本の歴史をあまり知らない学生が多いようです。

三、文型

1．～ばかりで（は）なく，～も～

接在体言、用言连体形后面，表示前后两项事物是追加性的并列关系。一般可以译为"不仅～，而且～""不但～，而且～"。例如：

父は仕事で中国**ばかりではなく**，韓国にもよく行きます。
このアパートは狭い**ばかりではなく**，駅からも遠いです。
橋本先生は中国語が上手な**ばかりではなく**，英語も大変よくできます。
あの子は漢字が書けない**ばかりでなく**，平仮名も書けません。

2．～によると，～

接在体言后，表示消息或信息的来源或出处。"～によると"常常和"～そうです"搭配使用，用来加强语气。一般可以译为"由～""根据～"。例如：

天気予報**によると**，明日は雨が降るそうです。
王さん**によると**，馬さんはもう国に帰ったそうです。
調査**によると**，中国では最近海外旅行をする人が多くなったそうだ。

3．～ように

接在动词词典形或句子后面，表示委托、期望或委婉的命令。一般可以译为"希望～""愿～"。例如：

今年もよい年になります**ように**。
もっと大きな声で読む**ように**と，いつも先生に言われています。
子どもの時，母は「学校に遅れない**ように**」といつも言っていました。

4．お（ご）～になります

"お＋动词第一连用形／动3词干＋になる"是动词的敬语形式，用于表述对方或话题人物的行为、动作，以表示对对方或话题人物的尊敬。尊敬程度略高于"れる""られる"的形式。例如：

よろしければ，これをおみやげとして**お持ちになってください**。
先生は私のメールを**お読みになって**，すぐ返事をくださいました。
社長は今，どこかへ**お出かけになりました**。

5．お（ご）～します／いたします

"お（ご）＋动词第一连用形／动3词干＋します／いたします"是动词的自谦形式，用于叙述说话人自己的行为、动作，通过自谦的方式以达到对对方或话题人物的尊敬。例如：

荷物を**お持ちしましょう**。
私から**ご説明いたします**。
今週の日曜日，万里の長城を**ご案内いたします**。

6．～てばかりいます

简体形式是"～てばかりいる"。接在动词第二连用形（与"て"的接续方法相同）后面，表示重复同一件事，或总是处于同一种状态。一般可以译为"只～""光～""总～"。例如：

本も読まないでインターネットをして**ばかりいる**学生もいます。
甘いものを食べて**ばかりいる**と太りますよ。
話して**ばかりいないで**，自分でやってみてください。

7．～途中で，～

接在表示移动的动词词典形或"体言＋の"后面，表示正在移动的中途，一般可以译为"～的过程中""～的途中"。例如：

留学の**途中で**病気にならないようにしなくてはいけない。

学校へ行く**途中**で本屋に立ち寄りました。
父は会社から帰る**途中**で倒れたそうです。

四、解釈

正門にいますので，ご案内いたします。

这里的"います"指的是出租车。这种"います"与我们学到的只表示有生命的物体的用法不同，是习惯说法。在说话人的潜意识当中有司机的存在，所以用了"います"，是拟人化的说法。

一、用正确的语音语调大声朗读下列句子。

1．本屋に行くと，必ず敬語に関する本を売っています。
2．文化庁の調査によると，回答者の40パーセント近くが「自分が正しい敬語を使っているかどうか自信がない」と答えています。
3．日本人は敬語が難しいと感じながら，やはりこれが日本語のいいところだと考えているようです。
4．先生，わざわざ遠くからおいでいただいて，ありがとうございました。
5．ではタクシーをお呼びしましょうか。

二、从a．b．c．d中选择一个正确的读音。

1．敬語
  a. けいご b. げいご
  c. けいごう d. けんご
2．回答者
  a. かいとしゃ b. がいとうしゃ
  c. かいとうしゃ d. かいとうじゃ
3．伝統
  a. でんとう b. てんとう
  c. でんどう d. てんどう

4．表現
  a.ひょげん   b.ひょうけん
  c.ひようげん   d.ひょうげん
5．苦労
  a.くろ   b.くろう
  c.ころ   d.くうろ

三、从a.b.c.d中选择对应的日文汉字。

1．今の若い人は敬語を使ういしきを高めなければなりません。
  a.意志   b.意図
  c.意思   d.意識
2．この意見にさんせいする人は手を挙げてください。
  a.賛成   b.賛同
  c.同意   d.同感
3．健康は人にとって，一番たいせつなものです。
  a.大切   b.大事
  c.重要   d.貴重
4．ちょうさの結果，敬語表現を大切にしていきたい人が多いことがわかりました。
  a.考察   b.調査
  c.視察   d.観察
5．将来，日本文化をけんきゅうしたいです。
  a.追究   b.探究
  c.研究   d.追求

四、助词填空。

1．ゲーム（ ）している子もいて，親は困っています。
  a.ばかり   b.しか
  c.ほど   d.より
2．このセーターは色はきれいですが，自分（ ）合うかどうかわかりません。
  a.が   b.を
  c.に   d.と

3．調査結果（　　），30パーセントの学生が就職できないそうです。
　　a．によると　　　　　　　　b．とは
　　c．に対して　　　　　　　　d．によって
4．バーゲンに（　　）必要ないものまで買ってしまいます。
　　a．行くなら　　　　　　　　b．行くと
　　c．行っても　　　　　　　　d．行くのに
5．家（　　）空港に行く途中，事故があって飛行機の時間（　　）遅れてしまいました。
　　a．で　に　　　　　　　　　b．へ　で
　　c．から　で　　　　　　　　d．から　に

五、仿照例句，替换下列画线部分。
　例1：彼は英語ができます・日本語ができます
　　　　→彼は英語ばかりではなく，日本語もできます。
　1．試験の頃になると学生が疲れます・先生が疲れます
　　　→
　2．このセーターは男性が着ます・女性が着ます
　　　→
　3．先生は学生に知識を教えます・勉強の方法を教えなければなりません
　　　→

　例2：彼の家は小さいです・庭があります
　　　　→彼の家は小さいながら，庭があります。
　1．彼女は体によくないと知っています・ずっとタバコを吸っています
　　　→
　2．嫌だと言う・毎日練習に行きます
　　　→
　3．学生は試験は難しいと思う・自分は何とかだいじょうぶだろうと考えています
　　　→

例3：遊びに来なさいと言われました。
　　→遊びに来るようにと言われました。
1．遅れないでと先生に注意されました。
　→
2．毎日12時には寝なさいと姉に注意されました。
　→
3．日本にいる間に必ず富士山を見なさいと先生に言われました。
　→

例4：彼女はいつも英語の勉強ばかりしている。
　　→彼女は英語の勉強をしてばかりいます。
1．李さんはいつもテニスばかりしている。
　→
2．母親はいつも子供のことばかり心配している。
　→
3．あの人はいつも漫画ばかり読んでいる。
　→

六、看图，仿照例句，完成下列的句子。

例：先生，持ちます。
　→先生，お持ちしましょう。

1．先生はレポートの書き方について話しています。
　　→
2．お客さんを公園に案内します。
　　→

3．先生は学生のレポートを読んでいます。
　　→

七、从方框中选择合适的词，并以其合适的形式填在横线上。

| ずっと | どうも | わざわざ |
| たまに | やはり | なんとか |

例：この店より，あの店の料理が<u>ずっと</u>おいしいです。

1．彼は最近_____元気がないようだ。病気かもしれない。

2．_____試験に合格しました。

3．忙しくて，映画は_____しか見ません。

4．経験がなければ_____この仕事をうまくやれないだろう。

5．_____持ってきていただいて，ほんとうにありがとうございます。

八、选择填空。

1．（　　）やすいよう，字を大きく書いてください。
   a. 見 b. 見る
   c. 見た d. 見て

2．天気予報（　　），明日は雨が降るそうです。
   a. について b. によると
   c. にとって d. に対して

3．社長はもう（　　）ました。
   a. 帰ら b. 帰らられ
   c. 帰られ d. 帰れ

4．社長は一人で韓国のホテルにお泊まり（　　）。
   a. れる b. する
   c. ます d. になる

5．先生，傘を（　　）。
   a. 持たれましょうか b. 持たれるでしょうか
   c. お持ちになりましょうか d. お持ちしましょうか

6．学校に（　　）途中で，王さんに会いました。
   a. 行き b. 行った
   c. 行く d. 行きます

7．まだ４月なのに，まるで夏（　　）。
   a. のようです b. らしいです
   c. そうです d. のそうです

8．私は車で社長を（　　）。
   a. お送りになりました b. お送りしました
   c. 送られました d. お送りされました

九、根据课文回答下列问题。

1．敬語に関する本は大学生のほかに、どんな人がよく買うのですか。
2．「敬語を大切にすべきだ」と答えた人は、7年前と今では、どう違いますか。
3．日本人は敬語についてどう考えていますか。

十、听录音，从（1）（2）（3）中选择一个最合适的答案。

答え：
（1）トムさんは長野県と富士山に行きました。
（2）トムさんは長野県と富士山と鎌倉に行きました。
（3）トムさんは長野県と鎌倉に行きました。

十一、把下列句子翻译成日语。

1．足球赛不仅男性爱看，女性也爱看。
2．这家店虽然便宜，饭菜味道却不错。
3．日语的敬语难，所以要好好掌握。

補足単語

ていあん⓪［提案］	〈名、他动3〉	提案，建议，提议
のうぎょう①［農業］	〈名〉	农业
まち②［町・街］	〈名〉	城市，城镇；街道
そんなに⓪	〈副〉	（程度、数量、方式）那么样
れきし⓪［歴史］	〈名〉	历史
アパート②［apartment］	〈名〉	公共住宅，公寓
ひらがな③⓪［平仮名］	〈名〉	平假名
たちよる⓪③［立ち寄る］	〈自动1〉	顺便到，中途去；靠近
たおれる③［倒れる］	〈自动2〉	病倒；倒下，倒塌
あげる⓪［挙げる・上げる・揚げる］	〈他动2〉	抬，举；提高；给，送

けんこう⓪ ［健康］	〈名、形2〉	健康，健全
しょうらい① ［将来］	〈名〉	将来
くうこう⓪ ［空港］	〈名〉	机场
タバコ⓪ ［煙草］	〈名〉	烟，烟草，香烟
すう⓪ ［吸う］	〈他动1〉	吸，吸入
けいけん⓪ ［経験］	〈名、他动3〉	经验，经历，体验
ながのけん③ ［長野県］	〈名〉	（地名）长野县

ことわざ

郷に入っては郷に従え／入乡随俗
礼は急げ／迅礼要快

本课专栏答案：
木村さんがけっこんします（外套が大きいです、自己の姿が見えない、人を殺す、死者の霊が出現する鏡，非实事。）

敬语与就业

　　学习日语的外国人大多认为敬语难以掌握。原因之一在于日语敬语是相对敬语（相対敬語そうたいけいご），即说话人要根据谈话对方或话题中人物的不同随时判断是否使用敬语以及选用哪种敬语形式。对此日本人也认为难。

　　大学生在求职活动中，一般要去参加公司的说明会；要拜访师兄师姐任职的公司；要参加面试。这些环节中很重要的一项是用敬语交流。他们往往模仿着从书本上、网络中学到的敬语表达方式，但因为学生时代使用敬语的机会不多，情急之下常常出错。

　　一位搞经营学的教师开设了一个"敬语研讨班（敬語ゼミ）"。按照常规，经营学专业是不会开语言课程的。在研讨班上老师对语言的要求很严格，追求最恰当、最得体的表达方式。结果参加了研讨班的学生不仅就业率高，而且常常是一名学生同时被数家名企业选中。

　　研讨班为练习敬语设定了各种场景：比如大学4年级的学生面对博士生，有时讲述硕士生的事情；有时汇报低年级的情况；有时介绍老师的科研成果……，总之通过话题中人物的改变使大学生在敬语的使用方面得到锻炼。

　　当然，并不是敬语用得好就一定能进理想的公司，但因为平时实践经验的积累，他（她）们能够用敬语自如地表达自己的思想，也掌握了不失礼节地反驳对方意见的技巧。对于他们，敬语不是外出时偶尔穿着的衣服，而更像平时穿着随意又活动自如的T恤衫。这就是人们常说的"习惯成自然"（習ならうより慣なれよ）。

问

客户来公司洽谈业务，恰巧总经理木村不在。接待人员告诉客户"木村社長は出かけていらっしゃいます"。你知道这句话错在哪里？正确的说法是什么吗？（答案请在本课找）

第 30 課

感謝の気持ち

本课重点

一、コミュニケーション表現
1. 1年間，ほんとうにありがとうございました。
2. 先生はお元気でいらっしゃいますか。
3. 今はおかげさまで少し自信を持っています。
4. 先生がこれからもお元気でご活躍なさることを祈っています。
5. よかったらぜひ，中国に遊びにいらっしゃってください。
6. 玲ちゃんの留学が無事に終わったことを祝って乾杯！
7. まあまあ，玲ちゃん，そんなに緊張しないで。おすしでもおでんでも，好きなものをたくさん召しあがってね。
8. お正月には4人で北京におじゃまするから，よろしくね。

二、文法
1. 敬语动词
2. 补助动词：くださる
3. 终助词的重叠形式：なよ
4. 推测助动词：らしい
5. 副助词：でも②

三、文型
1. ～後，～
2. ご（お）～なさいます
3. ～たびに，～
4. ～ばかりです
5. ～させて／せていただきます

第 30 課

１年間，本当にありがとうございました

沢田真希先生

　まだ暑い日が続いています。夏休みも終わりに近づいてきましたが，先生はお元気でいらっしゃいますか。

　私は期末試験の後，京都に旅行したり，アルバイトをしたりしていましたが，明日，北京に帰ります。先生，大変お世話になりました。１年前，成田空港に下りた時，私の日本語はまだまだ下手でした。今はおかげさまで少し自信を持っています。先生が一生懸命，工夫をして授業をしてくださったので，クラスの学生はとても感謝しています。私は授業の時，先生がおっしゃった日本語学習のアドバイスをこれからも実行します。先生にいただいたアドバイスは，留学生にとって，とても役に立ちます。

　先生がこれからもお元気でご活躍なさることを祈っています。そしてよかったらぜひ，中国に遊びにいらっしゃってください。先生が北京に来てくださったら，とても嬉しいです。その時は万里の長城や故宮にご案内いたします。

　私は大学を卒業した後，また，日本に参ります。その時はご連絡をさしあげます。では，先生，もう一度申しあげます。１年間，本当に

ありがとうございました。
２０１４年８月 ２１日
にせんじゅうよねんはちがつにじゅういちにち

王 玲
おう れい

新しい言葉 I

1.	かんしゃ①［感謝］	〈名、他动3〉	感谢
2.	～かん［間］	〈后缀〉	～间，～之间
3.	さわだまき④ [沢田真希]	〈名〉	（人名）泽田真希
4.	つづく⓪［続く］	〈自动1〉	继续，连续；接着
5.	ちかづく③［近づく］	〈自动1〉	靠近，邻近
6.	いらっしゃる④	〈自动1〉	（尊敬语）在，来，去
7.	きまつ⓪［期末］	〈名〉	期末
8.	きょうと①［京都］	〈名〉	（地名）京都
9.	なりたくうこう④ [成田空港]	〈名〉	成田机场
10.	まだまだ①	〈副〉	还，尚
11.	へた②［下手］	〈形2、名〉	不高明，笨拙；马虎，不慎重
12.	おかげ⓪	〈名〉	托～的福，幸亏～，由于～的缘故
	おかげさまで⓪	〈词组〉	（寒暄语）托您的福
13.	いっしょうけんめい④ [一生懸命]	〈副、形2〉	拼命，努力
14.	くふう⓪［工夫］	〈名、自他动3〉	想办法，下功夫；办法，窍门
15.	クラス①［class］	〈名〉	班，班级；等级
16.	おっしゃる③	〈自动1〉	（"言う"的尊敬语）说，叫
17.	がくしゅう⓪ [学習]	〈名、他动3〉	学习

第 30 課

18. アドバイス①③
    [advice] 〈名、他动3〉 忠告，建议
19. じっこう⓪ [実行] 〈自动3、名〉 实行，实践，执行
20. かつやく⓪ [活躍] 〈名、自动3〉 活跃，积极活动
21. なさる② 〈他动1〉 ("する"的尊敬语) 做，干
22. いのる② [祈る] 〈他动1〉 祈祷；祝愿
23. ぜひ① 〈副〉 无论如何，务必，一定
24. こきゅう① [故宮] 〈名〉 故宫
25. そつぎょう⓪ [卒業]〈自动3、名〉 毕业
26. まいる① [参る] 〈自动1〉 (自谦语) 来，去；参拜；输，败
27. れんらく⓪ [連絡] 〈名、自他动3〉 联络，联系
28. さしあげる⓪④
    [差し上げる] 〈他动2〉 ("あげる"的自谦语) 给，赠给
29. もうしあげる⑤⓪
    [申し上げる] 〈他动2〉 ("言う"的自谦语) 说，讲，提及

会話　思い出すたびに会いたくなるでしょう

王玲回国的日子快到了。中村全家为她开欢送会。

俊一：じゃあ，乾杯しよう。玲ちゃんの留学が無事に終わったことを祝って乾杯！

みな：乾杯！

王玲：（站起，紧张地）お父さん，お母さん，隆太さん，亜美ちゃん，1年の間，ホームステイをさせていただいて，ありがとうございました。おかげさまで，日本で楽しく暮らしました。
（激动地流下眼泪）皆さんのことは思い出すたびに会いたくなるでしょう。

敬子：まあまあ，玲ちゃん，そんなに緊張しないで。おすしでもおでんでも，好きなものをたくさん召しあがってね。

隆太：そうだよ。泣くなよ。それより，おでんを食ってよ。

（隆太和亚美往王玲盘子里挟菜）

王玲：（擦眼泪，然后不好意思地笑了）私は涙も出るけれど，おでんも食べたいです。

敬子：玲ちゃん，お正月には4人で北京におじゃますから，よろしくね。

王玲：父は新しい車を買ったばかりですから，その車で案内してさしあげます。

亜美：友だちに聞いたんだけど，北京は歴史が古くて，本当にいい感じらしいね。

俊一：北京っ子が案内してくれるから，楽しみだね。

新しい言葉 II

30. おもいだす④⓪
    [思い出す]　　　〈他动1〉　　　回想起，回忆起
31. たび②　[度]　　〈名〉　　　　　每当，每次；回，次
32. かんぱい⓪
    [乾杯]　　　　　〈自动3、名〉　干杯

33. りゅうがく⓪ ［留学］　〈名、自动3〉　　留学
34. ぶじ⓪ ［無事］　　〈形2、名〉　　　平安，无事
35. いわう② ［祝う］　　〈他动1〉　　　祝贺，庆祝
36. くらす⓪ ［暮らす］　〈自他动1〉　　生活，度日，过日子
37. まあまあ①　　　　　〈副〉　　　　　好了好了，得了得了；
　　　　　　　　　　　　　　　　　　　马马虎虎，一般，还可以
38. おすし② ［お寿司］　〈名〉　　　　　饭团，饭卷，寿司
39. めしあがる⓪④
　　　　［召し上がる］　〈他动1〉　　　（尊敬语）吃，喝
40. なく⓪ ［泣く］　　　〈自动1〉　　　哭，哭泣
41. くう① ［食う］　　　〈他动1〉　　　吃
42. なみだ① ［涙］　　　〈名〉　　　　　泪，眼泪
43. しょうがつ④⓪
　　　　［正月］　　　　〈名〉　　　　　正月，新年
44. じゃま⓪ ［邪魔］　　〈他动3、名、形2〉　打扰，干扰，妨碍
45. れきし⓪ ［歴史］　　〈名〉　　　　　历史
46. ふるい② ［古い］　　〈形1〉　　　　年久，古老；陈旧
47. かんじ⓪ ［感じ］　　〈名〉　　　　　印象，感觉
48. ペキンっこ⓪
　　　　［北京っ子］　　〈名〉　　　　　北京孩儿，北京人

説明

一、コミュニケーション表現

1. 1年間，ほんとうにありがとうございました。

　　意为"非常感谢一年来的关照"。这是自己得到对方诸多关照，即将分别时说的寒暄语。

2. 先生はお元気でいらっしゃいますか。

　　意为"老师，您一切可好？"。"お元気でいらっしゃいますか"是"お元気ですか"的尊敬说法，用于在有一段时间没有见面或写信时，晚辈向长辈、下级向上级问候、寒暄。

3. 今はおかげさまで少し自信を持っています。

　　意为"在您的教诲下，现在我多少有些自信了"。"おかげさまで"是经常使用的客套话，原意是"托您的福"，翻译时可以灵活掌握。例如：

いい成績をとりましたね。
——おかげさまで。

お元気ですか。
——おかげさまで，元気です。

4. 先生がこれからもお元気でご活躍なさることを祈っています。

　　意为"祝老师身体健康、宏图大展"。这是祝福别人时说的话，一般用于信件结尾，或写在贺年卡上表示祝福之意。

5. よかったらぜひ，中国に遊びにいらっしゃってください。

　　意为"方便的时候，请一定来中国玩儿"。用于邀请他人时的寒暄语。"よかったら"是为了表示尊重别人，不强加于人之意；"ぜひ"表示恳切的意思，意为"一定"；"いらっしゃってください"是"来てください"的尊敬说法。

6. 玲ちゃんの留学が無事に終わったことを祝って乾杯！

　　意为"为玲玲留学顺利结束，干杯！"。这是为庆祝什么事情干杯时的用语。什么事情后面加"を祝って乾杯！"即可。例如：

王さんの大学入試合格を祝って乾杯！
君の発表が順調に終わったことを祝って乾杯！

7. まあまあ，玲ちゃん，そんなに緊張しないで。おすしでもおでんでも，好きなものをたくさん召しあがってね。

　　意为"好了好了，玲玲，别那么激动。寿司啦关东煮什么的，要多吃些自己喜欢吃的东西"。饭桌上用于劝别人多吃些饭菜时常说的话。"まあまあ"意为"好了"，用来表示抚慰别人。"おすしでもおでんでも"表示例举；"たくさん召しあがってね"，用来招呼客人多吃，是关系比较亲密的人之间的说法。一般用"たくさん召しあがってください"。

8．お正月には４人で北京におじゃますから，よろしくね。

　　意为"过新年的时候，我们4个人访问北京，请多多关照。"这是将要去某地访问，请对方多关照时说的话。"北京におじゃまする"是讲自己访问北京的客气表达方式；"よろしくね"是"よろしくお願いしますね"的简慢、一般说法，用于关系密切、亲近的人。

二、文法

1．敬语动词

　　日语的敬语动词一般包括尊敬语、自谦语和郑重语。尊敬语表示说话人对句中行为主体的敬意、尊敬；自谦语是以自谦的方式表述自己或自己一方人的行为，以此来提高他人的身份或地位，表示对他人的敬意、尊敬。需要对他人表示敬意、尊敬时，即可以使用敬语动词，也可以使用动词的敬语形式。郑重语用于比较正式的场合，表示说话人有较高的素养。一般常用的动词和与其相对应的普通动词如下表：

表1　尊敬语动词及其与之相对应的普通动词

尊敬语动词	相对应的普通动词
いらっしゃる（いらっしゃいます）	いる、行く、来る
おっしゃる（おっしゃいます）	言う
なさる（なさいます）	する、なす、おこなう
くださる（くださいます）	くれる、与える
ござる（ございます）	ある
召しあがる（召しあがります）	食べる、飲む
ご覧になる（ご覧になります）	見る
おいでになる（おいでになります）	行く、来る、いる

表2　自谦语动词及其与之相对应的普通动词

自谦语动词	相对应的普通动词
参る（参ります）	来る、行く
伺う（伺います）	訪問する、行く、尋ねる、聞く、問う
申す（申します）	言う、語る、告げる
致す（致します）	する、行う
いただく（いただきます）	もらう、食べる、飲む
頂戴する（頂戴します）	もらう
差し上げる（差し上げます）	与える、やる、あげる
存じる（存じます）	思う、考える、知る
申し上げる（申し上げます）	言う
拝見する（拝見します）	見る
お目にかかる（お目にかかります）	会う

表3　郑重语动词及其与之相对应的普通动词

郑重语动词	相对应的普通动词
おる（おります）	いる
ござる（ございます）	いる、ある
でござる（でございます）	だ

注意：如上表括号中所示，有些敬语动词接续"ます"时，词尾活用变化比较特殊。

例如：
田中先生が10時ごろ大学に**いらっしゃる**そうです。（尊敬）
この辞書は大学の先生が**くださいました**。（尊敬）
これから大学の図書館へ**参ります**。（自谦）
それでは注意事項をもう一度**申し上げます**。（自谦）
こちらは学長の王先生**でございます**。（郑重）

2．补助动词　くださる

"くださる"接在动词第二连用形＋"て"（て形）的后面，构成"〜てくださる"的形式，是特殊词尾变化的动词，表示授受关系，用来叙述别人为自己或自己一方的人做了某种有益的事情，带有受到恩惠的语气。一般用于晚辈对长辈、下级对上级。例如：

田中先生は私達に日本語を教え**てくださいました**。
部長さんはいつも私達の意見を大事に**してくださいましたね**。
わざわざ遠いところから来**てくださいまして**，ありがとうございました。

3．终助词的重叠形式　なよ

"なよ"由"な"和"よ"组成，男性用语。"な"接在动词终止形后面，表示禁止的语气，和"よ"重叠使用，语气令人感到亲切。例如：

あそこは危ないから行く**なよ**。
運転する人は酒を飲む**なよ**。
ぼくはやるべきことをやっただけだから，感謝なんてする**なよ**。

4．推测助动词　らしい

接在动词、形容词1终止形或形容词2词干、体言后面，表示客观的

推測。一般可以译为"好像～""像是～"。例如：
　　天気予報によると，明日雨が降る**らしい**です。
　　午前中，町で李さん**らしい**人を見ました。
　　彼女は顔色がよくない。疲れている**らしい**。

5．副助词　でも②

　　接在体言后面，表示例举、提示。一般可以译为"譬如～""～什么的"，也可以灵活翻译。例如：
　　お茶**でも**飲みましょうか。
　　先生に**でも**相談してみたらどうでしょうか。。
　　水ギョーザが好きで，毎日**でも**食べたいくらいです。

三、文型

1．～後，～

　　接在动词"た形"或"体言＋の"后面，表示事情的先后顺序。一般可以译为"～之后～""～以后～"。例如：
　　彼が帰った**後**，田中さんが来ました。
　　講義が終わった**後**，テニスの試合があった。
　　スポーツ大会の**後**，みんなで飲みに行くと約束した。

2．ご（お）～なさいます

　　"ご（お）＋动词第一连用形或サ变动词词干＋なさる"构成动词的敬语形式，表示对对方或话题人物的尊敬。例如：
　　そんなことまで**ご**心配**なさる**必要はありません。
　　王先生は来月，環境問題について**ご**講演**なさる**そうです。
　　中村さんは会社のために長い間**ご**苦労**なさっ**た。
　　馬先生は田中先生に**お**電話**なさっ**た。

3．～たび（に），～

　　接在动词词典形或"体言＋の"后面，前一个分句为前提条件，后一个分句表示的是伴随而来的行为。一般可以译为"每当～""每次～"。例如：
　　この写真を見る**たびに**勉強の意欲が出てきます。

故郷へ帰る**たびに**新しい発見があります。

子供の時、隣のおじさんは外国に行く**たびに**おみやげを買ってくださいました。

4．～ばかりです

简体形式是"～ばかりだ"。接在动词过去式（た形）后面，表示某个动作或行为刚刚结束。一般可以译为"刚刚～"。例如：

この本は買った**ばかり**でまだ読んでいない。

日本に来た**ばかり**ですから、日本語がまだ下手です。

今年会社に入った**ばかり**だから、まだ知らない人がたくさんいます。

5．～させて／せていただきます

简体形式是"～させて／せていただく"。接动1、动2时与"ない"的接续方法相同，动3"する"直接变为"させていただく"，カ变动词"来る"变为"来（こ）させていただく"。用来争取、请求别人同意自己的言行。一般可以译为"请允许我～"。例如：

先に意見を発表**させていただきます**。

では、先に帰ら**せていただきます**。

この問題は私に調べ**させていただきます**。

この仕事は私にやら**せていただきたい**と思います。

練習

● 一、用正确的语音语调大声朗读下列句子。

1．夏休みも終わりに近づいてきましたが、先生はお元気でいらっしゃいますか。

2．先生が一生懸命、工夫をして授業をしてくださったので、クラスの学生はとても感謝しています。

3．先生がこれからもお元気でご活躍なさることを祈っています。

4．1年間、ホームステイをさせていただいて、ありがとうござ

第 30 課

いました。
5．北京っ子が案内してくれるから，楽しみだね。

二、从a.b.c.d中选择一个正确的读音。

1．無事
   a. むこと　　　　　　　　b. むじ
   c. ないこと　　　　　　　d. ぶじ

2．実行
   a. じこう　　　　　　　　b. じつこう
   c. じっこう　　　　　　　d. じつごう

3．一生懸命
   a. いっしょけんめい　　　b. いっしょうけめ
   c. いっしょうげんめい　　d. いっしょうけんめい

4．空港
   a. くうこう　　　　　　　b. こうこう
   c. こうくう　　　　　　　d. くうごう

5．動物
   a. どうぶつ　　　　　　　b. どぶつ
   c. とうぶつ　　　　　　　d. どうふつ

三、从a.b.c.d中选择对应的日文汉字。

1．ご成功をお<u>いの</u>りします。
   a. 祝　　　　　　　　　　b. 祈
   c. 願　　　　　　　　　　d. 祷

2．<u>くふう</u>して携帯電話代を少なくするようにしています。
   a. 苦心　　　　　　　　　b. 工夫
   c. 功夫　　　　　　　　　d. 苦労

3．私が東京をご<u>あんない</u>しましょう。
   a. 引導　　　　　　　　　b. 按排
   c. 紹介　　　　　　　　　d. 案内

4．お正月が<u>ちか</u>づきました。
   a. 着　　　　　　　　　　b. 到
   c. 近　　　　　　　　　　d. 臨

5. きんちょう感のない人生はおもしろくないと思います。
   a. 緊張　　　　　　　　　　b. 緊迫
   c. 緊切　　　　　　　　　　d. 緊急

四、助詞填空。

1. わたしが持っている日本の雑誌は，父（　　）日本に行くたびに買ってきてくれたものです。
   a. は　　　　　　　　　　b. が
   c. には　　　　　　　　　d. では

2. 私（　　）大学の授業を受ける時，よく沢田先生（　　）教えてくださった学習方法を実行しています。
   a. は　が　　　　　　　　b. が　は
   c. は　は　　　　　　　　d. が　に

3. 先輩（　　）いただいたアドバイスは，私にとって，とても役に立つと思います。
   a. へ　　　　　　　　　　b. が
   c. に　　　　　　　　　　d. の

4. 帰国したマリーさんにはもう会えない（　　）と思っていたが，中国に来てくれたので，また会うことができました。
   a. よ　　　　　　　　　　b. ね
   c. の　　　　　　　　　　d. か

5. 「いただく」（　　）「食べる」という意味もあります。
   a. が　　　　　　　　　　b. は
   c. には　　　　　　　　　d. では

五、仿照例句，替换下列画线部分。

例1：先生が一生懸命工夫をして授業をしてくれました。
　　→先生が一生懸命工夫をして授業をしてくださいました。

1. これは高橋先生が直してくれたレポートです。
   →

2. 社長がパーティーのお金を出してくれるそうです。
   →

3. 皆さんは私の手料理を特に「おいしい」と言ってくれません

でした。
　　→

例2：息子さんはいつごろ結婚しますか。
　　　　→息子さんはいつごろご結婚なさいますか。

1．早く電話をしたほうがいいと思います。
　　→

2．そんなに心配しないでください。
　　→

3．そのことを田中さんに連絡したら喜ぶでしょう。
　　→

例3：先生は明日は来ないと言いました。
　　　　→先生は明日は来ないとおっしゃいました。

1．今晩何を食べますか。
　　→

2．先生はアメリカに行ったことがありますか。
　　→

3．明日お父様は会社にいますか。
　　→

例4：彼女は緊張してあいさつをしました・泣き出しました
　　　　→彼女は緊張してあいさつをした後，泣き出しました。

1．期末試験が終わりました・ぜひ富士山に行きたいです
　　→

2．私は留学が終わりました・日本で働きたいです
　　→

3．私は大学を卒業しました・大学院へ行くつもりです
　　→

例5：中村さんは温泉から帰ってきました。
　　　　→中村さんは温泉から帰ってきたばかりです。

1．隆太さんは先月，学会で発表しました。
　　→

2．王玲さんはレインコートを買いました。
　　→

3．私の兄は会社の寮に住み始めました。
　　→

六、看图，仿照例句，完成下列的句子。

例：どこかへ行きますか。
　　→どこかへいらっしゃいますか。

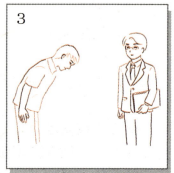

1．明日，研究室に行きたいのですが。
　　→
2．資料ができたら，持って行きます。
　　→
3．沢田と言います。よろしく願います。
　　→

七、从方框中选择合适的词，并以其合适的形式填在横线上。

ようだ	らしい	必ず
ぜひ	では	少し

第 30 課

例：おかげさまで自分の日本語に<u>少し</u>自信を持てるようになりました。

1．敬語の使い方を_____教えてください。

2．いつか_____参りますから，よろしくお願いします。

3．外は暗いです。もうすぐ雨が降る_____。

4．兄_____声が聞こえたので，ドアを開けました。

5．これで失礼いたします。_____お元気で。

八、选择填空。

1．スケジュールが決まりましたら，ご連絡を（　　）。
　　a．いただけます　　　　b．されます
　　c．さしあげます　　　　d．いたす

2．よかったらぜひ，わたしの手作りのギョーザを（　　）ください。
　　a．めしあがって　　　　b．いただいて
　　c．お食べさせて　　　　d．お食べして

3．父にアドバイスを（　　）と思いました。
　　a．くださろう　　　　　b．いただけませんか
　　c．もらいませんか　　　d．もらおう

4．風邪を引かないよう（　　）お願いします。
　　a．注意され　　　　　　b．お注意
　　c．注意して　　　　　　d．ご注意

5．明日は天気が晴れ（　　）です。
　　a．と言う　　　　　　　b．だらしい
　　c．そう　　　　　　　　d．よう

6．彼と会う（　　）いい人だと思います。
　　a．なら　　　　　　　　b．たびに
　　c．ので　　　　　　　　d．だけ

7．試験が（　　）です。アルバイト（　　）しようかと思っています。
　　a．終わったばかり　でも　　b．終わるばかり　にでも
　　c．終わりばかり　など　　　d．終わっただけ　でも

8．長い間，皆さんと一緒に仕事を（　　），ありがとうございました。
   a．させられて　　　　　　　　b．されて
   c．させていただいて　　　　　d．させてくれて

九、根据课文回答下列问题。

1．王玲さんは試験の後，何をしましたか。
2．王玲さんは日本語に自信を持つようになりましたか。
3．王玲さんはいつまた日本に来ると言っていますか。
4．王玲さんと中村さん家族4人は今度いつどこで会いますか。

十、听录音，从（1）（2）（3）中选择一个最合适的答案。

1．答え：
   （1）店長さんは店員が少なくて困っています。
   （2）店員が仕事をやめるので，店長さんは喜んでいます。
   （3）自分の知らない人を店長に紹介しようとしています。

2．答え：
   （1）李さんは来年の8月，上海に行きます。
   （2）李さんは来年の8月，上海から来ます。
   （3）李さんは来年の8月，上海にいます。

十一、把下列句子翻译成日语。

1．我向客人做了详细的说明。
2．从老师那里借来的小说已经看完了。
3．老师说的那些话，我永远都不会忘记。
4．每次出差我都要在附近找温泉。
5．这是从田中老师那里得到的礼物。

補足単語

にゅうし①① ［入試］	〈名〉	入学考试
ごうかく⓪ ［合格］	〈名、自动3〉	考上；合格，合乎标准
じゅんちょう⓪ ［順調］	〈名、形2〉	顺利

第 30 課

ごらん⓪　［ご覧］	〈名〉	看，观赏
ご覧になる	〈词组〉	（尊敬语）看，观赏
うかがう⓪　［伺う］	〈自他动1〉	（自谦语）拜访；请教，打听；听说
もうす①　［申す］	〈他动1〉	（自谦语）说，叫做
いたす②⓪　［致す］	〈他动1〉	（自谦语）做，办
ちょうだい③　［頂戴］	〈名、他动3〉	（自谦语）领受；吃，喝
ぞんじる③⓪　［存じる］	〈自他动2〉	（自谦语）知道；想，打算，认为
はいけん⓪　［拝見］	〈名、他动3〉	（自谦语）拜阅，拜读
かかる②　［係る・掛かる・懸かる］	〈自动1〉	关系，涉及；垂挂，悬挂
お目にかかる	〈词组〉	（自谦语）见；见面；会见
ちゅういじこう④　［注意事項］	〈名〉	注意事项
あぶない⓪③　［危ない］	〈形1〉	危险
かおいろ⓪　［顔色］	〈名〉	脸色，气色
こうぎ①③　［講義］	〈名、他动3〉	讲课，讲解
いよく①　［意欲］	〈名〉	欲望，积极性，劲头
はっけん⓪　［発見］	〈名、他动3〉	发现
せいこう⓪　［成功］	〈名、自动3〉	成功
～かん　［感］	〈后缀〉	～感，感觉
せんぱい⓪　［先輩］	〈名〉	年长者，老前辈；（早入同一学校、公司的）老资格；（早期毕业的）校友
なおす②　［直す・治す］	〈他动1〉	改（正），矫正；修理；治疗
～さま　［様］	〈后缀〉	表示郑重，客气；～先生，～女士
しりょう①　［資料］	〈名〉	资料

たすかる③　[助かる]	〈自动1〉	省力，省事；得救，获救；有帮助
シャンハイ①　[上海]	〈名〉	（地名）上海
がっかい⓪　[学会]	〈名〉	学会

ことわざ

言うは易く行なうは難し／说到容易做到难
鬼に金棒／如虎添翼

本课名言警句：
不懂装懂永远是饭桶的人。

"ありがとうございます"和"すみません"

　　我们非常熟悉又经常使用的"ありがとうございます"是怎样形成的呢？让我们从语源讲起。

　　古典日语中表示存在的动词"有り・在り"后续形容词"難し"构成复合词"有り難し"，它表示"难以存在的""非常难得的"等意义。《源氏物语・東屋》有一句话就是这个用法："世の中はありがたくむつかしげなるものかな"（生活在这个世上很难啊！）。以后这个词随时代演变为当今常见的形容词"ありがたい"（值得感谢的）。按照现代语法规则，形容词连接"ございます"时要发生"う"音变，因而形成"ありがとうございます"。

　　大家都知道"すみません"是对不起的意思，但是，在实际生活中，"すみません"的用法比较灵活。它主要用于三种场合：道歉、请求帮助和感谢。前两种情况比较容易理解，后一种对我们来说也许有些陌生。举例来说，在中国有人为你开门你会说谢谢，但在日本人们通常说"すみません"。有人为你让路、为你捡起掉在地上的东西，接受帮助的人大都说"すみません"。

　　为什么"すみません"会有这样的用法呢？原因在于语源。"すみません"有两个汉字表记："済みません"和"澄みません"。汉字"済む"与"澄む"语源互通，前者有完了、结束，后者有清澈、宁静的意思。"あなたにこんなことをしていただいては、私の心は穏やかではありません"（承蒙您如此帮助，我难以心安）。这就是"すみません"的深层含义。

请猜一猜熟语"愚痴多き、人哀れ"的意思。（答案请在本课找）

付録1

単元の練習（4）

一、下線の付いた漢字の読み方を（　　）の中に書きなさい。
（1）この問題は難しいですか。　　　　　　　　　　（　　　）
（2）これはどんな意味か考えましょう。　　　　　　（　　　）
（3）友達との約束を守りましょう。　　　　　　　　（　　　）
（4）これはだれの荷物ですか。　　　　　　　　　　（　　　）
（5）それは私の仕事です。　　　　　　　　　　　　（　　　）
（6）こちらの生活に慣れましたか。　　　　　　　　（　　　）
（7）高校時代のことはいい思い出になりました。　　（　　　）
（8）これは本場の中国料理です。　　　　　　　　　（　　　）
（9）先生の質問に答えてください。　　　　　　　　（　　　）
（10）私の名前を覚えていますか。　　　　　　　　（　　　）

二、下線の付いた片仮名の漢字を（　　）の中に書きなさい。
（1）ここのカンキョウはとてもいいです。　　　　　（　　　）
（2）これが大自然のメグみです。　　　　　　　　　（　　　）
（3）今回のリョコウは楽しかったです。　　　　　　（　　　）
（4）今晩のパーティーをタノしんできてください。　（　　　）
（5）最近，水のネダンが高くなりました。　　　　　（　　　）
（6）これが今月の全部のシュウニュウです。　　　　（　　　）
（7）エイヨウのあるものをたくさん食べてください。（　　　）
（8）サバクに住んでいる人にとっては水が一番大切なものです。
　　　　　　　　　　　　　　　　　　　　　　　　（　　　）
（9）授業の後，デンキヤへ行くつもりです。　　　　（　　　）
（10）両親は私の進歩をヨロコんでいます。　　　　（　　　）

付録1

三 （　）の中に入れる外来語として正しいものはどれですか。a．b．c．dの中から1つ選びなさい。

（1）私はいつも近くの（　）で買い物をします。
　　a．テパート　　　　　　　b．デパート
　　c．デハート　　　　　　　d．デバート
（2）これは彼女の（　）な話なので，聞かないでください。
　　a．プライベト　　　　　　b．プーライベト
　　c．プライベート　　　　　d．プライベトー
（3）そこの（　）をこのごみ箱に捨ててください。
　　a．ペドボトル　　　　　　b．ペドボットル
　　c．ペットボトル　　　　　d．ペトボトル
（4）私はアメリカの友達の家に1週間（　）したことがあります。
　　a．ホームスデイ　　　　　b．ホームスデ
　　c．ホームズデイー　　　　d．ホームステイ
（5）母は今（　）をしていますので，甘いものをぜんぜん食べていません。
　　a．タイエト　　　　　　　b．ダイエド
　　c．ダイエット　　　　　　d．ダイエッド

四 （　）の中に入れる言葉として正しいものをa．b．c．dの中から1つ選びなさい。

（1）田中先生（　）かわりに今日から私が出席をとります。
　　a．が　　　b．に　　　c．と　　　d．の
（2）とてもいい天気で，雲が一つ（　）ありません。
　　a．は　　　b．も　　　c．で　　　d．と
（3）いい絵をかこう（　）思って，夏休みに海へ行って景色を見てきました。
　　a．は　　　b．も　　　c．で　　　d．と
（4）わたしはこれからも日本語を勉強して（　）つもりです。
　　a．きた　　b．いった　c．くる　　d．いく
（5）1年間の勉強で，日本語で電話がかけられる（　）になりました。
　　a．つもり　b．よう　　c．ため　　d．かわり

261

（6）昨日，駅の待合室でいす（　）ベッドにして寝ました。
　　　　a．を　　　　b．が　　　　c．で　　　　d．も
（7）試験の時間をもう一度聞いて（　）から，ちょっと待ってください。
　　　　a．みて　　　b．みていた　c．みます　　d．みよう
（8）彼は国家公務員の試験を受ける（　），毎日一生懸命に勉強しています。
　　　　a．かわりに　b．ために　　c．ためで　　d．つもりに
（9）こちらに来てからまだ2週間ですが，もうずいぶん日が経った（　）。
　　　　a．ような気がします　　　　b．ことができます
　　　　c．かもしれません　　　　　d．ことになります
（10）陳皮を作るときは皮をよく（　）。
　　　　a．洗ったことがあります　　b．洗わなければなりません
　　　　c．洗ってような気がします　d．洗ってしなければいけません

、(1)～(3)のそれぞれの文に最も近い意味の文をa.b.c.dの中から1つ選びなさい。

（1）王先生もたぶん私たちのクラスの忘年会に参加するでしょう。
　　　　a．王先生は私たちのクラスの忘年会に参加することができません。
　　　　b．王先生は私たちのクラスの忘年会に参加したことがあります。
　　　　c．王先生も私たちのクラスの忘年会に参加するかもしれません。
　　　　d．王先生は私たちのクラスの忘年会に参加することになります。
（2）この部屋は靴のまま入ってはいけません。
　　　　a．この部屋は靴を脱いで入ることになっています。
　　　　b．この部屋は靴を履いても入ることができます。
　　　　c．この部屋は靴を履いて入らなければなりません。
　　　　d．この部屋は靴を履かないで入らないでください。
（3）日本人はずっと前から節水するという気持ちがあったとは言えません。
　　　　a．日本人はずっと前から節水していました。
　　　　b．日本人はずっと前から節水していましたが，いまはしていません。
　　　　c．日本人は前は節水していませんでしたが，いまは節水しています。
　　　　d．日本人はずっと前からも節水していましたし，いまも節水しています。

六、次の文を完成させなさい。
(1) 劉さんが今日来なかったのは＿＿＿＿＿＿＿＿＿＿＿＿＿＿＿＿。
(2) ＿＿＿＿＿＿＿＿＿＿＿＿＿＿＿＿＿＿旅行するつもりです。
(3) 今度の試験でいい成績をとるために，＿＿＿＿＿＿＿＿＿＿＿＿。
(4) ＿＿＿＿＿＿＿＿＿＿＿＿＿＿が，今はできるようになりました。
(5) 初めて日本語であいさつした時，＿＿＿＿＿＿＿＿＿＿＿＿＿＿＿。

七、次の場合は日本語で何と言いますか。
(1) 外面很黑，提醒対方注意。⇒
(2) 同情対方，说那可真不得了了！⇒
(3) 希望対方充分享受旅行的愉快。⇒

八、次の文章を読んで，後の問に答えなさい。

／和服

　日本の着物は大変美しいものです。着物に描かれている四季の風景や物をみると、日本人が昔から自然を愛してきたことがわかります。着物はまるで美術品のようで、それを着ている女性はどんな人も優しくしとやかに見えます。

　戦前の日本では多くの人が日常的に着物を着て生活していました。しかし、現代の日本ではそのような人はあまり多くありません。その理由は、活動的で忙しい生活のパターンに着物が合わない（　a　）です。たとえば、駅の階段を上り下りする時、または車を乗り降りする時、着物はかなり不便です。

　日本人が着物を日常的に着ていた頃、それらの着物は高価な物ではありませんでした。ですから着物の着方も簡単でした。現在は成人式や結婚式などの特別な機会に高価な着物を着ることが多いので、着方の決まりも多く、一人で着られる人はあまりいません。

　しかし、日本人は着物が嫌いになった（　b　）ではありません。最近は、おばあさんが着ていた着物でブラウスやワンピース、バッグなどを作る

人がいます。また，夏の間は「浴衣」という簡単な着物が若い女性に人気があります。

（1）（　a　）に入れる言葉を次の中から1つ選びなさい。
　　 a．わけ　　　　b．の　　　　c．もの　　　　d．から
（2）（　b　）に入れる言葉を次の中から1つ選びなさい。
　　 a．から　　　　b．わけ　　　c．のだ　　　　d．こと
（3）次のa.b.c.dの文の中で正しいものに○をつけなさい。
　　 a．女性はどんな人も優しくしとやかに見えます。
　　 b．戦前の日本では多くの人が毎日着物を着ていました。
　　 c．日本人は日常的に高価な着物を着ています。
　　 d．成人式や結婚式などの特別な機会に「浴衣」を着る若い女性がいます。
（4）日本人が着物をあまり着なくなった理由を次のa．b．c．dの中から選び，○をつけなさい。
　　 a．着物はまるで美術品のように高いから
　　 b．着方の決まりが多く，一人で着られないから
　　 c．活動的で忙しい生活に合わないから
　　 d．おばあさんの着物でブラウスやワンピース，バッグなどを作るから

正解：

一、(1) もんだい　　(2) かんが　　(3) まも　　(4) にもつ
　　(5) しごと　　(6) な　　(7) おもいで　　(8) ほんば
　　(9) こた　　(10) おぼ

二、(1) 環境　　(2) 恵　　(3) 旅行　　(4) 楽
　　(5) 値段　　(6) 収入　　(7) 栄養　　(8) 砂漠
　　(9) 電気屋　　(10) 喜

三、(1) b　(2) c　(3) a　(4) d　(5) c

四、(1) d　(2) b　(3) d　(4) d　(5) b
　　(6) a　(7) c　(8) b　(9) a　(10) d

五、(1) c　(2) a　(3) c

六、(参考例)
　(1) 病気になったからです（授業があったからです）
　(2) 今度の夏休みに（高校の友達といっしょに）
　(3) 毎日よく勉強しなければなりません（今からがんばらなければなりません）
　(4) 半年前はまだ日本語で話すことができませんでした（前は日本語でメールを書くことができませんでした）
　(5) とても恥ずかしかったです（怖かったです）

七、(参考例)
　(1) 外は暗いから、気をつけて。
　(2) それはたいへんだったね。
　(3) 旅行を楽しんでください。

八、(1) d　(2) b　(3) b　(4) c

単元の練習（5）

一、下線の付いた漢字の読み方を（　）の中に書きなさい。
（1）あそこの美しい景色はとても印象的でした。（　　　）
（2）いつか生け花を習ってみたいと思います。（　　　）
（3）トムさんは最近インターネットに夢中です。（　　　）
（4）今日の午後企業経営についての講座があります。（　　　）
（5）レポートの締め切りは今週の金曜日までです。（　　　）
（6）祖父はいつも規則正しい生活をしています。（　　　）
（7）化粧品を使う前によく説明書を読んでください。（　　　）
（8）大学に入ったばかりの時は少し寂しかったです。（　　　）
（9）人間の心は一番読みにくいと思います。（　　　）
（10）金持ちになればだれでも幸せなのでしょうか。（　　　）

二、下線の付いた片仮名の漢字を（　）の中に書きなさい。
（1）トショカンには日本語の本が多いですか。（　　　）
（2）昨日遅くまで勉強したので、ツカれました。（　　　）
（3）前をアルいている人は李さんです。（　　　）
（4）このパソコンは昨日からコワれています。（　　　）
（5）夏休みにグループで市場調査をするヨテイです。（　　　）
（6）高校の友達に会うのをタノしみにしています。（　　　）
（7）あの雑誌は大量にハッコウされています。（　　　）
（8）パーティーに行くことができなくてワルかったね。（　　　）
（9）この紙は厚くて鋏でキることができません。（　　　）
（10）トクベツな場合以外は授業を休んでいけません。（　　　）

三 （　　）の中に入れる外来語として正しいものはどれですか。a．b．c．d の中から1つ選びなさい。

（1）年末になるとあちらでこちらで（　　）をやっています。
　　a．パーゲン　　　　　　　b．バーケン
　　c．バーゲン　　　　　　　d．ハーケン

（2）原稿をチェックする時，（　　）されたもののほうがいいです。
　　a．プリントアウト　　　　b．プリトアート
　　c．フリントアント　　　　d．プンリトアオト

（3）最近（　　）を飼う人が多くなりました。
　　a．ベッド　　　　　　　　b．ヘット
　　c．ペット　　　　　　　　d．ベット

（4）そこの（　　）で荷物を運んでください。
　　a．エレベタ　　　　　　　b．エレベター
　　c．エレーベター　　　　　d．エレベーター

（5）学生は（　　）を持っている人が少ないです。
　　a．クレジットカード　　　b．クレジットカド
　　c．クレジットカッド　　　d．クレッジトカッド

四 （　　）の中に入れる言葉として正しいものを a．b．c．d の中から1つ選びなさい。

（1）この授業のレポートはいつ（　　）出せばいいでしょうか。
　　a．に　　　b．には　　　c．まで　　　d．までに

（2）彼はこの1週間ずっと病気です。（　　）授業に出なかったのです。
　　a．つまり　　b．それで　　c．では　　　d．ところで

（3）昨日電車の中でさいふ（　　）とられました。
　　a．を　　　b．に　　　c．が　　　d．と

（4）今は会議（　　）です。後で来てください。
　　a．ちゅう　　b．じゅう　　c．なか　　　d．ところ

（5）パソコンの言語という（　　）は非常に複雑で，分かりにくいです。
　　a．こと　　　b．ほう　　　c．もの　　　d．ところ

（6）（　　），上着を脱いでください。
　　a．暑いと　　b．暑ければ　　c．暑いけれど　　d．暑くて

（7）そのことをもっと知りたいの（　　），あの先生に聞いてください。
　　　a．なら　　　　b．か　　　　c．から　　　d．が
（8）ドアを（　　），知らない人がそこに立っていました。
　　　a．開けて　　　b．開けてみて　c．開けると　　d．開けるなら
（9）成績があまりよくなかったが，一生懸命がんばったので，父がほめて
　　（　　）。
　　　a．もらった　　b．くれた　　　c．しまった　　d．あった
（10）昨日大事な約束を忘れて（　　）ので，友達に怒られました。
　　　a．おいた　　　b．あげた　　　c．しまった　　d．くれた

五、(1)～(5) のそれぞれの文に最も近い意味の文を a.b.c.d の中から１つ選びなさい。

（1）この３年間私の息子はずっと林さんに日本語を教えてもらいました。
　　　a．李さんは私の息子に日本語を教えるように頼まれました。
　　　b．李さんは私の息子に日本語を教えるように頼みました。
　　　c．李さんは私の息子に日本語を教えてくれました。
　　　d．李さんは私の息子に日本語を教えてくれました。
（2）財布にはいつも充分なお金が入っているわけではないが，クレジットカードがあるから問題ない。
　　　a．財布にクレジットカードがあれば，お金は必要ない。
　　　b．財布にはいつも充分なお金とクレジットカードがあるから困らない。
　　　c．財布のお金が足りなくても，クレジットカードがあるから大丈夫だ。
　　　d．財布にはお金とクレジットカードがあるので大丈夫だ。
（3）王さんは博物館へ行く道を調べておきました。
　　　a．王さんは博物館に行く前に道を調べました。
　　　b．王さんは博物館に行く道を調べようと思いました。
　　　c．王さんは博物館に行く道を調べたかったのですが，できませんでした。
　　　d．王さんは博物館に行く道を調べるようにほかの人に頼みました。

（4）父はふだんあまり料理を作りませんが，嫌いなわけではありません。
    a．父は毎日料理を作るのが嫌いです。
    b．父は時々料理を作るのが好きです。
    c．父が料理を作らないのは，料理が嫌いだからではありません。
    d．父は毎日は料理を作りませんが，ふだんは作ります。
（5）季語というのは季節を表わす言葉で，俳句の中に使われています。
    a．俳句は季節を表す季語の中にあります。
    b．季語は俳句の中にある季節を表す言葉という意味です。
    c．季節という言葉は俳句の中に使われています。
    d．季語は季節的な言葉の1つで，俳句の中にあります。

六、次の文を完成させなさい。

（1）病気のときは無理に我慢するより，＿＿＿＿＿＿＿＿＿＿＿＿＿＿＿。
（2）今回の試験と前回の試験とでは，＿＿＿＿＿＿＿＿＿＿＿＿＿＿＿。
（3）毎日ジョギングすることは体にいいだけでなく，＿＿＿＿＿＿＿＿＿。
（4）私はどんなに忙しくても，＿＿＿＿＿＿＿＿＿＿＿＿＿＿＿。
（5）時々朝ごはんを食べずに＿＿＿＿＿＿＿＿＿＿＿＿＿＿＿。

七、次の会話を完成させなさい。

（1）（表扬对方花插得好）
    A：Bさん，上手にできましたね。
    B：＿＿＿＿＿＿＿＿＿＿＿＿＿＿＿。
（2）（外面有人敲门）
    A：はい，どうぞ。
    B：＿＿＿＿＿＿＿＿＿＿＿＿＿＿＿。
（3）（老师对学生提出要求）
    A：どんなことがあっても，今週の金曜日までにレポートを出してください。
    B：＿＿＿＿＿＿＿＿＿＿＿＿＿＿＿。

八、次の文章を読んで、後の問に答えなさい。

男梅雨（おとこつゆ）・女梅雨（おんなつゆ）

　今年の梅雨は何型だろうと毎年言われるが、日本の俳句の季語に「男梅雨」「女梅雨」がある。この「男梅雨」（　a　）天気のよく晴れの日が長く、雨の日には大雨になる梅雨を指す。一方、「女梅雨」は弱い雨の日が多い梅雨を指す。擬音語・擬態語を使って表せば、<u>前者</u>はザーと降って、カラっと晴れる梅雨で、後者はシトシト、シトシト降る梅雨ということになる。

　梅雨を男女の性別（　b　）名付けるのは前時代的で、現代のジェンダーの考えからは非難されそうだが、つい最近まで「男性（型）梅雨」「女性（型）梅雨」とも気象庁で呼んでいた。だが、この呼び名も変わったらしい。テレビの天気予報を見ていたら、「男性（型）梅雨」を「陽性（型）梅雨」、「女性（型）梅雨」を「陰性（型）梅雨」」と呼びかえているようだ。

　ちなみに梅雨に咲くアジサイは「七色の花」「七変草」とも言われ、色を変えて咲く様を女性が男性を次々に変えることにたとえている。

梅花女子大学教授・米川明彦
（2006年07月04日　読売新聞）
http://osaka.yomiuri.co.jp/kotoba/co60703a.htm より

（1）（　a　）に入れる言葉を次の中から1つ選びなさい。
　　　a．から　　　　b．では　　　c．には　　　d．とは
（2）（　b　）に入れる言葉を次の中から1つ選びなさい。
　　　a．と　　　　　b．で　　　　c．が　　　　d．に
（3）下線の付いた「前者」は何を指しているか、次のa．b．c．dの中から選びなさい。
　　　a．季語　　　　b．男梅雨　　c．大雨　　　d．擬音語
（4）次のa．b．c．dの中から文章に合うものを選びなさい。
　　　a．男梅雨と女梅雨は俳句の季語からきた言葉です。
　　　b．現代のジェンダーの考えでは男梅雨と女梅雨という言い方を強く非難しています。
　　　c．テレビの天気予報では今でも男梅雨と女梅雨という言い方をしています。

d．テレビの天気予報では男梅雨と女梅雨を「七色の花」「七変草」と言うようになりました。

正解：

一、（1）うつく　　（2）いけばな　　（3）むちゅう　　（4）きぎょう
　　（5）しめきり　（6）きそくただ　（7）けしょうひん　（8）さび
　　（9）こころ　　（10）かねも

二、（1）図書館　　（2）疲　　　　　（3）歩　　　　　（4）壊
　　（5）予定　　　（6）楽　　　　　（7）発行　　　　（8）悪
　　（9）切　　　　（10）特別

三、（1）c　（2）a　（3）c　（4）d　（5）a

四、（1）d　（2）b　（3）a　（4）a　（5）c
　　（6）b　（7）a　（8）c　（9）b　（10）c

五、（1）d　（2）c　（3）a　（4）c　（5）b

六、（参考例）
（1）休んだほうがいいでしょう（早く医者に見てもらったほうがいいです）
（2）前回のほうが難しかったです（今回のほうが漢字の読み方の問題が多いです）
（3）意志も強くなると思います（いい習慣をつけることにもなります）
（4）毎日メールのチェックをします（ニュースを見ます）
（5）授業に出るときがあります（出かけます）

七、（参考例）
（1）B：いいえ。／いいえ，そんなことはありません。／ありがとうございます。
（2）B：失礼します。
（3）B：はい，分かりました。／はい，すみません。

八、（1）d　（2）b　（3）b　（4）a

単元の練習（6）

一、下線の付いた漢字の読み方を（　　）の中に書きなさい。
（1）大学を出てすぐ就職するつもりです。　　　　　　　（　　　　）
（2）午後2時から面接試験があるそうです。　　　　　　（　　　　）
（3）あの先生は意地悪な質問を出すこともあります。　　（　　　　）
（4）文章は短いですが，内容が難しいです。　　　　　　（　　　　）
（5）人間は何よりも中身が大切です。　　　　　　　　　（　　　　）
（6）仕事のことで両親に相談しようと思っています。　　（　　　　）
（7）試験の直前だから，忙しいです。　　　　　　　　　（　　　　）
（8）図書館に行く途中，林先生に会いました。　　　　　（　　　　）
（9）部屋は狭いですが，駅に近くて便利です。　　　　　（　　　　）
（10）彼は一生懸命に国家公務員の試験準備をしています。（　　　　）

二、下線の付いた片仮名の漢字を（　　）の中に書きなさい。
（1）今は小学生でもケイタイデンワを持っています。　　（　　　　）
（2）この色はとても李さんにニアいますよ。　　　　　　（　　　　）
（3）先輩は今の会社でカツヤクしているそうです。　　　（　　　　）
（4）ホテルに着いたらごレンラクください。　　　　　　（　　　　）
（5）将来のケイカクはもう立てましたか。　　　　　　　（　　　　）
（6）コマったことがあったらいつでも来て下さい。　　　（　　　　）
（7）大学をソツギョウしたら続けて勉強しますか。　　　（　　　　）
（8）駅の近くに古いリョカンがたくさんあります。　　　（　　　　）
（9）オちツいて自分の考えを言ってください。　　　　　（　　　　）
（10）このザッシは女性にたいへん人気があるそうです。　（　　　　）

三、( )の中に入れる外来語として正しいものはどれですか。a.b.c.dの中から1つ選びなさい。

（1）面接の前に先輩からの（　　）を聞きたいとです。
　　　a．アドバイス　　　　　　b．アトバイズ
　　　c．アドハイス　　　　　　d．アトハイス

（2）ではこの本の編集（　　）を皆さんに紹介しましょう。
　　　a．スタフ　　　　　　　　b．スッタフ
　　　c．スターフ　　　　　　　d．スタッフ

（3）夏休みに少し（　　）をしてから，家に帰るつもりです。
　　　a．アルバイド　　　　　　b．アルバイト
　　　c．アルハイト　　　　　　d．アルハイド

（4）初めて（　　）を着ますので，まだ慣れていません。
　　　a．リクルト・スツ　　　　b．リークルト・スツー
　　　c．リクルート・スーツ　　d．リックルド・スーツ

（5）食事の時，いつも彼が（　　）をします。
　　　a．オダー　　　　　　　　b．オーダー
　　　c．オーター　　　　　　　d．オーダ

四、( )の中に入れる言葉として正しいものをa.b.c.dの中から1つ選びなさい。

（1）これから買い物に行く（　　）なので，何かあったら帰ってきてからにしてください。
　　　a．こと　　　b．もの　　　c．とき　　　d．ところ

（2）教育ママ（　　）自分の子どもの教育に熱心な母親のことです。
　　　a．には　　　b．とは　　　c．では　　　d．へは

（3）旅行は現代人（　　），もうめずらしいことではなくなりました。
　　　a．にとって　b．によって　c．に対して　d．とおりに

（4）ニュースを聞いた（　　），一緒にご飯を食べましょう。
　　　a．時　　　　b．後　　　　c．場合　　　d．ところ

（5）靴をはいた（　　）部屋に入らないでください。
　　　a．とおり　　b．はず　　　c．まま　　　d．かわり

(6) もう着いた（　）なのに，どうして連絡が来ないのだろう。
　　　a．こと　　　　b．はず　　　　c．ばかり　　　d．べき
(7) 何があったかわかりませんが，彼女は泣き（　）顔をしています。
　　　a．そうな　　　b．らしい　　　c．みたいな　　d．ようだ
(8) とてもいい機会なので，私にも行か（　）てください。
　　　a．させ　　　　b．せ　　　　　c．られ　　　　d．れ
(9) 女性はたいてい甘いものを食べ（　）でしょう。
　　　a．やすい　　　b．にくい　　　c．すぎる　　　d．たがる
(10) お正月に先生のお宅へ（　）たいですが，ご都合はいかがでしょうか。
　　　a．伺い　　　　　　　　　　　b．いらっしゃい
　　　c．お行きし　　　　　　　　　d．お参りし
(11) 劉先生も昨日のパーティーに（　）そうです。
　　　a．参った　　　　　　　　　　b．いらっしゃった
　　　c．お行きになった　　　　　　d．お行きなさった
(12) これは皆さんのために作った料理なので，たくさん（　）ください。
　　　a．お食べして　　　　　　　　b．お食べになって
　　　c．召し上がって　　　　　　　d．いただいて

、(1)～(3)のそれぞれの文に最も近い意味の文をa.b.c.dの中から1つ選びなさい。

(1) 申し訳ありませんが，今日は少し早めに帰らせていただきたいのですが。
　　　a．今日は早く帰るように相手に言っています。
　　　b．今日は早く帰りたいと相手に言っています。
　　　c．今日は早く帰りたいのかと相手に聞いています。
　　　d．今日は早く帰らなくてもいいかと相手に聞いています。
(2) 何回も説明してあげましたが，どうもまだ分かってもらえないようです。
　　　a．説明したが，相手はまだ分かりません。
　　　b．説明したが，相手は分からないと言っています。
　　　c．説明を聞いても分からないと相手は言っています。

d．分からないから説明をしなくてもいいと相手は言っています。
（3）もう5時になりましたが、彼は帰りそうにありません。
　　a．もう5時になりました。彼は帰らないそうです。
　　b．もう5時になりました。彼はすぐ帰るそうです。
　　c．もう5時になりました。彼は帰る意志がないようです。
　　d．もう5時になりました。彼は帰りたがりそうです。

、次の文を完成させなさい。
（1）私はこの写真を見るたびに、＿＿＿＿＿＿＿＿＿＿＿＿＿＿＿＿＿＿。
（2）説明書に書いてあるとおりに＿＿＿＿＿＿＿＿＿＿＿＿＿＿＿＿＿＿＿。
（3）辞書を調べても言葉の意味が分からない場合は、＿＿＿＿＿＿＿＿＿。
（4）＿＿＿＿＿＿＿＿＿＿＿＿＿後、みんなの前で発表したいと思います。
（5）昨日の夜、雪が降りました。まるで＿＿＿＿＿＿＿＿＿＿＿＿＿＿＿＿。

七、次の場合、日本語で何と言いますか。
（1）百忙当中打扰您，非常抱歉。⇒
（2）方便的话，请一定到中国来玩儿。⇒
（3）能否请您别再打手机。⇒
（4）（打电话）喂，我是小张。是林老师吗？⇒
（5）非常感谢您一年来对我的照顾。⇒

、次の文章を読んで、後の問に答えなさい。
　　横浜は東京から電車で30分ほどのところにある、日本で2番目に人口が多い都市だ。しかし、横浜は今から100年ほど前は小さな漁村だった。なぜそんな短い間に急に発展したのかと（　①　）、それは横浜に港が造られ、外国から来る船は江戸(えど)（現在の東京）ではなく、横浜に着くようになったからだ。
　　貿易をするためにたくさんの欧米人がやって来て、そのまま横浜に住む人たちもいた。欧米人（　②　）、そのころの横浜の不便で汚い生活はまるで100年前に戻ったようだった。そこで彼らは政府に多くのことを要求して、

言うとおりのものを（　③　）。たとえば，きれいな水道，風がよく通る涼しい山の方の家，広い公園などである。それまで公園というものは日本になかった。だから日本人は公園で何をしたらよいのか，全然わからなかった。そこで，公園の真ん中でスポーツをする欧米人を，集まって遠くから見ていたそうだ。

（1）（　①　）に入れる言葉を次の中から一つ選びなさい。
　　　a．いうと　　　　b．いうなら　　c．いっては　　d．いって
（2）（　②　）に入れる言葉を次の中から一つ選びなさい。
　　　a．によって　　　b．について　　c．において　　d．にとって
（3）（　③　）に入れる言葉を次の中から一つ選びなさい。
　　　a．作ってあげた　　　　　　　b．作りたかった
　　　c．作ってくれた　　　　　　　d．作らせた
（4）a．b．c．dの中から本文の内容と合っているものを一つ選びなさい。
　　　a．横浜は東京から電車で30分ほどの近さなので，100年ほどの間に急に発展した。
　　　b．外国から来る船は江戸（現在の東京）ではなく，横浜に着いたので横浜には港が作られた。
　　　c．欧米人はきれいな水道や，風がよく通る涼しい山の方の家をほしがった。
　　　d．欧米人が公園の真ん中でスポーツをするので，日本人は公園で遊ぶことができなかった。

正解：

一、(1) しゅうしょく　(2) めんせつ　(3) いじわる
　　(4) みじか　　　(5) なかみ　　(6) りょうしん
　　(7) いそが　　　(8) とちゅう　(9) せま
　　(10) いっしょうけんめい

二、(1) 携帯電話　(2) 似合　(3) 活躍　(4) 連絡
　　(5) 計画　　(6) 困　　(7) 卒業　(8) 旅館
　　(9) 落；着　(10) 雑誌

三、(1) a　(2) d　(3) b　(4) c　(5) b

四、(1) d　(2) b　(3) a　(4) b　(5) c
　　(6) b　(7) a　(8) b　(9) d　(10) a
　　(11) b　(12) c

五、(1) b　(2) a　(3) c

六、(参考例)
　　(1) 高校の生活を思い出します（家族の皆さんが懐かしくなります）
　　(2) 使ってみてください（おばあさんに説明してあげてください）
　　(3) 先生に聞いたほうがいいでしょう（友達に聞いてください）
　　(4) いろいろな資料を調べた（よく準備した）
　　(5) 童話の世界です（銀の世界のようです）

七、(参考例)
　　(1) お忙しいところ，申し訳ありません。
　　(2) よかったら，ぜひ中国へ遊びに来てください。
　　(3) すみませんが，携帯電話をやめていただけますか。
　　(4) もしもし，張です。林先生ですか。
　　(5) 1年間本当にお世話になりました。（本当にありがとうございました。）

八、(1) a　(2) d　(3) d　(4) c

付録2

コミュニケーション表現の索引

（右側的数字为课次）

あ，ちょっと見てみよう。	24
あら，失礼しました。	18
いいよ，いいよ。誰でも間違うことはあるから。	20
１年間，ほんとうにありがとうございました。	30
今はおかげさまで少し自信を持っています。	30
嫌だな。	28
ううん，違う。	20
うまかったな。	19
うわあ，本場の中国料理を食べられて嬉しいな。	19
えーっ，ぼくは強いトラの会社が，弱いリスの社員をいじめるので「リストラ」かと思っていました。	27
お忙しいところ，失礼しました。	26
お母さん，違います。	18
おじさん，すみませんが，ここにある皮を全部もらってもいいですか。	17
お正月には４人で北京におじゃまするから，よろしくね。	30
お父さんは登った後，とてもいい顔です。	18
——玲ちゃん，ありがとう。	18
お店の人がよく知っているから，それでいいのよ。	28
今日はお世話になりました。	29
今日はご苦労さんでした。	29
携帯電話を使うなんて，とんでもないことです。	26
携帯電話をやめていただけませんか。	26
このミカンの値段はいくらぐらいですか。	17
ごめんなさい。	20
こんにちは。	26
さっきはごめんなさい。	26

しかたがないよね。	20
じゃあ，またね。	26
先生がこれからもお元気でご活躍なさることを祈っています。	30
先生はお元気でいらっしゃいますか。	30
そういう事情なら，しかたがない。	22
そうだね。	16
そんなことないけど。	24
大変。責任重大だ！	19
楽しみですね。	17
たまには大阪に遊びに来なさいよ。	29
――ありがとうございます。	29
「ちょっと考えさせてください」と最初に言うのもいいでしょう。	28
では，日本の温泉を楽しんでください。	17
どうして？	22
どんなことがあっても，今週の金曜日までには出してください。	22
――はい，すみません。	22
トイレも自由に行けずに仕事をするなんて，やはりかわいそう。	23
どうしたらいいですか。	28
何も言わず，下を向いてしまうのはよくありません。	28
なーんだ。私はクレジットカードかと思った。	24
2本のほうがずっといいですね。	21
はい，どうぞ。	22
――失礼します。	22
ふーん，そうかなあ。	25
へえ，大変だったね。	16
本当に雄大ね。	18
まあまあ，玲ちゃん，そんなに緊張しないで。おすしでもおでんでも，好きなものをたくさん召しあがってね。	30
またメールをくださいね。	17
まだだめね。	20
みなさん，「リストラ」の意味はもうわかったようですね。どうですか。	27
みんな，このミカン，遠慮しないでたくさん食べていいよ。	17
――ありがとうございます。	17

盲導犬はエリートなんだよ。	23
もしもし，王玲です。橋本先生ですか。	26
もしよろしければ，3日ほど遅れて出してもいいでしょうか。	22
よかったらぜひ，中国に遊びにいらっしゃってください。	30
玲ちゃん，上手にできたわね。	21
——いいえ，やはり難しいです。	21
玲ちゃんの留学が無事に終わったことを祝って乾杯！	30
玲ちゃんは夜帰ることが多いから気をつけて。	16
わざわざ遠くからおいでいただいて，ありがとうございました。	29
私の趣味はいろいろな温泉へ行くことです。	17
私はコンビニに寄っていくけれど，玲ちゃん，いっしょに行く？	25

付録3

文法の索引

（右側的数字为课次）

敬体与简体①	16
敬体与简体②	27

形式名词：
こと	16
はず	27
まま	26
もの	25

形容词名词化：さ	21

前缀：
お	23
ご	23

后缀：
ちゃん	16
中	23
的	22
用	16

提示助词：も②	17
格助词：の②	18
って①	20
って②	21
并列助词：とか	25

助词的重叠形式：までに（は） 22

副助词：
でも② 30
なんて 23
ばかり 29

终助词：
の 19
な 19
なあ 25
わ 18

终助词的重叠形式：
かな 22
からね 17
なよ 30
のね 24
のよ 21
よね 20
わよ 19

敬语动词 30

动词意向形：う　よう 17

否定助动词：ず 23
使役态和使役助动词：せる　させる 28
传闻助动词：そうだ 17
样态助动词：そうだ 26
判断助动词"だ"的活用变化 18
判断助动词"だ"的推量形式：だろう 23
愿望助动词：たがる 27

推测助动词：らしい	30
可能态和可能助动词：れる　られる	19
被动态和被动助动词：れる　られる①	24
被动态和被动助动词：れる、られる②	25
比况助动词：ようだ	20
比况助动词：みたいだ	28
敬语和敬语助动词：れる　られる	29

补助动词：

あげる	23
ある	24
いく	20
いただく	26
おく	25
くださる	30
くる	20
くれる	23
しまう	25
みる	18
もらう	23
やる	23

感叹词：

あら	18
うん	18

接续词：

すると	26
そのために	21
それで	21
それなのに	27
ところが	20

接续助词：
ても 27
ても 22
と① 21
と② 25
ながら 29
なら 22
のに 24
ば 22

构词动词：
すぎる 24
出す 26
続ける 26

构词形容词：
やすい 29
にくい 27

こそあど系列词汇⑥　こんな　そんな　あんな　どんな 17
こそあど系列词汇⑦　こういう　そういう　ああいう　どういう 19

付録4

文型の索引

（右側的数字为课次）

〜間，〜	20
〜後，〜	30
〜う／ようと思います	17
〜う／ようとします	21
お（ご）〜します／いたします	29
お（ご）〜になります	29
〜かもしれません	17
〜から作られています	27
〜ことがあります	27
〜ことができます	18
〜ことにします	16
〜ことになります	20
ご（お）〜なさいます	30
〜させて／せていただきます	30
〜じゃなくて，〜	20
〜させて／せてください	28
〜ず（に）〜	23
〜そうです	17
〜そうに／もありません	26
〜だけではだめです	21
〜だけでなく，〜も〜	25
〜たことがあります	17
〜たばかりです	30
〜たびに，〜	30
たぶん〜でしょう	17
〜ため（に）	18

～つもりです	19
～ていきます／～てきます	25
～ていただけませんか	26
～てはいけません	16
～てばかりいます	29
～といいです	21
～というのは～	25
どうしても～ません	19
どうも～（の）ようです	27
～とおり（に）～	28
～と比べて，～	22
～ところです	26
～途中で，～	29
～と～とでは，～	21
～とは言えません	19
～とは～ことです	27
どんな～ても，～	22
～ないで～	17
～なきゃいけません	28
～なくてはいけません	16
～なければいけません	21
～なければなりません	16
～なさい	28
～にいいです	23
～に気をつけなければなりません	24
～にとって～	27
～によって～	28
～によると，～	29
～のかわりに～	19
～のは～からです	18
～場合（は），～	28
～ばかりです	30
～ばかりで（は）なく，～も～	29

〜はずです／〜はずがありません	27
〜ばよいです	28
一〜も〜ません	17
〜べきです	28
〜ほうがいいです	21
ほとんど〜ません	20
まるで〜（の）ようです	27
〜も〜し，〜も〜	20
〜も〜も〜	17
〜ような気がします	20
〜ように	29
〜ようにします	22
〜ようになります	19
〜る（た）時，〜	16
〜わけではありません	24
〜を〜にします	18

付録5

新しい言葉の索引

（右側的数字为课次）

あ

アイシー・タグ［IC tag］	24-1
あいだ⓪［間］	20-1
あう①［会う］	25-1
あう①［合う］	21-1
あす②［明日］	22-2
あそぶ⓪［遊ぶ］	29-2
あたたかい④［暖かい］	17-1
あたたまる④［温まる］	17-1
あつい②［熱い］	17-1
あっさり③	19-1
アドバイス①③［advice］	30-1
あなた②	22-1
あまい⓪［甘い］	17-2
あみ①［亜美］	19-2
アメリカ⓪［America］	19-1
ある①［或る］	22-1
あるく②［歩く］	23-1
アルバイト③［德Arbeit］	27-1
あんぜん⓪［安全］	24-1
あんない③［案内］	29-2

い

いくら①	17-2
いけばな②［生け花］	21-2
いける②［生ける］	21-1
いけん①［意見］	28-1
いしき①［意識］	29-1
いじめる⓪［苛める］	27-2
いじょう⓪［異常］	22-2
〜いじょう①［以上］	22-1
いじわる③②［意地悪］	28-1
いず⓪［伊豆］	17-1
いそがしい④［忙しい］	26-2
いただく⓪［頂く］	17-2
いためる③［炒める］	19-2
イタリア⓪［Italia］	25-1
イタリアじん⑤［Italia人］	25-1
いち①［位置］	22-1
いちど⓪［一度］	17-1
いちにち［一日］	23-2
いちねん②［１年］	24-2
いっしょうけんめい④［一生懸命］	30-1
いつでも①③	23-1
いっぽう③［一方］	18-1
いのち①［命］	21-1
いのる②［祈る］	30-1
いみ①［意味］	27-1
いや②	19-1
いや②［嫌］	28-2
いらっしゃる④	30-1
いわう②［祝う］	30-2

いんさつ⓪ ［印刷］	22-2	
う		
ううん①	20-2	
うける② ［受ける］	28-2	
うしろ⓪ ［後ろ］	25-1	
うち⓪ ［家］	17-2	
うつくしい④ ［美しい］	21-1	
うまい②	19-2	
うまれる⓪ ［生まれる］	21-1	
うみ① ［海］	17-1	
うる⓪ ［売る］	17-2	
うるさい③	28-1	
うわあ⓪	17-2	
うん①	17-2	
うんてん⓪ ［運転］	16-1	
うんどう⓪ ［運動］	16-2	
え		
えいご⓪ ［英語］	27-1	
えいよう⓪ ［栄養］	19-1	
えーっ	27-2	
えだ⓪ ［枝］	21-2	
エリート② ［elite］	23-2	
エレベーター③ ［elevator］	23-1	
えんりょ⓪ ［遠慮］	17-2	
お		
おいで⓪	29-2	
おうれい① ［王玲］	16-2	
おおきな① ［大きな］	26-1	
おおさか⓪ ［大阪］	29-2	
オーダー①⓪ ［order］	27-1	
おかげ⓪	30-1	
おかげさまで⓪	30-1	
おく⓪ ［置く］	25-2	
おく① ［億］	24-1
おくさん① ［奥さん］	21-1
おくれる⓪ ［遅れる］	22-2
おこりだす④ ［怒り出す］	26-1
おこる② ［怒る］	24-2
おじぎ⓪	21-1
おじさん⓪	17-2
おすし② ［お寿司］	30-2
おそれいる② ［恐れ入る］	29-2
おちつく⓪ ［落ち着く］	28-1
おっしゃる③	30-1
おでん②	19-1
おとこ③ ［男］	18-2
おどろく③ ［驚く］	17-1
おなじ⓪ ［同じ］	18-1
おぼえる③ ［覚える］	20-2
おも① ［主］	27-1
おもい⓪ ［重い］	16-2
おもいだす④⓪② ［思い出す］	30-2
おもいで⓪ ［思い出］	18-1
おや② ［親］	28-1
おりる② ［降りる・下りる］	26-1
おれい⓪ ［お礼］	26-2
お礼を言う	26-2
おんせん⓪ ［温泉］	17-1
か	
カード① ［card］	24-1
かいがい① ［海外］	18-1
がいこくご⓪ ［外国語］	27-1
がいこくじん④ ［外国人］	19-1
かいしゃ⓪ ［会社］	27-2
かいしゅう⓪ ［回収］	20-2
かいとう⓪ ［回答］	29-1

付録5

289

かいとうしゃ③［回答者］	29-1
がいらいご⓪［外来語］	27-1
かえって①	28-2
かえり③［帰り］	16-2
かえる⓪［変える］	22-1
かえる①［帰る］	16-2
かお⓪［顔］	18-2
かかす⓪②［欠かす］	25-1
かかる②	18-1
かぎ②［鍵］	16-1
がくしゅう⓪［学習］	30-1
かくりつ⓪［確率］	22-2
～かげつ［か月・ヵ月・箇月］	27-1
かける②	26-2
かさ①［傘］	16-1
かた①［肩］	22-1
～がた［方］	29-2
かたち⓪［形］	21-1
かつやく⓪［活躍］	30-1
かどう①［華道］	21-1
かなり①	27-1
かね⓪［金］	18-1
かねもち③④［金持ち］	24-2
かみがた⓪［髪型］	28-1
かれ①［彼］	18-1
かわいい③［可愛い］	23-1
かわいそう④	23-2
かわり⓪［代わり］	19-1
かわる⓪［変わる］	20-1
～かん［間］	30-1
かん①［缶］	25-2
かんコーヒー③［缶 coffee］	25-2
かんがえる④③［考える］	16-1
かんきょう⓪［環境］	16-1
かんけい⓪［関係］	20-1
かんこく①［韓国］	18-1
かんじ⓪［感じ］	30-2
かんしゃ①［感謝］	30-1
かんじる⓪［感じる］	29-1
かんする③［関する］	22-2
かんたん⓪［簡単］	19-2
かんでんち③［乾電池］	20-2
かんぱい⓪［乾杯］	30-2

き

き⓪［気］	16-1
気をつける	16-1
きがる⓪［気軽］	18-1
きぎょう①［企業］	22-2
きけん⓪［危険］	16-1
きこえる⓪［聞こえる］	21-1
きこく⓪［帰国］	27-1
きそく①②［規則］	23-2
規則正しい	23-2
きちんと②	28-1
きまつ⓪［期末］	30-1
きまる⓪［決まる］	23-2
きみ⓪［君］	25-1
ぎゃく⓪［逆］	26-1
きゅうに⓪［急に］	25-1
ぎょうかい⓪［業界］	28-1
きょうと①［京都］	30-1
きょり①［距離］	22-1
距離をとる	22-1
きる⓪［着る］	19-1
きる①［切る］	21-1

く

くう①［食う］	30-2
くださる③［下さる］	17-1
くだもの②［果物］	17-1
くに⓪［国］	18-1
くび⓪［首］	27-2
くびにする	27-2
くふう⓪［工夫］	30-1
くやくしょ②［区役所］	23-1
ぐらい⓪	17-2
くらす⓪［暮らす］	30-2
クラス①［class］	30-1
くらべる⓪［比べる］	22-1
グループ②［group］	25-1
くるま⓪［車］	16-1
クレジット②［credit］	24-1
クレジットカード⑥ [credit card]	24-1
くろ①［黒］	28-1
くろう①［苦労］	29-2
〜くん［君］	29-2

け

けいかく⓪［計画］	27-1
けいご⓪［敬語］	29-1
けいこ①［敬子］	18-2
けいたいでんわ⑤［携帯電話］	26-1
けしょう⓪［化粧］	28-1
けしょうひん⓪［化粧品］	25-2
けっこん⓪［結婚］	21-1
げんきん③［現金］	24-1
げんざい①［現在］	18-1
げんだい①［現代］	20-1

こ

〜こ①［個］	17-2
こういう⓪	27-2
こうざ⓪［講座］	28-1
こうさつ⓪［考察］	22-2
こうどう⓪［行動］	28-1
こうれいしゃ③［高齢者］	18-1
こえ①［声］	21-1
こきゅう①［故宮］	30-1
こころ②③［心］	21-1
こせい①［個性］	28-2
こたえる③②［答える］	20-1
こっち③	20-2
ことば③［言葉］	20-1
このあいだ⓪［この間］	23-2
こぼれる③	22-2
こまる②［困る］	28-1
ゴミ②	20-2
ころ①［頃］	21-1
こわす②［壊す］	22-2
こわれる③［壊れる］	22-2
こんいろ⓪［紺色］	28-1
こんしゅう⓪［今週］	16-1
こんばん①［今晩］	29-2
コンビニ⓪	25-1
コンビニエンス・ストア⑨ [convenience store]	25-1

さ

〜さ	21-1
さいきん⓪［最近］	18-1
さいご①［最後］	28-1
さいしょ⓪［最初］	28-1
さいだいげん③［最大限］	21-1
さいふ⓪［財布］	24-1
さき⓪［先］	25-2

さく⓪［咲く］	21-1	シャオチエズ⓪+②［焼茄子］	19-2
さくひん⓪［作品］	21-1	ジャガイモ⓪	19-2
さしあげる⓪④［差し上げる］	30-1	しゃっきん③［借金］	24-1
ざっし⓪［雑誌］	27-1	ジャニス①［Janice］	23-1
さどう①［茶道］	21-1	じゃま⓪［邪魔］	30-2
さばく⓪［砂漠］	20-1	ジャム①［jam］	19-1
さびしい③［寂しい］	21-2	ジャムをかける	19-1
サラリーマン③		じゆう②［自由］	23-1
［salaried man］	29-1	しゅうかん⓪［習慣］	25-2
サル①［猿］	17-1	しゅうしょく⓪［就職］	28-1
さわだまき④［沢田真希］	30-1	じゅうだい⓪［重大］	19-2
さんせい⓪［賛成］	29-1	しゅうにゅう⓪［収入］	18-1
		じゅうぶん③［充分］	22-1
し		しゅじん①［主人］	23-2
し①［市］	20-2	しゅせき⓪［主席］	18-2
じ①［字］	18-2	しゅんいち⓪［俊一］	18-2
しかた⓪［仕方］	20-2	しよう⓪［使用］	24-1
しかたがない	20-2	しょうがつ④⓪［正月］	30-2
じかん⓪［時間］	18-2	しょうこうぐん③［症候群］	25-1
しけん②［試験］	26-2	じょうりゅう⓪［上流］	21-1
しごと⓪［仕事］	17-1	じょし①［女子］	25-1
じじょう⓪［事情］	22-2	じょせい⓪［女性］	18-1
じしん⓪［自信］	23-1	しらんぷり②［知らんぷり］	26-1
しぜん⓪［自然］	17-1	じんせい①［人生］	18-1
した⓪［下］	28-1		
しちがつ④⓪［7月］	27-1	す	
じっこう⓪［実行］	30-1	す①［酢］	19-2
じつは②［実は］	17-1	すいため②［酢炒め］	19-2
しっぱい⓪［失敗］	16-2	すいどう⓪［水道］	20-1
しつもん⓪［質問］	28-1	スーツ①［suit］	28-1
しつれい②［失礼］	18-2	スタッフ②［staff］	27-1
じぶん⓪［自分］	16-1	すると⓪	26-1
しめきり⓪［締め切り］	22-2		
しゃいん①［社員］	27-2	せ	
		せいかつ⓪［生活］	20-1

せいけつ⓪ ［清潔］	28-1	
せいしき⓪ ［正式］	21-1	
せいしん① ［精神］	21-1	
せいふく⓪ ［制服］	28-2	
せいもん⓪ ［正門］	29-2	
せきにん⓪ ［責任］	19-2	
せっすい⓪ ［節水］	20-1	
せつやく⓪ ［節約］	20-1	
ぜひ①	30-1	
せまい② ［狭い］	27-2	
ゼミ①	22-2	
せわ② ［世話］	23-2	
ぜんかい①⓪ ［前回］	28-1	
ぜんぜん⓪ ［全然］	18-2	
〜センチ① ［centimeter］	22-1	
ぜんぶ① ［全部］	17-2	

そ

そういう⓪	19-1
そして⓪	19-1
そつぎょう⓪ ［卒業］	30-1
それで⓪	20-1
それなのに③	27-1
そん① ［損］	24-1

た

〜だい ［代］	20-1
〜だい ［代］	18-1
ダイエット① ［diet］	19-1
たいする③ ［対する］	29-1
たいせつ⓪ ［大切］	29-1
だいたい⓪ ［大体］	16-1
たいへん⓪ ［大変］	16-2
だいめい⓪ ［題名］	22-2
たかめる③ ［高める］	21-2

タクシー① ［taxi］	29-2
だす① ［出す］	20-1
ただ①	20-1
たたく② ［叩く］	25-1
ただしい③ ［正しい］	23-2
たつ① ［経つ］	16-1
たなか⓪ ［田中］	29-2
たにん⓪ ［他人］	24-1
たのしむ③ ［楽しむ］	17-1
たのむ② ［頼む］	23-1
たび② ［度］	30-2
たぶん①	17-1
たまに⓪ ［偶に］	28-2
ため②	18-1
だんせい⓪ ［男性］	26-1
だんだん⓪	20-2

ち

ち⓪ ［血］	22-1
チーズケーキ④ ［cheese cake］	19-1
チェック① ［check］	25-2
ちがう⓪ ［違う］	18-1
ちかづく③ ［近づく］	30-1
ちかてつ⓪ ［地下鉄］	23-1
〜ちゃん	16-2
ちゅうい① ［注意］	26-1
ちゅうねん⓪ ［中年］	25-1
ちゅうりんじょう⓪ ［駐輪場］	16-1
ちょうさ① ［調査］	20-1
ちょうど⓪	26-2
ちょうわ⓪ ［調和］	21-1
チンジャオロース⑤ ［青椒肉絲］	19-2
チンピ①⓪ ［陳皮］	17-2

つ

つうがく⓪ [通学]	16-1
つうこう⓪ [通行]	16-1
つえ① [杖]	23-1
つかれ③ [疲れ]	22-1
つかれる③ [疲れる]	18-2
つぎ② [次]	22-1
つく① [付く]	24-1
つづく⓪ [続く]	30-1
つもり⓪	19-2

て

ていど①⓪ [程度]	29-1
ていねい① [丁寧]	23-1
できあがる⓪④	22-2
できる② [出来る]	18-1
てつめんぴ③ [鉄面皮]	26-1
デパート②	17-2
テレビ①	27-1
でんきや⓪ [電器屋]	20-2
でんとう⓪ [伝統]	29-1
てんない① [店内]	25-1
てんぷら⓪ [天ぷら]	19-1

と

トイレ① [toilet]	23-2
とうさん⓪ [倒産]	22-2
どうして①	22-2
どうしても①④	19-1
とうなん⓪ [盗難]	24-1
とうふ③⓪ [豆腐]	19-1
どうぶつ⓪ [動物]	23-2
どうも①	27-1
とおく③ [遠く]	21-2
～とおり① [通り]	28-2
とくに① [特に]	17-1
とくべつ⓪ [特別]	21-1
ところが③	20-1
としょかん② [図書館]	23-1
とちゅう⓪ [途中]	26-2
どちら①	29-1
とどく② [届く]	26-2
となり⓪ [隣]	26-1
とめる⓪ [止める・停める]	16-1
トラ⓪ [虎]	27-2
とんでもない⑤	26-1
どんどん①	20-1

な

ながい② [長い]	21-2
ながいき③④ [長生き]	23-2
なかなか⓪	26-1
ながのけん③ [長野県]	17-1
なかみ② [中身]	28-2
なかむら⓪ [中村]	16-1
ながれ③ [流れ]	22-1
なく⓪ [泣く]	30-2
なさる②	30-1
なぜ①	27-1
なっとう③ [納豆]	19-1
なみだ① [涙]	30-2
なりたくうこう④ [成田空港]	30-1
なれる② [慣れる]	18-1
なんでも① [何でも]	19-2
なんとか① [何とか]	29-2
なんとなく④ [何となく]	25-1

に

にあう② [似合う]	28-2
にがい② [苦い]	17-2

にく② [肉]	19-2	はなし③ [話]	19-1
にっき⓪ [日記]	27-1	はなしつづける [話し続ける]	26-1
にほんしょく⓪ [日本食]	19-1	はなす② [話す]	23-1
にもつ① [荷物]	16-2	はなれる③ [離れる]	21-2
にわ⓪ [庭]	21-1	はみがき② [歯磨き]	20-1
にんげん⓪ [人間]	17-1	はらう② [払う]	24-1

ぬ

		はれ② [晴れ]	27-1
ぬすむ② [盗む]	24-1	はんてん① [飯店]	19-2
		パンや① [パン屋]	24-2

ね

ねだん⓪ [値段]	17-2	ばんりのちょうじょう①+③ [万里の長城]	18-2
〜ねんせい③ [年生]	28-1		

の

ひ

のぼる⓪ [登る]	18-2	ひ① [日]	16-1
のんびり③	17-1	ひがえり⓪④ [日帰り]	18-1
		ひだりがわ⓪ [左側]	16-1

は

はあーっ⓪	21-2	ひとつ② [1つ]	24-1
ばあい⓪ [場合]	24-1	ひとびと② [人々]	25-1
バーゲン① [bargain]	24-2	ひとり② [一人・独り]	23-1
パーセント③ [percent]	20-1	びょうき⓪ [病気]	25-1
パートナー① [partner]	23-1	ひょうげん③⓪ [表現]	29-1
ばい⓪① [倍]	22-1		

ふ

パイグー③ [排骨]	19-2	ファミレス⓪	27-2
ハサミ③② [鋏]	21-1	ふーん⓪	23-2
はじめる⓪ [始める]	16-1	ふえる② [増える]	18-1
はしもとくみ⑤ [橋本久美]	17-1	ふく② [服]	28-1
ばしょ⓪ [場所]	21-1	ふくろ③ [袋]	20-2
はしる② [走る]	16-2	ぶじ⓪ [無事]	30-2
はず⓪	27-1	ふせい⓪ [不正]	24-1
はつか⓪ [20日・二十日]	27-1	ふたつ③ [2つ・二つ]	16-1
はっきり③	26-1	ふつか⓪ [2日]	25-2
はっこう⓪ [発行]	24-1	ふゆかい② [不愉快]	26-1
はつばい⓪ [発売]	25-2	プライベート④② [private]	18-1
はな② [花]	21-1	ブラシ① [brush]	23-1

ブラシをかける	23-1
プラン① [plan]	27-1
フランス⓪ [France]	25-1
ふりかえる③ [振り返る]	25-1
プリントアウト⑤ [print out]	22-2
ふるい② [古い]	30-2
ふるう⓪ [振るう]	26-1
ぶんかちょう③ [文化庁]	29-1
ふんしつ⓪ [紛失]	24-1

へ

へえ⓪	16-2
ペキンっこ⓪ [北京っ子]	30-2
へた② [下手]	30-1
べつ⓪ [別]	28-1
ペット① [pet]	23-1
ペットボトル④ [PET bottle]	20-2
べつに⓪ [別に]	25-2
へる⓪ [減る]	18-1

ほ

ほうほう⓪ [方法]	21-1
ほうもん⓪ [訪問]	28-1
ぼうりょく① [暴力]	26-1
暴力を振るう	26-1
ホームステイ⑤ [homestay]	16-1
ほか⓪ [他]	16-2
ほしい②	24-2
ボタンでんち④ [ボタン電池] [button～]	20-2
ホテル① [hotel]	27-1
ほとんど②	20-1
ほんとう⓪ [本当]	19-1
ほんば⓪ [本場]	19-2
ほんや① [本屋]	16-2

ま

まあまあ①	30-2
マーク① [Mark]	27-2
～まい [枚]	24-1
まいとし⓪ [毎年]	18-1
まいにち① [毎日]	16-1
まいる① [参る]	30-1
または② [又は]	25-1
まだまだ①	30-1
まちがう③ [間違う]	20-2
まもる② [守る]	16-1
まよう② [迷う]	27-1
まるで⓪	27-1
まわす⓪ [回す]	22-1
まわり⓪ [周り]	26-1
まん① [万]	24-1

み

みえる② [見える]	21-2
ミカン① [蜜柑]	17-1
みぎがわ⓪ [右側]	16-1
みじかい③ [短い]	27-2
みず⓪ [水]	20-1
みずうみ③ [湖]	20-1
みち⓪ [道]	25-2
みな② [皆]	21-1

む

むかし⓪ [昔]	19-1
むく⓪ [向く]	26-1
むげん⓪ [無限]	20-1
むし① [無視]	26-1
むすめ③ [娘]	23-1
むちゅう⓪ [夢中]	21-2

むのうやく②［無農薬］	17-2	やっぱり③	23-2
むら②［村］	25-1	やめる◎［止める］	26-1
むり①［無理］	27-1		

め

～め［目］	28-1	ゆうがい◎［有害］	20-2
め①［目］	22-1	ゆうしょく◎［夕食］	19-2
メール①◎［mail］	17-1	ゆうせんせき③	
めぐみ◎［恵み］	17-1	［優先席］	26-1
めしあがる◎④［召し上がる］	30-2	ゆうだい◎［雄大］	18-2
メルアド◎	27-2	ゆうどう◎［誘導］	23-1
めんせつ◎［面接］	27-1	ゆき②［雪］	17-1
		ゆたか①［豊か］	29-1
		ゆみず①［湯水］	20-1

ゆ

も

もう◎	24-1	～よう◎［用］	16-1
もうしあげる⑤◎		よう①［用］	25-1
［申し上げる］	30-1	ようふく◎［洋服］	19-1
もうじん◎［盲人］	23-1	よけい◎［余計］	27-2
もうたくとう③［毛沢東］	18-2	よそう◎［予想］	28-1
もうどうけん◎［盲導犬］	23-1	よてい◎［予定］	23-1
もえる◎［燃える］	20-2	よむ①［読む］	22-1
もし①	22-2	よる◎	28-1
もしもし①	26-2	よる◎［寄る］	25-2
もちあるく④◎［持ち歩く］	24-1	よろこぶ③［喜ぶ］	19-1
もつ①［持つ］	16-1	よろしく◎	23-1
もと◎［元］	27-2	よわい②［弱い］	27-2
もともと◎	24-1		
もんだい◎［問題］	16-1		

よ

ら

～や［屋］	20-2	～ら	18-1
やく②［役］	26-2	らいげつ①［来月］	17-1
役に立つ	26-2	ライト①［light］	16-2
やすめる③［休める］	22-1	ライトをつける	16-2
やせる◎［やせる］	19-1		
やっと◎③	26-1	リクルート③［recruit］	28-1
		リクルート・スーツ	28-1

や

り

リス① ［栗鼠］	27-2	**れ**	
リストラ⓪ ［restructuring］	27-2	れい① ［例］	27-2
りそうてき⓪ ［理想的］	22-1	レインコート④ （raincoat）	16-1
りゅうがく⓪ ［留学］	30-2	れきし⓪ ［歴史］	30-2
りゅうがくせい③④ ［留学生］	25-1	レジ①	27-1
りゅうこう⓪ ［流行］	19-1	レストラン① ［restaurant］	19-1
りゅうた① ［隆太］	16-2	れんらく⓪ ［連絡］	30-1
りょうしん① ［両親］	28-1	**わ**	
りょかん⓪ ［旅館］	27-1	わかい② ［若い］	18-1
りょこう⓪ ［旅行］	17-1	わかもの⓪ ［若者］	18-1
りろん① ［理論］	22-2	わすれる⓪ ［忘れる］	16-2
		わるい② ［悪い］	22-1

付録6

補足単語の索引

（右側的数字为课次）

あ

あい① ［愛］	23
アイスクリーム⑤ ［ice cream］	19
あかちゃん①	28
あげる⓪ ［挙げる・上げる・揚げる］	29
あさごはん③ ［朝ご飯］	23
あし② ［足］	24
あつい⓪ ［厚い］	24
あつめる③ ［集める］	28
アドバイス①③ ［advice］	22
アパート② ［apartment］	29
あぶない⓪③ ［危ない］	30
あるく② ［歩く］	18
あんな⓪	16
あんない③ ［案内］	28

い

いけん① ［意見］	23
いたす②⓪ ［致す］	30
いちにちじゅう⓪ ［1日中］	17
いみ① ［意味］	21
いよく① ［意欲］	30
いる⓪ ［要る］	23
インターネット⑤ ［internet］	18
インターネット・カフェ⑧ ［Internet cafe］	20
インド① ［India］	23

う

うかがう⓪ ［伺う］	30
うけみ③② ［受身］	25
うたいはじめる⑥ ［歌い始める］	26

え

えいご⓪ ［英語］	17
えほん② ［絵本］	18
えみ① ［恵美］	16
える① ［得る］	24
えんぴつ⓪ ［鉛筆］	18
えんりょ⓪ ［遠慮］	27

お

おう⓪ ［追う］	24
おうべいじん③ ［欧米人］	19
おこなう⓪ ［行う］	24
おじいさん②	23
おすし② ［お寿司］	28
おとな⓪ ［大人］	27
おぼえる③ ［覚える］	19
おみやげ⓪ ［お土産］	18
お目にかかる	30
おもいだす④⓪ ［思い出す］	21
およぐ② ［泳ぐ］	21
オリンピック④ ［Olympic］	20
おんな③ ［女］	27

か

かいしゃ⓪ [会社]	19
かいとう⓪ [回答]	23
がいらいご⓪ [外来語]	19
かえす① [返す]	27
かおいろ⓪ [顔色]	30
かがくてき⓪ [科学的]	22
かかる② [係る・掛かる・懸かる]	30
かきかた③④ [書き方]	24
かきつづける⑤⓪ [書き続ける]	26
がくちょう⓪ [学長]	24
がくひ⓪ [学費]	24
～かげつ [か月・ヵ月・箇月]	20
～かげつはん [か月半]	26
かざる⓪ [飾る]	24
かす⓪ [貸す]	23
かぜ⓪ [風邪]	16
風邪を引く	16
かつ① [勝つ]	22
がっかい⓪ [学会]	30
かみ② [紙]	22
かむ① [咬む・噛む]	25
かれ① [彼]	17
～かん [感]	30
かんがえ③ [考え]	19
かんがえかた⑤ [考え方]	18
かんげい⓪ [歓迎]	22
かんじ⓪ [漢字]	20

き

きがえ⓪ [着替え]	25
きこく⓪ [帰国]	17
きしゃ① [記者]	16
きまり⓪ [決まり]	18
きみ⓪ [君]	23
きょういく⓪ [教育]	27
きょうだい① [兄弟]	20
きる⓪ [着る]	18
きん① [金]	25

く

くうこう⓪ [空港]	29
くもり③ [曇り]	23
くもる② [曇る]	16
クリスマス③ [Christmas]	23

け

けいけん⓪ [経験]	29
けいさん⓪ [計算]	17
けいりん① [桂林]	17
けす⓪ [消す]	23
けっきょく⓪ [結局]	25
けんか⓪ [喧嘩]	20
げんき① [元気]	18
けんこう⓪ [健康]	29

こ

こ⓪ [子]	24
ごうかく⓪ [合格]	30
こうぎ①③ [講義]	30
こうきょう⓪ [公共]	25
こうざん① [香山]	18
こうじょう③ [工場]	25
こうじょうちょう③ [工場長]	25
こじんてき⓪ [個人的]	22
このへん⓪ [この辺]	16
コピー① [copy]	17
こまる② [困る]	20
コミュニケーション④ [communication]	25

こめ② [米]	27
ごらん⓪ [ご覧]	30
ご覧になる	30
こわい② [怖い]	26

さ

さいふ⓪ [財布]	19
さがす⓪ [探す]	27
さかん⓪ [盛ん]	19
さくぶん⓪ [作文]	28
さとう② [砂糖]	19
～さま [様]	30
さらあらい③ [皿洗い]	16
さんか⓪ [参加]	20

し

しあい⓪ [試合]	20
しあわせ⓪ [幸せ]	17
じかようしゃ③ [自家用車]	25
じき① [時期]	27
しきん②① [資金]	24
しけん② [試験]	17
じこ① [事故]	27
じじょう⓪ [事情]	19
した⓪ [下]	26
じたく⓪ [自宅]	27
しつれい② [失礼]	16
しめる② [閉める]	25
しゃいん① [社員]	23
しゃちょう⓪ [社長]	26
シャンハイ① [上海]	30
しゅうかんし③ [週刊誌]	27
じゅうよう⓪ [重要]	16
しゅっせき⓪ [出席]	28
しゅっちょう⓪ [出張]	27
じゅんちょう⓪ [順調]	30
しょうかい⓪ [紹介]	23
しょうしょう① [少々]	23
じょうぶ⓪ [丈夫]	24
しょうらい① [将来]	29
じょせい⓪ [女性]	16
しりょう① [資料]	30
しんがっき③ [新学期]	20
しんじる③⓪ [信じる]	28

す

すいえい⓪ [水泳]	21
ずいぶん① [随分]	19
すう⓪ [吸う]	29
スキー② [ski]	19
スケジュール②③ [schedule]	27
すっかり③	25
すてかた⓪ [捨て方]	20
すてる⓪ [捨てる]	20

せ

せ① [背]	18
せいこう⓪ [成功]	30
せいせき⓪ [成績]	22
せいと① [生徒]	28
せんたく⓪ [洗濯]	27
せんぱい⓪ [先輩]	30

そ

そうじ⓪ [掃除]	23
そのご③⓪ [その後]	21
そのまま⓪④	26
ぞんじる③⓪ [存じる]	30
そんな⓪	27
そんなに⓪	29

た

たいかい⓪ [大会]	28

だいがくいん④ [大学院]	19
たいけん⓪ [体験]	25
たいせつ⓪ [大切]	20
たいふう③ [台風]	22
たおれる③ [倒れる]	29
たすかる③ [助かる]	30
たすける③ [助ける]	26
たちよる⓪③ [立ち寄る]	29
たなか⓪ [田中]	23
たのしみ③④ [楽しみ]	27
タバコ⓪ [煙草]	29
たべもの③② [食べ物]	18
だんせい⓪ [男性]	25

ち

ちこく⓪ [遅刻]	24
ちしき① [知識]	22
ちゃんと③	21
ちゅういじこう④ [注意事項]	30
ちゅうがくせい③④ [中学生]	16
ちょう① [張]	21
ちょう① [趙]	28
ちょうさ① [調査]	17
ちょうじょう③ [頂上]	25
ちょうだい③ [頂戴]	30
ちょきん⓪ [貯金]	21
ちん① [陳]	21

つ

つかいだす⓪ [使い出す]	26
つく① [着く]	22
つくりかた⑤④ [作り方]	26
つま① [妻]	23
つめる② [詰める]	26
つゆ② [梅雨]	27

て

て① [手]	24
ていあん⓪ [提案]	29
デジカメ⓪ [digital camera]	27
でんき① [電気]	23
でんしじしょ④ [電子辞書]	26

と

としした⓪ [年下]	27
となり⓪ [隣]	23
とまる⓪ [泊まる]	25
とまる⓪ [止まる]	25
ドラマ① [drama]	18
どろぼう⓪ [泥棒]	25

な

ないよう⓪ [内容]	27
なおす② [直す・治す]	30
なおる② [治る]	16
ながのけん③ [長野県]	29
なきだす③ [泣き出す]	26
なく⓪ [泣く]	23
なくす⓪ [無くす]	27

に

にっき⓪ [日記]	25
にゅういん⓪ [入院]	16
にゅうがくしき④ [入学式]	24
にゅうし⓪① [入試]	30
～にん [人]	25
にんぎょう⓪ [人形]	27

ぬ

ぬれる⓪ [濡れる]	26

ね

ねこ① [猫]	23
ねずみ⓪ [鼠]	24
ねつ② [熱]	16

の

のうぎょう①［農業］	29
ノート①［note］	27
ノート・パソコン⑥	18
のこる②［残る］	17

は

パーティー①［party］	17
はいけん⓪［拝見］	30
はいる①［入る］	20
はくぶつかん④③［博物館］	17
はたらく⓪［働く］	16
はっけん⓪［発見］	30
はなしかける⑤⓪［話しかける］	28
はなしかた④⓪［話し方］	24
はやい②［速い・早い］	21
はるやすみ③［春休み］	26
ばんごはん③［晩御飯］	20
はんとし⓪［半年］	19

ひ

ひがい①［被害］	25
ひく⓪［引く］	16
ひこうき②［飛行機］	22
ひごろ⓪［日ごろ］	28
ひらがな③⓪［平仮名］	29
ひらく②［開く］	24
ひろい②［広い］	22

ふ

ふあん⓪［不安］	25
ふく①②［吹く］	20
ふく②［服］	18
ふけいき②［不景気］	18
ぶちょう⓪［部長］	22
ぶどう⓪［葡萄］	17
ふとる②［太る］	21
ぶぶん①［部分］	27
ふべん①［不便］	21
ふむ⓪［踏む］	25
ふゆかい②［不愉快］	16
フライパン⓪［frying-pan］	18
ふりだす③⓪［降り出す］	26
ぶんか①［文化］	20

へ

へた②［下手］	20
へんじ③［返事］	20

ほ

ほめる②［褒める］	24

ま

まいあさ①⓪［毎朝］	24
マイカー③［my car］	25
まいばん①⓪［毎晩］	24
まこと⓪［誠］	16
まち②［町・街］	29
まつり⓪［祭り］	28
マネー①［money］	27

み

みせる②［見せる］	26
みどり①［緑］	19

む

むかし⓪［昔］	18

め

めいわく①［迷惑］	25
めがね①	26
めがねをかける	26
めちゃくちゃ⓪	25

も

もうす①［申す］	30

もくてき⓪ [目的]	28	よみかた④③ [読み方]	20
もっと①	17	よみだす③ [読み出す]	26
		よみつづける⑤⓪ [読み続ける]	26

や

り

やさしい⓪ [優しい]	27	り① [李]	21
やまもと [山本]	21	りゆう⓪ [理由]	19
やめる⓪ [止める]	21	りゅうがく⓪ [留学]	16
やりかた⓪ [やり方]	26	りょうしん① [両親]	19

ゆ

れ

ゆうべ⓪ [昨夜]	24	れきし⓪ [歴史]	29
ゆうべ③ [夕べ]	23	れんらく⓪ [連絡]	28
ゆめ② [夢]	27		
夢を見る	27		

ろ

ろうじん⓪ [老人]	22

よ

わ

ようじ⓪ [用事]	21	わけかた④ [分け方]	20
ようす⓪ [様子]	18	わらう⓪ [笑う]	26
よしゅう⓪ [予習]	17		

付録7

ことわざの索引

（右側的数字为课次）

言うは易く行なうは難し	30
石の上にも三年	17
急がば回れ	17
鬼に金棒	30
学問に王道なし	18
可愛い子には旅をさせよ	26
聞くは一時の恥，聞かぬは一生の恥	20
今日なすべきことを明日に延ばすな	19
薬より養生	28
郷に入っては郷に従え	29
歳月人を待たず	19
猿も木から落ちる	18
三人寄れば文殊の知恵	22
失敗は成功のもと	21
朱に交われば赤くなる	22
正直は一生の宝物	20
千里の道も一歩から	25
知識は力なり	16
塵も積もれば山となる	25
鉄は熱いうちに打て	24

<ruby>時<rt>とき</rt></ruby>は<ruby>金<rt>かね</rt></ruby>なり	16
<ruby>習<rt>なら</rt></ruby>うより<ruby>慣<rt>な</rt></ruby>れよ	24
<ruby>二兎<rt>にと</rt></ruby>を<ruby>追<rt>お</rt></ruby>う<ruby>者<rt>もの</rt></ruby>は<ruby>一兎<rt>いっと</rt></ruby>をも<ruby>得<rt>え</rt></ruby>ず	23
<ruby>必要<rt>ひつよう</rt></ruby>は<ruby>発明<rt>はつめい</rt></ruby>の<ruby>母<rt>はは</rt></ruby>	21
<ruby>百聞<rt>ひゃくぶん</rt></ruby>は<ruby>一見<rt>いっけん</rt></ruby>に<ruby>如<rt>し</rt></ruby>かず	26
<ruby>病<rt>やまい</rt></ruby>は<ruby>気<rt>き</rt></ruby>から	27
<ruby>病<rt>やまい</rt></ruby>は<ruby>口<rt>くち</rt></ruby>より<ruby>入<rt>い</rt></ruby>り	27
<ruby>余所<rt>よそ</rt></ruby>の<ruby>花<rt>はな</rt></ruby>はよく<ruby>見<rt>み</rt></ruby>える	23
<ruby>予防<rt>よぼう</rt></ruby>は<ruby>治療<rt>ちりょう</rt></ruby>に<ruby>勝<rt>まさ</rt></ruby>る	28
<ruby>礼<rt>れい</rt></ruby>は<ruby>急<rt>いそ</rt></ruby>げ	29

付録8

练习答案（部分）

第16课

六、（1）お酒を飲んだ後，風呂に入ってはいけません。
　　（2）みんなが勉強している時，電話を使ってはいけません。
　　（3）授業の時，物を食べてはいけません。

七、1．経ち　　　2．持っ　　　3．気をつけて
　　4．始まり　　5．始め　　　6．忘れ

八、1．c　　　2．b　　　3．b　　　4．c
　　5．b　　　6．b　　　7．c　　　8．c

九、1．中村さんの家です。
　　2．環境問題を考えたからです。
　　3．王玲さんは「いい運動ですよ。帰りに本屋やスーパーに行く時も便利です。重い荷物を持たなくてもいいです」と言いました。

十、1．学　生：アルバイトをしたいんですが。
　　　　店の人：学生さんですね。
　　　　学　生：はい，留学生です。日本語がまだよくできないので，日本語をあまり使わなくてもいい仕事はありませんか。
　　　　店の人：はい，皿洗いの仕事はあまり日本語を使わないので，それでいいでしょうか。
　　　　学　生：はい，お願いします。
　　　正解（3）
　　2．店の人：1週間に何回できますか。日曜日はできますか。
　　　　学　生：3回ぐらいしたいです。木曜日と土曜日の夜はだいじょうぶです。日曜日は朝からいいです。でも，毎週月曜日の朝，テストがあるので，夜遅くないほうがいいです。
　　　　店の人：じゃ，日曜日は8時から12時まで働いてください。木曜日と土

　　　　　　曜日は午後5時から夜の9時までお願いします。
　　　学　生：わかりました。よろしくお願いします。
　正解（2）
十一、1．李さんは来年日本に留学することにしました。
　　　2．社員は昼ごはんの時お酒を飲んではいけません。
　　　3．この問題について学生に説明しなければなりません。
　　　4．運転する時，気をつけてね。
　　　5．今日大学で用事があるので，すぐに家に帰らなくてもいいですか。

第17课

六、（1）歌のCDを買おうと思います。
　　（2）日本語の入力を練習しようと思います。
　　（3）嵐山でたくさん写真を撮ろうと思います。
七、1．たぶん　　　2．だいたい　　　3．ちょっと
　　4．とても　　　5．特に
八、1．a　　　2．d　　　3．b　　　4．a
　　5．c　　　6．d　　　7．b　　　8．c
九、1．王玲さんが大学の旅行で伊豆に行きます。
　　2．いろいろな温泉に行くことです。仕事を忘れて，のんびりできるからです。
　　3．サルの風呂があります。
　　4．甘くておいしいです。
十、A：Bさん，日曜日は何をする？
　　B：日曜日？まだ分からないよ。
　　A：本屋へ行こうと思うけど，一緒に行かない？
　　B：本屋か。行きたいんだけど，宿題が多くて，時間がないかもしれない。
　　A：そうか。それは残念だな。
　正解（3）
十一、1．嵐山にはかわいいサルがたくさんいるそうです。
　　　2．日本人の家でホームステイをしたことがあります。
　　　3．明日自転車で行くかもしれません。

第18课

六、(1) 私はヨーグルトケーキを作ってみたいと思います。
　　(2) 私はピアノを習ってみたいと思います。
　　(3) 私は日本語でレポートを書いてみたいと思います。

七、1. 楽しんで　　2. 違い　　　3. 作る
　　4. 増え　　　　5. 減り

八、1. c　　　　2. b　　　　3. a　　　　4. c
　　5. d　　　　6. b　　　　7. d　　　　8. b

九、1. 収入が減ったからです。
　　2. 仕事のためです。
　　3. 人生の思い出を作るためです。
　　4.「とても疲れたいい男です」と言いました。

十、佐藤：木村さん，香山の紅葉がきれいだそうですね。行ったことがありますか。
　　木村：北京の香山ですか。去年の10月に仕事のために北京へ行ったので，その時に香山へも行きました。
　　佐藤：どうでしたか。
　　木村：見事でしたよ。
　　佐藤：そうですか。私もいつか行って見たいです。
　　正解（3）

十一、1. 日本語を習うのは日本語の漫画を見たいからです。
　　　2. 私／僕も弟も野球ができます。
　　　3. 彼はお母さんのために故郷に戻って働きたいのです。
　　　4. 無農薬の野菜を食べるために，彼はよく車で郊外の農家へ行って，野菜を買います。

第19课

六、(1) 医者になるつもりです。
　　(2) 運転を習うつもりです。
　　(3) 電話の代わりに両親に手紙を書くつもりです。

七、1. つもり　　　2. たい　　　　3. どうしても
　　4. 何でも　　　5. あっさり

八、1．c　　　　2．b　　　　3．b　　　　4．d
　　5．d　　　　6．a　　　　7．b　　　　8．b

九、1．「栄養があって，体によくて，そして安い」からです。
　　2．「昔の服が着られるようになりました」と言って喜んでいます。
　　3．日本食はあっさりしているからです。
　　4．納豆，豆腐などです。

十、1．A：Bさんはどのぐらい日本語を勉強していますか。
　　　　B：半年ぐらいです。
　　　　A：日本語の本が読めるようになりましたか。
　　　　B：いいえ，習った単語がまだ少ないので，日本語の本が読めるとは言えませんね。

　　正解（1）

　　2．A：Bさん，料理は自分で作れますか。
　　　　B：簡単なもの，たとえば焼茄子や青椒肉絲は大丈夫ですが，難しいものは作れません。でも，作るのが嫌ではありませんよ。
　　　　A：そうですか。「好きこそものの上手なれ」という言葉があるでしょう。きっと上手になると思いますよ。

　　正解（2）

十一、1．納豆はどうしても食べられません。
　　　2．お酒がずいぶん飲めるようになりましたね。
　　　3．テニスはやったことはありますが，上手だとは言えません。
　　　4．馬さんの代わりに私がやりましょう。
　　　5．来年車の運転を習うつもりです。

第20课

六、（1）寒くなったような気がします。
　　（2）弟さんのほうが背が高いような気がします。
　　（3）彼女はやせたような気がします。

七、1．ただ　　　2．だんだん　　　3．どんどん
　　4．いつも　　5．だけ

八、1．a　　　2．c　　　3．c　　　4．d　　　5．a
　　6．a　　　7．b　　　8．b　　　9．c

九、1. 日本人は、水はただで、いつもたくさんあるものだと考えてきましたから。
　　2. 水が無限のものではないと分かってきたからです。
　　3. 燃えないゴミでもあり、有害ゴミでもあります。
　　4. 電器屋に持って行きます。
十、A：大学の近くに韓国料理のレストランができたね。
　　B：えっ、日本料理だろう、あそこは高いそうだよ。
　　A：違うよ、韓国料理だよ。あそこは安くておいしいよ。
　　B：ふーん、じゃあ、今度の日曜日に行ってみようか。
　　A：うん、いいね。行ってみよう。
　　正解（2）
十一、1. 授業が終わったら、映画を見に行きましょう。
　　　2. 私はほとんどテレビを見ません。
　　　3. 夏休みになったら、日本語も勉強したいし、英語も勉強したいです。

第21课

六、1. 早く病院へ行かなければいけません。
　　2. 生け花では調和の精神を大切にしなければいけません。
　　3. 宿題には名前を書かなければいけません。
七、1. それから　　　2. ずっと　　　3. そのために/それで
　　4. ほとんど　　　5. それで/そのために
八、1. c　　　2. d　　　3. d　　　4. a
　　5. c　　　6. a　　　7. d　　　8. b
九、1. 300年ぐらい前に生まれました。
　　2. 「調和」です。
　　3. その場所にその花が合っているか、その季節にその花が合っているかを考えなくてはいけません。
　　4. まず花におじぎをします。
十、1. 男：家の中に花があると、いい気持ちですね。
　　　女：そうですね。私はいつもそうしています。
　　　男：日本では花はとても高いですから、お金がかかりますね。
　　　女：いいえ、庭の花を1本切ってきて、それを生けるだけでもいいんで

　　　　　男：1本だけでもいいんですか。
　　　　　女：もちろんです。
　　正解（2）
　　2．学　生：華道にはいろいろな方法がありますね。
　　　　　奥さん：ええ，そうですよ。
　　　　　学　生：華道で一番大事なことは何ですか。
　　　　　奥さん：やはり「調和」ですね。
　　　　　学　生：「調和」を大事にするにはどうしたらいいですか。
　　　　　奥さん：花を生ける人が，その場所にその花が合っているか，その季節
　　　　　　　　　にその花が合っているか，よく考えるということです。
　　正解（1）
十一、1．夜になると，寒くなります。
　　　2．日本語で書いたほうがいいです。
　　　3．ここから富士山が見えます。

第22课

六、（1）30分待っても来ません。
　　（2）よく練習しても上手になりません。
　　（3）辞書を調べても分かりません。

七、1．とらない　　　2．ありません　　　　　3．できる
　　4．降れ　　　　　5．こぼれた

八、1．b　　2．a　　3．d　　4．c　　5．b
　　6．a　　7．b　　8．c　　9．b

九、1．70センチ以上あれば，理想的です。
　　2．パソコンのほうが1.8倍も疲れることが分かりました。
　　3．パソコンの位置を変えて，充分な距離をとってください。
　　4．コーヒーがこぼれてパソコンが壊れたからです。
　　5．亜美さんの話を信じていないから。

十、部長：来月，新しい社員が入るので歓迎パーティーをしたいんだけど，どこ
　　　　　かいい店，知ってる？
　　社員：部長，どんな店がいいんですか。
　　部長：静かで料理のおいしいところがいいなあ。

社員：じゃ，値段がすこし高くても大丈夫ですか。

部長：もちろん少し高くても，おいしい店のほうがいいですよ。

正解（1）

十一、1．昔と比べれば今の物価は高いです。
2．毎日，日本語の勉強をするようにしてください。
3．どんなに遠くても行きます。
4．今日はだめですが，明日なら大丈夫です。
5．もしよろしければ，このレポートを1週間ほど遅れて出してもいいでしょうか。

第23课

六、1．王玲さんは佐藤さんのお母さんにお寿司の作り方を教えてもらいました。
2．隆太さんは王玲さんに「盲導犬」の読み方を教えてあげました。
3．亜美さんは王玲さんにゴミの分け方について説明してくれました。

七、1．もらっ　　　2．くれ　　　3．聞いて
4．決まり　　　5．あげ

八、1．a　　2．b　　3．c　　4．b
5．a　　6．c　　7．a　　8．b

九、1．盲人用の杖を持って出かけていました。一人で行けない所は，家族に頼んで一緒に行ってもらいました。
2．食事を出します。それから，ジャニスにていねいにブラシをかけてあげます。
3．盲導犬になれる犬は多くないからです。
4．ご主人に毎日よく世話をしてもらうし，トイレも食事も1日2回，決まった時間にする規則正しい生活をしているからです。

十、男：先週の日曜日，君の誕生日だったそうだね。

女：うん，そうだったのよ。

男：プレゼントをいっぱい，もらったでしょう。

女：ええ，母からカメラをもらったり，友達にCDをもらったりして，うれしかった。

正解（2）

十一、1. 隣の人が／は私たちに写真を撮ってくれました。
　　　2. 朝ご飯を食べずに教室に来る人が多いです。
　　　3. 毎日運動をすることは体にいいです。
　　　4. 盲導犬はペットではなくて，人生のパートナーです。
　　　5. 犬は主人に喜んでもらうのが一番好きです。

第24课

六、（1）→a. 先生は私達を招待しました。
　　　　→b. 私達は先生に招待されました。
　　（2）→a. 友達は私を誘いました。
　　　　→b. 私は友達に誘われました。
　　（3）→a. 学生は先生に質問しました。
　　　　→b. 先生は学生に質問されました。

七、1. 払っ　　　　2. 叱られない　　　　3. 使う
　　4. ほめられました　　5. 発行され

八、1. a　2. b　3. a　4. c　5. d　6. b

九、根据课文回答下列问题。
　　1. まず紛失・盗難です。それから使いすぎることもあります。
　　2. 最近カードが増えてきたので，今の財布に入らないからです。
　　3. 大学1年の時，カードを使いすぎて失敗したことがあるからです。

十、男：昨日財布を盗まれたんだ。
　　女：あら，大変ね。お金たくさん入っていたの。
　　男：お金はそんなになかったけど，いろいろなカードが入っていたんだ。
　　女：それは大変ね。
　　男：うん。カードがなければ何もできないからね。
　　女：財布と一緒にしたことがいけなかったのよ。
　　男：そうだね。
　　正解（2）

十一、把下面的句子翻译成日语。
　　　1. 毎日運動しても，痩せるわけではありません。
　　　2. 早く上手になるために，毎日テニスを練習することにしています。
　　　3. 夜はあまり遅くならないように気をつけなければなりません。

4．クレジットカードがあれば，現金をたくさん持たなくてもいいです。

5．お金がないのに，カードでたくさん買い物をする人がいます。

第25课

六、（1）男性だけでなく，女性もサッカーが好きです。

（2）日本は富士山だけではなく，桜も有名です。

（3）佐藤さんは字が上手なだけでなく，絵も得意です。

七、1．なんとなく　　　2．どうしても　　　3．必ず

4．いろいろ　　　5．別に

八、1．c　　　2．b　　　3．b　　　4．d

5．d　　　6．d　　　7．c

九、1．コンビニエンス・ストアは30年以上も前に，日本に入ってきました。

2．はい，コンビニは小さな町や村にもあります。

3．特に用がなくても何となくコンビニに行ってしまうことです。

4．習慣だからです。

十、亜美：玲ちゃん，私，コンビニに行くけれど，いっしょに行かない？

王玲：そうね，別に買いたいものはないけど。

亜美：私もそう。でも，今週は1回も行っていないから。

王玲：ああ，コンビニ症候群ね。

亜美：まあね。買い物がなくても，化粧品とか，飲み物とか見てみたいの。

王玲：うん，わかるよ，その気持ち。私は昨日の夜，行ったの。化粧品もちゃんとチェックしたよ。

亜美：新しいものはあった？

王玲：うん，あった。

亜美：えっ，それは大変。

王玲：今，私は他の用があるからちょっと。悪いね。

亜美：ううん，全然。じゃあ，私，行ってくるね。

正解（2）

十一、1．コンビニというのは24時間休まない店のことです。

2．現在，パソコンは若い人だけでなく，高齢者も使っています。

3．急に肩を叩かれました。振り返ってみると，高校時代の同級生でした。

第26课

六、(1) → a．買えそうです。
　　　→ b．買えそうも／にありません。
　　(2) → a．登れそうです。
　　　→ b．登れそうも／にありません。
　　(3) → a．書けそうです。
　　　→ b．書けそうも／にありません。

七、1．なかなか　　2．すると　　　　3．ちょうど
　　4．なんて　　　5．やっと

八、1．d　　　　2．c　　　　3．d　　　　4．b
　　5．a　　　　6．b　　　　7．d　　　　8．c

九、1．いいえ，日本では電車の中で携帯電話で話してはいけません。
　　2．携帯電話を使って，大きな声で話していました。
　　3．携帯電話をやめていただけませんかと言いました。
　　4．若い男性は知らんぷりをして，後ろを向いたまま，話し続けました。

十、1．A：社長の話はなかなか終わりそうにないね。
　　　　B：社長は長い話が好きなようだね。
　　　　A：みんなの気持ちを考えないのがいやだね。僕たちは長い話をしないように気をつけよう。
　　　　B：そうしよう。

　　正解（2）

　　2．女：今日は，ありがとうございました。お忙しいところ，電子辞書の使い方をいろいろ教えてくださって。
　　　　男：いいですよ。役に立ったらうれしいです。
　　　　女：とても役に立ちました。普通の辞書は重くて。
　　　　男：そうですか。それはよかった。

　　正解（1）

十一、1．「一緒にお食事はどうですか。」「すみません，今食べたところです。」
　　2．叱られたら誰でも不愉快そうな顔をするでしょう。
　　3．お忙しいところ，来ていただいてすみませんでした。
　　4．すみませんが，今何時か，教えていただけませんか。

5．声をかけられても知らんぷりをする人がいます。

第27课

六、（1）初めてテニスをやるから，上手なはずがありません。
（2）習っていない言葉がたくさんあるから，分かるはずがありません。
（3）熱が出たから，友達の誕生日パーティーに出られるはずがありません。

七、1．について　　2．にとって　3．ことになって　　4．たがる

八、1．b　　　　2．a　　　　3．b　　　　　　4．c
　　5．d　　　　6．a　　　　7．b　　　　　　8．d

九、1．王玲さんは日本に来てから10か月経ちました。
　　2．外来語は主に英語から作られています。
　　3．いいえ、アルバイトは外来語がわからないとできません。
　　4．あまり外来語を覚えていないからです。
　　5．リストラと言います。

十、
　　日本語の中には外来語がたくさんあります。それは日本語を勉強する若者にとってはあまり難しくありません。若い人は英語を知っているからです。しかし、外国人でも日本人でも英語を知らない人にとって、外来語を覚えるのは簡単なことではありません。
　　外来語の発音は、本当の英語とはかなり違います。でも、日本の外来語に慣れてくると、その前から知っている本当の英語の発音は役に立ちます。
　　正解（2）

十一、1．本当の友達とは楽しいことも苦しいことも一緒にする人のことだ。
　　　2．外来語は私にとって、まるで別の外国語のようだ。
　　　3．毎日宿題をするのにたくさんの時間が必要だ。それなのに彼は毎日5時間もアルバイトをしている。
　　　4．日本人はどうも外来語が大好きなようだ。
　　　5．日本語があるのに、外来語を使いたがる日本人の気持ちがわからない。

第28课

六、(1) 会議の場合は，時間を守るべきです。
(2) 病院にいる場合は，携帯電話をやめるべきです。
(3) みんなの前で発表する場合は，きちんとした服を着るべきです。

七、1. ために　　2. みたい　　3. らしい
4. はず　　5. わけ

八、1. c　　2. b　　3. b　　4. c
5. b　　6. a　　7. c　　8. c

九、1. 業界によっては違う色の服でもいいです。
2. 予想していなかったことになった時，その人がどう行動するかを見たいからです。
3. ご両親が何かを聞く前に自分から話をして，あなたの計画や意見を言えば，よいでしょう。

十、1. 男：洗濯とか掃除とか娘さんにはさせるんですか。
女：自分のことは自分でするとは言っているんですが，日ごろの掃除と洗濯は私がやります。でも食事の後は必ず自分が使ったものを子どもに洗わせます。それから，自分の部屋の掃除は休みの日だけはさせます。
男：勉強のほうはどうですか。
女：勉強しなさいと特に言ったことはありません。私が言わなくてもやっているみたいですから。
男：そうですか，いいですね。

正解（3）

2. 田中：これからカラオケ大会を始めます。誰から始めますか。
趙　：まずわたしに歌わせてください。
田中：えっ？趙さんはカラオケが嫌いじゃなかったんですか。
趙　：ええ，でもこの間自分で歌ってみると，楽しかったです。
田中：だったら，中国の歌を聞きたいから，ぜひ中国の歌を聞かせてね。

正解（2）

十一、1. 面接でなぜ意地悪な質問をするのですか。
2. それは学生を困らせるためではありません。

3．親が私の就職のことを大変心配しています。
4．「あれをしなさい，これもしなさい」と，うるさいです。
5．亜美ちゃんは中身がいいから，就職もすぐ決まると思います。

第29课

六、(1) 先生はレポートの書き方についてお話しになっています。
(2) お客さんを公園にご案内しています。
(3) 先生は学生のレポートをお読みになっています。

七、1．どうも　　2．なんとか　　3．たまに
　　4．やはり　　5．わざわざ

八、1．a　　2．b　　3．c　　4．d
　　5．d　　6．c　　7．a　　8．b

九、1．サラリーマンや主婦が買います。
2．伝統的な美しい日本語を使った，豊かな敬語表現を大切にすべきだと思う人はずっと多くなっています。
3．日本人は敬語が難しいと感じながら，やはりこれが日本語のいいところだと考えているようです。

十、先生：トムさん，夏休みはどうでしたか。
　　トム：はい，旅行をして，楽しかったです。
　　先生：どこに行ったんですか。
　　トム：長野県です。
　　先生：あら，富士山は行かなかったんですか。
　　トム：行けませんでした。あ，それから鎌倉にも行きました。
　　先生：そうですか。ずいぶんいろんな所に行きましたね。
　　トム：ええ，日本にいる間にいろいろ見ておきたいんです。
　　先生：そうですね。勉強してばかりいないで，たまには旅行するのもいいですよね。

　　正解（3）

十一、1．サッカーは男性ばかりではなく，女性も好きです。
2．このレストランは安いながら，料理がおいしいです。
3．日本語の敬語は難しいです。だからがんばって身につけなければなりません。

第30课

六、(1) 明日，研究室に伺いたいのですが。
　　(2) 資料ができたら、持ってまいります／持って伺います。
　　(3) 沢田と申します。よろしくお願いします／いたします。

七、1．ぜひ　2．必ず　3．ようだ　4．らしい　5．では

八、1．c　　　　2．a　　　　　3．d　　　　　4．d
　　5．c　　　　6．b　　　　　7．a　　　　　8．c

九、1．京都に旅行したり，アルバイトをしたりしていました。
　　2．はい，今は少し自信を持っているようです。
　　3．大学を卒業した後，また来ると言っています。
　　4．お正月北京で会います。

十、1．店　長：今日，急に店員に店をやめられて困りましたよ。
　　　バイト：じゃ，店長，知っている人をご紹介してもいいですか。
　　　店　長：助かった。ぜひ紹介して。
　　　バイト：すぐ電話をさせていただいていいですか。
　　　店　長：いいよ。頼むね。
　　　バイト：はい，わかりました。
　　正解（1）

　　2．李　　：先生，長い間大変お世話になりました。
　　　先生　：いいえ。じゃ，李さんの無事帰国を祈って乾杯！
　　　李　　：おかげさまで，日本で楽しく暮らしました。
　　　先生　：ところで、李さんは上海の人だよね。私は来年の8月に上海で学会があるんだ。
　　　李　　：そうですか。先生がおいでになったら，上海をご案内させていただきましょう。
　　　先生　：じゃ，そうしてもらおうかな。その時はよろしく。
　　正解（3）

十一、1．お客さんに詳しくご説明しました。
　　　2．先生にお借りした小説はもう読みました。
　　　3．先生のおっしゃったことはいつまでも忘れません。
　　　4．出張に行くたびに，近くの温泉を探します。
　　　5．これは田中先生からいただいたお土産です。

主な参考書

《大学日语课程教学要求》	教育部高等学校大学外语教学指导委员会 日语组	
	高等教育出版社	2008.9
《大学日语第二外语课程教学要求》	课程教学要求研订组	
	高等教育出版社	2005.7
《大学日语（第二外语）教学大纲》	高等教育出版社	1993.5
《日本语初级综合教程》	李妲莉主编	
	高等教育出版社	2004.2
《日语语法新编》	刘振全编	
	北京大学出版社	2004.8
《新编基础日语》（修订版）第1，2册	孙宗光　赵华敏	
	上海译文出版社	2004.5，2005.3
《新编日语语法教程》	皮细庚编	
	上海外语教育出版社	2003.1
《新世纪日语教程》	清华大学外语系编	
	外语教学与研究出版社	2004.10
《综合日语》第1，2册	彭广陆等总主编	
	北京大学出版社	2004.8，2005.1
『新しい国語表記ハンドブック』（第五版）		
	三省堂	2005.2.1
『NHK 日本語発音アクセント辞典』	日本放送出版協会	1998.4.25
『概説・古典日本語文法』	佐伯梅友　鈴木康之監修	
	（株）おうふう	2000.4.15
『形式名詞がこれでわかる』	吉川武時　編	
	ひつじ書房	2003.8.31
『故事ことわざ・慣用句辞典』	三省堂編集所	
	株式会社　山省堂	2003.10.1
『常用漢字ミラクルマスター辞典』	小学館	1998.4.1

『初級を教える人のための　日本語文法ハンドブック』

　　　　　　　　　　　　　　　　　松岡　弘監修

　　　　　　　　　　　　　　　　　スリーエーネットワーク　　2000.5.23

『ゼロから学ぼう』　　　　　　　　日本語教育教材開発委員会　　　2004. 4

『全訳用例古語辞典』　　　　　　　金田一春彦監修

　　　　　　　　　　　　　　　　　学習研究社発行　　　　　　　2005.1.5

『日本語教育のための　文法用語』　国立国語研究所　　　　　　平成13.7.10

『日本語教育事典』　　　　　　　　日本語教育学会編

　　　　　　　　　　　　　　　　　大修館書店　　　　　　　　 2005.10.1

『日本語語源大辞典』　　　　　　　前田富祺監修

　　　　　　　　　　　　　　　　　小学館　　　　　　　　　　 2005.4.1

『日本語能力試験　出題基準（改定版）』

　　　　　　　　　　　　　　　　　国際交流基金

　　　　　　　　　　　　　　　　　財団法人日本国際教育協会　　2002.2.25

『標準ことわざ慣用句辞典』　　　　雨海博洋監修

　　　　　　　　　　　　　　　　　株式会社　旺文社　　　　　　　 2003